칸트의 덕론 연구

노영란

서울대학교 국민윤리교육과와 동 대학원을 졸업하고, 미국 미주리 주립대학교(University of Missouri-Columbia) 철학과에서 철학 석사 및 박사학위를 받았다. 현재 전남대학교 사범대학 윤리교육과 교수로 재직하고 있다. 주요 저서로는 『도덕성의 합리적 이해』(철학과현실사, 2002). 『덕윤리의 비판적 조명』(철학과현실사, 2009), 『덕윤리의 도덕심리학적 고찰』(철학과현실사, 2015)이 있고, 논문으로는 「정보윤리에서 책임의 성격과 유형」, 「시민성과 시민윤리」, 「롤즈 이후의 칸트적 구성주의」, 「Christine M. Korsgaard의 구성주의와 도덕적 실재론」, "Is the Disposition of Constrained Maximization Chosen Rationally?", "Values Education in the Global, Information Age in South Korea and Singapore", "An Extended Conception of Rationality and Moral Actions", "Beyond the Cognitive and the Virtue Approaches to Moral Education" 등이 있다.

칸트의 덕론 연구

인 쇄 2023년 12월 10일
발 행 2023년 12월 20일

저 자 노영란
발행인 김광석

발행처 전남대학교출판문화원
등 록 1981. 5. 21. 제53호
주 소 61186 광주광역시 북구 용봉로 77
전 화 (062) 530-0571~2
영업부 (062) 530-0573
팩 스 (062) 530-0579
홈페이지 http://www.cnup.co.kr
이메일 cnup0571@hanmail.net

값 18,000 원

ISBN 978-89-6849-995-1 (93190)

칸트의 덕론 연구

노영란 저

전남대학교출판문화원

■ 지은이의 말

동시대의 윤리학적 담론에서 칸트의 『도덕형이상학』 덕론에 대한 논의가 확대되는 배경에는 주목할 만한 점들이 있다. 먼저 칸트의 덕론 자체에 대한 관심, 구체적으로 의무윤리를 주창하는 칸트가 어떤 성격의 덕론을 제시하고 이 덕론은 칸트의 의무윤리와 어떻게 조화를 이루는지에 대한 관심이 있다. 다음으로 규칙윤리와 덕윤리라는 전형적인 이분법적 맥락에서 칸트의 덕론이 어떤 의미를 갖는지에 대한 관심이 있다. 이러한 관심에 속하는 것으로는 문제의 이분법적 맥락에서 이해되는 것처럼 칸트윤리학과 덕윤리가 상반되는 경쟁적 이론인지 아니면 칸트의 덕론은 칸트윤리학과 덕윤리 간에 유사성이 존재한다고 주장할 근거가 되는지의 논의를 꼽을 수 있다. 일반적으로 언급되는 이러한 관심들 이외에 동시대의 윤리학적 담론에서 칸트의 덕론에 대한 논의가 중요시되는 또 다른 맥락이 존재한다. 그것은 바로 의무윤리체계 내에서 전개되는 칸트의 덕론이 전형적인 덕윤리가 직면하는 문제들을 해결하는데 어떤 역할을 할 수 있다는, 또 칸트의 덕론이 규칙윤리와 덕윤리의 이분법을 지양하는 규범윤리를 모색하는데 시사점을 줄 수 있다는 기대이다. 이 책은 칸트의 덕론과 관련한 이러한 관심들과 기대를 염두에 두면서 칸트가 제시하는 덕개념의 의미와 그의 덕론에 관련된 쟁점들을 검토해서 칸트 덕론의 성격을 비판적으로 고찰하고 나아가서 칸트의 덕론을 덕윤리의 전형적인 입장인 아리스토텔레스의 덕윤리와 비교하면서 칸트 덕론이 갖는 규범윤리적 의의와 과제를 탐색하는데 주안점을 둔다.

이 책에서 다루고 있는 내용들을 간략하게 소개하면 다음과 같다. 먼저 서론에서는 칸트의 저서들인 『윤리형이상학 정초』, 『실천이성비판』, 『이성의 한계 안에서의 종교』, 그리고 『도덕형이상학』에서 덕의 의미가 어떻게 전개되는지를 살피고 이러한 의미에 담긴 특징을 제시한다. 칸트 덕론의 성격과 쟁점을 탐구하는 제1부에서는 먼저 칸트 덕 개념의 근본적인 정의에 해당하는 도덕적 강함을 그 성격, 내용, 역할의 측면에서 분석하고, 덕론의 핵심적인 부분을 차지하는 덕의무의 성격과 동기화방식이 지닌 칸트윤리적 그리고 덕윤리적 차원의 의의를 고찰하며, 가장 중요한 덕의무라고 할 수 있는 도덕적 완전성의 의무를 살펴보면서 이 덕의무가 가진 완전하지만 불완전한 의무와 자기개선의 의무라는 두 성격을 통해 칸트 덕개념의 성격을 탐색한다. 또한 칸트의 의무윤리에서 도덕성의 기초가 되는 선의지, 도덕적 강함으로서의 덕, 그리고 도덕적 약함으로서의 부덕의 관계를 살펴보면서 칸트의 의무윤리체계 내에서 덕론이 어떻게 이해될 수 있는지를 고찰하고, 도덕적 목적이론으로서의 덕론에서 목적과 동기의 관련성, 그리고 목적과 가치의 관련성을 살펴보면서 칸트 덕론의 성격을 규명한다. 나아가서 덕론의 윤리학적 방법론을 구성하는 윤리학적 교수법과 윤리학적 수행법을 각각 목표, 내용, 방법의 차원에서 면밀히 검토하면서 덕의 획득을 위한 칸트의 교육방법의 성격과 실천적 의의를 고찰한다.

제2부에서는 칸트의 덕론과 아리스토텔레스의 덕윤리를 비교하면서 칸트 덕론의 특징과 이러한 특징이 지닌 규범윤리적 의의를 찾아본다. 먼저 칸트와 아리스토텔레스의 덕개념을 비교하면서 두 개념

간에 어떤 유사성이 존재하는지, 또 어떤 근본적인 불일치가 존재하는지 알아보고 칸트의 덕개념이 전형적인 덕윤리가 직면하는 문제를 해결할 근거를 갖는지를 탐구한다. 나아가서 아리스토텔레스와 칸트에게서 공통적으로 발견되는, 덕에 대한 대표적인 관점인 목적론적 덕접근을 최고선과 가치의 근거 차원에서 비교, 분석하고 두 목적론적 덕접근이 갖는 규범윤리적 함의를 살펴본다. 또한 도덕심리학의 발달과 함께 부각되는 발달적 덕접근의 관점에서 아리스토텔레스의 덕윤리와 칸트의 덕론을 각각 검토하고 덕 발달의 심리학적 측면과 덕 이해의 철학적 측면을 적절히 관련지어 경험적 적합성과 규범성을 조화롭게 확보하는 덕개념을 추구할 때 두 입장이 어떤 함의를 지니는지 살펴본다. 마지막 장에서는 이전 장들의 내용을 바탕으로 칸트 덕론이 갖는 근본적인 특징과 칸트윤리학 내에서 그리고 규범윤리적 차원에서 차지하는 의의와 과제를 정리한다.

이 책은 지난 몇 년 동안 칸트의 덕론에 관심을 갖고 공부하면서 발표한 글들을 한데 묶은 것이다. 한 권의 책으로 만들면서 일부 글들의 제목을 간결하게 줄였고 서론과 결론에 해당하는 제1장과 제12장을 새로 썼다. 이 책에 실린 글들의 출처는 다음과 같다.

제2장 「도덕적 강함으로서의 덕」. 『철학』 제145집(2020): 57-81.
제3장 「칸트 덕론에서 덕의무의 성격과 의의」. 『도덕윤리과교육』 제70호(2021): 139-162.
제4장 「덕과 도덕적 완전성의 의무」. 『철학논총』 제105집(2021): 83-105.
제5장 「선의지, 덕, 그리고 의지의 약함」. 『윤리연구』 제117호(2017): 1-24.

제6장 「도덕적 목적이론으로서 칸트의 덕론」. 『철학연구』 제149집 (2019): 133-155.

제7장 「칸트 덕론에서 윤리학적 방법론의 성격과 의의: 윤리학적 교수법을 중심으로」. 『철학논총』 제109집(2022): 201-223.

제8장 「칸트의 윤리학적 수행법에 대한 고찰」. 『도덕윤리과교육』 제78호(2023): 203-229.

제9장 「칸트의 덕개념의 특징과 의의」. 『철학논총』 제85집(2016): 213-234.

제10장 「목적론적 덕접근의 성격과 규범윤리적 함의: 아리스토텔레스와 칸트의 덕개념을 중심으로」. 『범한철학』 제90집(2018): 95-124.

제11장 「발달적 덕접근의 성격과 규범윤리적 함의: 아리스토텔레스와 칸트의 덕개념을 중심으로」. 『범한철학』 제94집(2019): 79-107.

글을 쓸 당시에는 나름 최선을 다했음에도 책으로 묶으면서 다시 읽어보니 아쉽고 부족한 점이 많지만 그러한 부족 역시 학문하는 소중한 과정이라고 스스로를 위로하면서 용기를 낸다. 이 책의 출판을 맡아 주신 전남대학교출판문화원에 감사드린다. 가르치고 공부하는 즐거움을 누리고 살 수 있도록 길을 만들어 주시고 헌신적인 사랑으로 이끌어주신 사랑하는 나의 어머니의 영전에 이 책을 바친다.

2023년 12월

노영란

■ 차례

제1장

서론: 칸트윤리학에서 덕의 의미

제1장 서론: 칸트윤리학에서 덕의 의미

칸트가 제시하는 덕개념의 의미를 파악하는 것은 그의 덕론을 이해하는 좋은 출발점이다. 칸트의 덕개념은 그의 여러 윤리학 저서들을 거치면서 점차 발전해간다. 먼저 『윤리형이상학 정초』를 살펴보면, 칸트는 덕을 "윤리적으로 선한 마음씨"로 정의한다.[1] 이러한 정의는 『실천이성비판』에서는 "법칙에 대한 **존경**에서 오는 합법칙적인 마음씨"로, 『이성의 한계 안에서의 종교』에서는 "자기의 의무를 정확히 이행하는 확고하게 기초 다져진 마음씨"로 서술된다.[2] 이처럼 덕을 의무로부터 행위하는 윤리적 마음씨로 정의하는 것은 『윤리형이상학 정초』, 『실천이성비판』, 『이성의 한계 안에서의 종교』, 그리고 『도덕형이상학』을 관통하는 칸트 덕개념의 기본 입장이다. 그러나 『윤리형이상학 정초』 이후의 저서들에서 이 윤리적 마음씨에 대한 보다 구체화된 설명들이 등장한다. 먼저 『실천이성비판』에서 칸트는 "인간이 놓일 수 있는 도덕적 상태는 **덕**, 다시 말해 **투쟁** 중에 있는 도덕적 마음씨이지, 의지가 완전히 **순수**한 마음씨를 **소유**하고 있다고 잘못 생각된 **신성성**이 아니다."고 말한다.[3] 칸트가 덕을 단순히 윤리적 마음씨가 아니라 투쟁 중에 있는 윤리적 마음씨로 이해하

1 칸트 (2014), IV435. 여기에서 마음씨에 해당하는 독일어 Gesinnung은 영어의 disposition이나 frame of mind에 해당한다. Wuerth (2021), p. 505.

2 칸트 (2005), V128; 칸트 (2011), VI23.

3 칸트 (2005), V84.

는 이유는 『이성의 한계 안에서의 종교』의 다음 구절을 통해 파악될 수 있다.

> "도덕적으로 선한 인간이 되기 위해서는 우리 인류 안에 놓여 있는 선의 싹을 한낱 방해 없이 발전시키는 것만으로는 충분하지 않다. 오히려 우리 안에 있으면서 대립적으로 작용하는 악의 원인을 무찌르지 않으면 안 된다. 옛적의 모든 도덕가들 중에서도 특히 **스토아**주의자들은, (그리스어에서도 라틴어에서도) 용기와 용맹을 지칭하며 그러므로 하나의 적을 전제하는 덕이라는 그들의 표지어[標識語]를 통해 이러한 사실을 우리에게 알려주었다."[4]

칸트가 도덕적으로 선한 사람이 되기 위해서는 우리의 선한 본성을 발전시키는 것에서 나아가 이러한 선에 대립적으로 작용하는 우리 내부에 있는 악의 원인을 무찔러야 한다고 보는 이유는 인간의 자연본성 때문이다. 칸트는 인간 자연본성 안에 생명체로서의 인간의 동물성, 생명체이면서 동시에 이성적 존재자로서의 인간성, 이성적이면서 동시에 귀책능력이 있는 존재로서의 인격성이라는 3가지 선의 근원적 소질들이 있다고 설명한다.[5] 동시에 그는 취한 준칙 일반을 준수함에 있어서 인간 심정의 허약성, 비도덕적인 동기들과 도덕적 동기들을 뒤섞으려는 불순성, 악한 준칙들을 채택하려는 악의성이라는 악으로의 세 가지 성벽이 인간 자연본성 안에 존재한다고 본다.[6] 인간의 자연본성에 대한 이러한 이해는 도덕적으로 선한 사람이 되는 것을 일종의 투쟁으로 간주하게 하며, 적에 저항하는 용

---

4 칸트 (2011), VI57.

5 칸트 (2011), VI26. 여기에서 인격성의 소질은 도덕법칙에 대한 존경의 감수성을 의미한다. 칸트 (2011), VI27.

6 칸트 (2011), VI29.

기나 강함을 의미하는 스토아적 덕개념은 도덕적으로 선한 사람이 되기 위한 이러한 투쟁을 잘 알려준다. 도덕적으로 선한 사람이 되기 위해서는 덕을 갖추어야 하는데 이 덕은 감성적 충동이나 경향에 따른 장해물과 투쟁 중에 있는 마음씨인 것이다.

덕이 방해하는 적과 투쟁 중에 있는 윤리적 마음씨로 구체화되지만, 본격적으로 덕론이 제시되는 『도덕형이상학』에서 이 마음씨는 두 가지 차원에서 좀 더 발전된 형태를 갖추게 된다.[7] 먼저 덕은 적과의 투쟁보다 이 투쟁에서 적에 저항하는 용기나 강함에 초점을 맞추어 정의된다. 칸트는 "강력하지만 부당한 적에 대항하여 저항하는 능력과 숙고된 결의가 **용기**(힘)다. 그리고 **우리 내면에 있는** 도덕적 심정의 적에게 저항하는 능력과 의지는 **덕**(도덕적 힘)이다."고 설명하면서 덕을 의무를 준수하는 인간 의지의 도덕적 강함으로 정의한다.[8] 칸트에 따르면 이러한 덕의 강함은 장애를 매개로 해서만 인식되며 그 강도는 우리가 경향에 따라 만들어내는 장애물의 크기로만 평가될 수 있다.[9] 의무를 준수하는 인간 의지의 도덕적 강함은 칸트의 『도덕형이상학』 덕론을 대표하는 덕의 정의이자 덕에 대한 최종적 형태의 정의에 속한다.

방해하는 장애물과 투쟁하면서 의무를 준수하는 윤리적 마음씨라는 덕개념이 발전되는 또 다른 차원은 의무를 준수하는 도덕적 의지 규정의 형식적인 부분과 실질적인 부분을 구분하여 덕을 이해하는

7 글을 쓴 시점에 따라 칸트의 *Die Metaphysik der Sitten*의 두 번역본, 즉 『윤리형이상학』(백종현 옮김, 2012, 아카넷)과 『도덕형이상학』(이충진·김수배 옮김, 2018, 한길사)이 각각 활용됨으로써 본 책의 장에 따라 인용된 번역본이 다르지만 하나의 번역본으로 통일하지 않고 원래의 글을 그대로 실었음을 밝혀둔다.

8 칸트 (2018a), VI380, 405.

9 칸트 (2018a), VI394, 405.

다음의 인용구에서 확인할 수 있다.

> "의무의 원리에서 실질적인 것과 형식적인 것을 (즉 합법칙성과 합목적성을) 구별하는 일이 문제될 경우, **덕에 대한 의무지움**(윤리적 의무지움)이 곧 덕의무(윤리적 의무)는 아니라는 점을 주목해야 한다. 이는 달리 말하면, 법칙 일반에 대한 존중은 아직 하나의 목적을 의무로 근거 짓지는 않는다는 사실을 뜻한다. 그런데 이 후자만이 [즉 의무로 근거지어진 목적만이] 덕의무다. 덕에 대한 의무지움은 오직 **하나**뿐이지만, 덕의무에는 **많은** 것이 존재한다. 우리 목적이 되고 동시에 그것을 소유하는 것이 의무인 많은 객체가 존재하기는 하지만, 그 의무를 충족하는 주관적 규정근거인 유덕한 마음씨는 오직 하나뿐이기 때문이다."[10]

윤리적 마음씨로서의 덕개념이 덕을 우리의 마음씨 내지 심정에 근거하여 의지와 의무가 일치하는 데에서 성립하는 것으로 설명한다면 덕에 대한 의무지움과 덕의무라는 이중적 덕개념은 이러한 덕을 덕에 대한 의무지움에 근거하여 덕의무를 수행하는 것으로 기술한다. 칸트는 의무를 충족하는 주관적 규정근거이자 의지규정의 형식적 부분인 윤리적 마음씨 내지 도덕적 심정을 덕에 대한 의무지움으로 칭한다. 덕에 대한 의무지움은 "(예컨대 의무에 적합한 행위가 **의무로 말미암아** 일어나야만 한다는) 도덕적 의지규정의 **형식적인 부분**에만 관여하는 의무"로서 하나뿐이고 동일하며 모든 행위에 타당한 의무이다.[11] 그리고 위의 인용구에서 알 수 있듯이 법칙 일반에 대한 존중이 이 덕에 대한 의무지움에 해당한다.

10 칸트 (2018a), VI410.
11 칸트 (2018a), VI383.

덕에 대한 의무지움과 달리 덕의무는 우리의 선택의 실질적인 부분인 목적에 관여한다는 점에서 의무를 충족하는 객관적 규정근거이자 의지규정의 실질적 부분에 해당한다. 모든 행위는 각각 목적을 갖고 우리는 자신의 선택의 대상을 스스로 목적으로 삼을 때 목적을 갖는다는 점에서[12] 의무의 수행 역시 목적의 측면에서 살펴보지 않을 수 없다. 도덕적으로 선한 유덕한 사람은 마땅히 목적으로 삼아야 하는 그런 목적, 즉 그 자체로 의무인 목적을 자신의 목적으로 세운다. 이처럼 의무로 근거지어진 목적, 동시에 의무인 목적이 바로 덕의무이다. 우리의 목적이 되면서 동시에 그것을 소유하는 것이 우리의 의무인 객체들이 다양하다는 점에서 덕의무는 하나가 아니라 다수가 존재하며 마찬가지로 덕목들도 다수가 있게 된다.[13] 칸트는 『도덕형이상학』 덕론 편의 많은 부분을 덕의무의 설명에 할애한다. 기본적으로 덕의무는 구속력이 넓은 불완전한 의무이자 공적 있는 의무에 해당하는데, 덕론의 윤리학적 요소론 편에서 칸트는 덕의무를 자신의 완전성과 타인의 행복으로 나누어 상세하게 논의한다.

한편 덕을 구분지어 이해하는 것은 『이성의 한계 안에서의 종교』에서도 나타난다. 칸트는 덕이 의무에 맞는 행위들에서의 습성일 때 현상체 덕으로, 그리고 의무로부터 행위하는 항속적인 마음씨, 즉 도덕적으로 선한 마음씨일 때 예지체 덕으로 불린다고 설명한다.[14] 여기에서 전자는 그 적법성의 면에서 즉 경험적인 성격에서 덕으로, 후자는 그 도덕성의 면에서 즉 예지적 성격에서 덕으로 일컬어진다.[15] 현상체와 예지체 그리고 의지규정의 질료와 형식이라는 두 이

---

12 칸트 (2018a), VI385.
13 칸트 (2018a), VI395, 383.
14 칸트 (2011), VI14.
15 칸트 (2011), VI47.

분법에 존재하는 유사성을 고려할 때 현상체 덕이 덕의무에, 그리고 예지체 덕이 덕에 대한 의무지움에 대응한다고 볼 수 있지만 이 대응이 딱 맞아떨어지지는 않는다. 덕에 대한 의무지움과 덕의무는 단순히 예지적 성격과 경험적 성격에 따라서만 구분되기 어려운 복잡한 면을 지니고 있기 때문이다. 덕에 대한 의무지움에 해당하는 법칙에 대한 존경의 감정이 선험적으로 인식된다는 칸트의 주장을 고려하면 덕에 대한 의무지움이 예지체 덕일 수 있지만 그럼에도 이 존경이 감정이라면 예지적 성격만을 갖지는 않을 것이다. 또한 도덕적인 목적을 세우는 덕의무의 수행은 단순히 의무에 맞는 행위를 하는 적법성에 그치지 않는다. 목적 설정은 내적 활동이며 덕의무의 수행은 의무로부터 의무를 행하는 것에 해당한다는 점에서 현상체 덕과 달리 덕의무는 단순히 경험적 차원의 덕에 불과한 것이 아니다. 칸트가 덕론을 덕의무의 이론으로 정의하고 덕론의 많은 부분을 덕의무에 대한 논의에 할애한 점을 고려할 때 현상체 덕과 예지체 덕의 구분보다는 덕에 대한 의무지움과 덕의무의 구분이 칸트 덕개념의 핵심에 해당한다.

지금까지 살펴본 바와 같이 칸트의 덕개념은 윤리적 마음씨에서 투쟁 중에 있는 마음씨로 그리고 투쟁에서 발휘되는 인간 의지의 도덕적 강함으로, 나아가서 덕에 대한 의무지움과 덕의무로 구체화된다. 칸트의 윤리학 저서들을 통해 드러난 덕의 이러한 의미들에는 주목할 만한 특징들이 있다. 먼저 덕은 인간, 다시 말해서 유한한 합리적 존재의 도덕성이라는 점이다. 『도덕형이상학』에서 칸트는 의지의 도덕적 강함은 “어떤 신성한 (초인적) 존재, 즉 자기 의지의 법칙을 방해하는 어떠한 충동으로도 방해받지 않아서 모든 것을 기꺼이 법칙에 적합하게 행하는 존재에게도 주어질 수 있기 때문”에 덕은 "[완전한 신의 의지가 아니라] **인간**의 의지가 **의무**를 따를 때 드러나는 도덕적 강함이다."고 설명한다.[16] 또한 앞에서 논의한 것처럼, 『실천이성비판』에서 칸트는 덕을 투쟁 중에 있는 윤리적 마음씨라고 설명하면서 인간의 도덕성으로서의 덕을 신성성과 대비시킨다. 완전히 순수한 마음씨로서의 신성성과 달리 덕은 윤리적 마음씨이지만 완전히 순수하지 못하고 늘 윤리적 순수성을 지향하면서 투쟁하고 있는 것이다. 덕을 가진 인간은 여전히 법칙을 위반하려는 지속적인 성벽 내지 법칙준수에 뒤섞이는 순수하지 못한 동인들에 대한 의식을 가지고 있다.

인간이 도달할 수 있는 도덕적 완전성이 신성성이 아니라 덕인 이유는 인간이 주관적으로 욕구와 경향으로부터 완전히 자유로울 수 없기 때문이다. 이성적으로 수립된 법칙을 준수하는 것은 욕구의 극복을 요구하고 욕구의 극복은 행위주체에게 희생을 치르게 한다는 점에서 법칙의 준수는 강제, 즉 의무가 된다. 그리고 의무로부터의 행위는 법칙에 대한 사랑이 아니라 법칙에 대한 존경으로부터의 행위이다. 칸트의 법칙에 대한 사랑과 법칙에 대한 존경의 구분을 따른다면[17] 법칙에 대한 사랑은 내면적인 거부가 없고 법칙이 더 이상 명령이 되지 않는, 법칙에 대한 완전한 마음씨인 반면 법칙에 대한 존경은 주관이 희생을 치러야 한다는 점에서 법칙이 명령이 되는, 기꺼이 하고 싶어서가 아니라 마지못해 준수하는 마음씨이다. 전자가 신성성으로서의 도덕성에 해당한다면 후자는 투쟁 중의 마음씨인 덕으로서의 도덕성에 해당한다.

신성한 존재는 온전히 합리적 존재이지만 인간은 합리적 본성과

16 칸트 (2018a), VI405.
17 칸트 (2005), V83-84.

함께 자연적 본성을 가진 유한한 합리적 존재이고 이에 따라 의지작용에서 충동이나 경향의 방해를 받게 된다. 본성상 충동이나 경향의 영향 아래 있는 인간이 악의성을 극복할 수는 있지만 근절할 수는 없다는 점에서 인간의 도덕성은 완전히 순수한 마음씨에 안착할 수 없고 언제나 투쟁 중에 있는 강함일 뿐이다. 칸트에 따르면 이러한 인간의 도덕성으로서 덕은 "언제나 **진보 과정**에 있고 언제나 **처음부터 다시** 시작한다."[18] 언뜻 모순적으로 보이는 이 주장은 덕의 객관적 측면과 주관적 측면으로 나누어 설명된다. 즉 덕은 객관적으로 고려하면 도달 불가능하지만 그럼에도 그것에 접근해 가야할 의무이자 끊임없이 전진하면서 도달하고자 애써야 하는 이상이라는 점에서 언제나 진보과정에 있으며, 주관적 측면을 고려하면 경향으로 촉발되는 인간 본성 때문에 고요한 정지 상태에 들어갈 수 없고 언제나 처음부터 다시 시작한다는 것이다.[19] 인간 본성의 근본악으로 인해 덕은 안정적이거나 지속적이지 못하고 부단한 노력을 통해 그렇게 되고자 애써야하는 이상일 따름이다.

칸트 덕개념의 의미에서 나타나는 두번째 특징은 인간의 의지가 지닌 도덕적 강함으로서 덕은 순수 실천이성에 근거한다는 점이다. 『윤리형이상학 정초』에서 칸트는 순수한 도덕적 마음씨가 생기게 하려면 윤리를 진정한 원리들 위에 세워야 하며, 덕의 본래적 모습을 보는 것은 "윤리성을 감각적인 것의 모든 혼합으로부터, 그리고 보상이나 자기사랑이라는 모든 가짜 장식으로부터 벗겨내 현시하는 것"이라고 말한다.[20] 이러한 입장은 덕론의 제일원리가 형이상학에

18 칸트 (2018a), VI409.
19 칸트 (2018a), VI409.
20 칸트 (2014), IV412, 427n.

서 탐색되어야 한다고 주장하는 『도덕형이상학』에서도 견지된다. 그러나 덕을 본격적으로 논의하는 덕론에서 문제의 특징은 복잡하게 전개된다. 칸트는 "덕은, 순수 실천이성의 산물인데, 이 순수 실천이성이 (자유로 인한) 우월성의 의식과 함께 저 경향성들에 대한 지배권을 획득하는 한에서, 순수 실천이성의 산물이다."고 주장한다(밑줄 덧붙임).[21] 이 주장의 밑줄 친 부분은 순수 실천이성의 산물인 덕과 관련한 두 가지 중요한 사항을 내포하고 있다. 순수 실천이성이 경향성들에 대한 지배권을 획득하기 위해서는 의무와 대립할 수 있는 목적들을 통해 유혹하는 경향성들에 저항할 수 있도록 목적에 작용해야 한다. 경향성들과 무관하게 순수 실천이성 안에 있는 것을 자의의 대상으로 세워야 하는 것이다. 이러한 작용으로 인해 덕은 순수 실천이성의 산물이지만 인간의 주관적 차원에 관계한다. 그리하여 칸트는 덕과 악덕을 의인화해 표현하는 것은 감성적 고안물로서 도덕적 감각을 위한 것이기 때문에 도덕의 감성론은 도덕형이상학의 일부분은 아니지만 그것에 관한 주관적 서술이라고 설명한다.[22] 또한 칸트는 덕론에서 의무개념에 대한 감수성의 주관적 조건들이자 도덕법칙이 마음에 작용한 결과이며 도덕법칙의 강요력을 수반하는 감정들인 도덕적 감정, 양심, 이웃 사랑, 자기 존중을 논의한다. 덕은 순수 실천이성의 산물이지만 인간의 주관적 측면에 밀접하게 관련되는 능력인 것이다.

순수 실천이성의 산물인 덕에 대한 밑줄 친 부분의 주장에는 또 다른 중요한 점이 담겨 있다. 일반적으로 덕은 타고나는 것이 아니라 획득되는 후천적인 능력에 해당하는데 칸트의 덕개념도 마찬가

21 칸트 (2018a), VI477.
22 칸트 (2018a), VI406.

지이다. 칸트는 덕이 경험적 차원에서 작용하는 감성적 충동이나 경향의 영향으로부터 독립하는데 필요한 결의의 강함으로 산출되기 위해서는 교육을 통해 획득되어야 한다고 주장한다.[23] 하지만 순수 실천이성의 산물이라는 점에서 덕은 단순히 획득되는 것에 불과하지 않다. 칸트에 따르면 의무를 생각할 때 그리고 의무수행을 방해하는 장애물들이 마음에 있을 때 인간은 이성에 의해 의무수행을 방해하는 장애물에 맞서 싸울 수 있고 극복할 수 있다고 판단해야만, 즉 "법칙이 마땅히 행해야 한다고 무조건적으로 명령하는 것을 자신이 할 수 있다고 판단해야만 한다."[24] 이것은 도덕법칙을 통해 우리 자신 안의 자유를 인식하는 것이다. 그리하여 도덕적인 존재, 즉 자유로운 존재로서 인간은 그의 자유로 말미암아 감성적인 충동이나 경향을 물리칠 능력이 "단적으로 **전제될** 수 있고 또 **전제되어**야만" 한다.[25] 그리하여 덕은 숙고와 훈련을 통해 취득해야만 하는 것이지만 순수 실천이성의 산물로서 이성적 존재, 그리하여 자유로운 존재에게 전제되는 도덕적 능력이다. 즉 인간의지의 도덕적 강함으로서의 덕은 전제되는, 그러나 획득되어야 하는 능력인 것이다.

23 칸트 (2018a), VI477.
24 칸트 (2018a), VI380.
25 칸트 (2018a), VI397.

1

칸트 덕론의 성격과 쟁점

제2장 도덕적 강함으로서의 덕

『도덕형이상학』의 덕론에서 칸트의 덕개념이 가진 성격을 잘 보여주는 주장들을 꼽아보면 도덕적 강함으로서의 덕, 의무인 동시에 목적인 덕의무a duty of virtue, 덕에 대한 의무지움the obligation of virtue과 덕의무의 구분, 그리고 하나의 형식적 덕과 다양한 실질적 덕들 등을 들 수 있다. 이러한 주장들 중에서 도덕적 강함은 칸트의 덕개념이 가진 가장 기본적인 성격에 해당한다. 칸트윤리학에서 그것의 무조건적인 선함으로 인해 절대적 가치를 갖는 선의지와 비교할 때 도덕적 강함이 어떤 의미를 갖는지 파악하는 것은 칸트윤리학에서 덕이 갖는 성격을 이해하는데 중요하다. 따라서 본 장에서는 도덕적 강함의 의미와 특징을 면밀히 검토하면서 칸트의 덕개념에 대한 구체적인 설명을 제시하고자 한다. 이를 위해 먼저 덕이 포함하는 실천이성의 자기 지배autocracy를 살펴보면서 덕의 강함을 위해 선의지와 함께 법칙에 대한 존경의 강한 감정이 요구된다는 점을 규명할 것이다. 그리고 『도덕형이상학』의 덕론에서 소개된 의무개념을 위한 마음의 감성적 소질들과 법칙에 대한 존경의 감정이 어떤 관계에 있는지, 그러한 도덕적 소질들이 어떻게 작용하는지 검토하면서 유덕한 사람의 의지 규정의 경험적 차원을 살펴볼 것이다. 이러한 고찰을 통해 덕이 갖는 도덕적 강함의 성격과 내용을 파악한 후에 덕의 실행력이 구체적으로 무엇인지 알아보면서 도덕적 강함으로서 덕이 갖는 역할을 확인할 것이다. 도덕적 강함의 성격과 내용 그리고 역할에 대한 탐색을 통해 칸트의 덕개념을 체계적으로 파악할 수 있기를 기대한다.

1. 도덕적 강함의 성격: 선의지와 법칙에 대한 존경

칸트가 덕을 훌륭한 명칭으로 여기고 주목하는 대목은 그의 윤리학에서 덕이 어떤 의미를 갖는지를 파악할 수 있는 좋은 출발점이 된다. 『이성의 한계 안에서의 종교』에서 칸트는 고대의 덕이 방해하는 적에 저항하는 용기나 힘 혹은 강함을 의미한다고 보고 이러한 덕은 우리가 도덕적으로 선한 인간이 되기 위해서는 우리 안에 놓여 있는 선의 싹을 발전시키는 것만으로는 충분하지 않고 우리 안에서 대립적으로 작용하는 악의 원인을 무찔러야만 한다는 사실을 알려준다는 점에서 훌륭한 명칭이라고 설명한다.[1] 칸트의 설명은 우리가 이성을 통해 무엇을 해야 할지 분별한다 해도 감성적 충동이나 경향으로 인한 방해를 이겨내지 못하면 의무를 수행할 수 없다는 점에서 도덕적으로 선한 사람이 되는 것은 일종의 투쟁이며, 적에 저항하는 용기나 강함을 의미하는 덕은 이러한 도덕적 투쟁에서 의무를 수행하는 능력과 결의에 적합한 개념이라는 것을 함축적으로 보여준다.

방해하는 적을 물리치는 도덕적 강함 내지 용기라는 덕에 대한 이해는 본격적으로 덕론을 제시하는 『도덕형이상학』에서 덕에 대한 가장 핵심적인 정의이다.[2] 『도덕형이상학』에서 칸트가 덕을 도덕적 강함으로 정의하는 부분들을 살펴보면 칸트는 이 강함을 '적에 저항

1 칸트 (2011), VI57 참조.
2 도덕적 강함으로의 정의를 위해서는 칸트 (2018a), VI380, 397, 405 참조.

하는 의지'나 '결의의 강함'으로 설명하면서 덕을 기본적으로 의지의 문제로 본다.[3] 그리고 그는 덕에 관련된 의지를 '의무와 일치하는 혹은 의무를 따르는 의지', '법칙을 실행에 옮기려는 결의' 등으로 설명한다.[4] 이러한 설명들은 도덕적 강함으로서의 덕을 갖기 위해서는 먼저 선의지를 가져야 한다는 것을 보여준다. 칸트에게 도덕법칙은 선의지의 규정근거이며 선의지는 도덕법칙이 되는 준칙을 갖는 것이므로 도덕법칙을 실행에 옮기는 의지는 선의지에 근거할 것이기 때문이다. 또한 의무의 관점에서 보면 의무는 선의지의 조건이며 선의지는 의무로부터 의무를 행하려는 것이므로 의무를 따르는 의지는 선의지에서 비롯할 것이기 때문이다. 그러나 칸트가 도덕적 강함을 결여하는 부덕이 선한 의지와 충분히 양립가능하다고 본 점을 떠올린다면,[5] 선의지를 갖는 것이 바로 덕을 갖는 것이 된다고 보기는 어렵다. 덕은 선의지를 필수적인 요소로 갖지만 선의지를 갖는다고 해서 곧 유덕하다고 할 수는 없는 것이다. 덕과 선의지의 이러한 관계는 덕의 강함이 기본적으로 선의지의 선함에서 비롯하지만 선의지의 선함과는 구별된다는 것을 함의한다.

그렇다면 도덕적 강함으로서의 덕을 갖기 위해 선의지 이외에 무엇이 더 요구되는가? 실천이성의 자기 지배에 대한 칸트의 주장은 이 물음의 답을 찾는데 중요한 단서가 된다. 칸트는 도덕론이 실천이성의 자율autonomy에만 의거하는 반면 덕론은 실천이성의 자기 지배를 포함한다고 주장하면서 이 자기 지배를 "법칙에 저항하는 자기 경향을 통제하는 **능력**에 대한 의식"으로 설명한다.[6] 아쉽게도 칸트의

3 칸트 (2018a), VI380, 384, 390 참조.
4 칸트 (2018a), VI395, 405, 409 참조.
5 칸트 (2018a), VI408 참조. 선의지를 가짐에도 불구하고 어떻게 덕을 결여하게 되는지에 대한 상세 논의는 노영란 (2017), pp. 7-15 참조.

설명이 이 정도에 그치고 있어서 실천이성의 자기 지배가 정확히 무엇인지 이 설명만으로 파악하기는 어렵다. 그러나 덕론 서론의 마지막 부분에 있는 자기 자신의 지배governing oneself와 무정념에 대한 주장은 실천이성의 자기 지배가 무엇을 의미하는지 이해할 수 있게 해준다. 덕을 위해서는 자기 자신을 지배해야 한다는 점을 설명할 때 칸트는 덕이 자신의 모든 능력과 경향을 이성의 지배 아래 놓으라는 명령, 즉 자기 자신을 지배하라는 명령을 포함하며 이러한 자기 자신의 지배는 자신의 감정과 경향에 지배당하지 않는 무정념을 넘어선다고 설명한다.[7] 그리고 덕이 무정념을 전제로 해서 자기 자신의 지배를 포함한다고 주장할 때 칸트는 도덕적 무정념이란 감성적인 감정들이 도덕적인 감정에 영향력을 행사하지 못하는 상태를 의미하며 이것은 자의의 대상들에 대해 주관적으로 무관심한 경우가 아니라 법칙에 대한 존경의 감정이 감성적인 감정들을 압도할 만큼 강력해진 경우라고 설명한다.[8] 이러한 설명들로부터 우리는 법칙에 대한 존경의 감정이 강력해짐으로써 감성적 감정과 경향에 지배당하지 않는 무정념의 상태에 이르고 이러한 무정념을 통해 자신의 능력과 경향을 이성의 지배 아래에 놓는 자기 지배가 이루어질 때 덕을 갖게 된다는 것을 알 수 있다. 또한 덕이 포함하는 실천이성의 자기 지배는 구체적으로 법칙에 대한 존경의 강한 감정에서 무정념을 거쳐 자기 자신을 지배하는 것임을 알 수 있다.

이처럼 무정념과 자기 지배에 대한 설명을 통해 덕을 갖기 위해서는 법칙에 대한 존경의 강한 감정을 가져야한다는 것이 드러나는데,

6 칸트 (2018a), VI383.
7 칸트 (2018a), VI408 참조.
8 칸트 (2018a), VI408 참조.

덕과 법칙에 대한 존경이 갖는 이러한 관계는 『실천이성비판』에 잘 나타나있다. 『실천이성비판』에서 칸트는 법칙에 대한 존경의 감정이 도덕법칙의 활동을 촉진한다는 것은 활동의 방해물을 제거하는 것과 동일시되며, 법칙에 대한 존경은 경향성들의 방해하는 영향을 약화시키는, 감정에 미치는 도덕법칙의 작용이라고 설명한다.[9] 덕이 의무의 준수를 방해하는 것들을 물리치는 강함이라는 점에서 이러한 설명은 덕의 강함이 바로 법칙에 대한 존경의 감정을 갖는 것임을 보여준다. 나아가서 칸트는 직접적으로 덕을 법칙에 대한 존경으로부터 법칙에 합치하게 되는 마음씨로 정의한다.[10] 그러나 『도덕형이상학』의 덕론에서는 법칙에 대한 존경이 드물게 언급되고 덕과 법칙에 대한 존경의 관계가 별반 논의되고 있지 않다.[11] 관련 논의를 찾아보면 내적 입법만 가능한 윤리적 의무를 자기강제로 보고 이러한 자기강제의 도덕적 능력이 덕이며 이 덕의 심정을 법칙에 대한 존경이라고 언급하는 부분이나 다수의 덕의무들과 덕에 대한 의무지움을 구별하면서 덕에 대한 의무지움을 법칙 일반에 대한 존경이라고 말하는 부분 정도를 꼽을 수 있다.[12] 그렇지만 법의무와 구별되는 윤리적 의무인 덕의무에 합법성과 함께 도덕성, 즉 도덕법칙이 자의 규정의 충분한 동기가 되는 것을 요구하는 덕론의 기본 입장은 유덕하게 행위하는 것이 법칙에 대한 존경으로부터 행위하는 것임을 보여준다.

덕과 법칙에 대한 존경의 관계는 동시대의 칸트주의자들의 설명

9 칸트 (2005), V75, 79 참조.

10 칸트 (2005), V128 참조.

11 다음 절에서 우리는 왜 법칙에 대한 존경을 중심으로 하는 덕의 논의가 『도덕형이상학』에서 거의 다루어지지 않는지, 그리고 『도덕형이상학』에서는 어떻게 논의가 전개되는지에 대해 살펴볼 것이다.

12 칸트 (2018a), VI394, 410 참조.

에서도 어렵지 않게 발견된다. 예컨대, 힐Thomas E. Hill, Jr.과 큐어튼Adam Cureton은 덕을 "대립하는 자연적 욕구를 충족시키려는 성향에도 불구하고 도덕법칙에 대한 존경으로부터 도덕적 의무를 완수하는 전폭적인 헌신이며 효과적인 능력"으로, 데니스Lara Denis는 "*도덕법칙에 대한 존경으로부터 의무를 행하는 심정*"으로 정의한다.[13] 그러나 덕을 법칙에 대한 존경의 감정으로 이해할 때 유의해야 할 점이 있다. 앞에서 살펴본 바와 같이 부덕이 선의지와 공존할 수 있다는 점에서 선의지를 갖는 것과 덕을 갖는 것은 동일하지 않다. 그러나 덕을 위해서 법칙에 대한 존경의 감정을 가져야 한다면 선의지를 갖는 것이 바로 덕을 갖는 것이 아닌가 하는 의문이 들 수 있다. 법칙에 대한 존경은 도덕법칙에 대한 인식의 결과이며 인간의 경우에 선의지를 가진 사람은 주관적으로 법칙에 대한 존경의 감정을 갖기 때문이다. 이러한 의문과 관련하여 우리는, 실천이성의 자기 지배를 논의할 때 언급한 것처럼, 감성적 충동과 경향에 지배당하지 않을 정도로 법칙에 대한 존경의 감정이 '강력해질 때' 자기 지배로 이끄는 무정념이 가능하다는 점을 상기할 필요가 있다. 덕을 위해 법칙에 대한 존경의 감정을 가져야 한다는 것은 단순히 존경의 감정을 갖는 것이 아니라 자기애의 동기나 경향에 따른 장애물을 물리칠 정도로 법칙에 대한 존경의 '강한' 감정을 갖는 것을 의미한다. 덕을 법칙에 대한 존경을 통해 이해할 때 이러한 점을 반영하는 것이 좀 더 정확한 접근이라고 할 수 있다. 예컨대 가이어Paul Guyer는 칸트가 덕 혹은 유덕한 심정에 의해 "단순히 도덕법칙에 대한 존경에 의해 동기지워지는 것을 의미하는 것이 아니라 그렇게 되려는 *결의의 강함*에 의해 동기지워지는 것을 의미한다."고 말한다.[14] 맥카티Richard McCarty 역

13 Hill & Cureton (2018a), p. 263; Denis (2007), p. 510.

시 "누구도 도덕법칙에 대한 존경의 심리적으로 강한 감정을 결여할 수 없다면, 이런 의미에서 덕을 결여하는 사람은 없을 것"이라고 말한다.[15]

덕을 위해서는 선의지와 함께 법칙에 대한 존경의 강한 감정을 가져야한다는 점으로부터 선의지와 구별되는 덕의 성격을 확인할 수 있다. 법칙에 대한 존경의 감수성은 인간이 갖는 선의 근원적 소질로서 결코 잃어버릴 수 있는 것이 아니다.[16] 그리고 선의지를 가진 사람은 도덕법칙이 그의 마음에 작용한 결과로 법칙에 대한 존경의 감정을 갖는다. 그러나 법칙에 대한 존경의 '강한' 감정은 이와는 다르다. 우리가 법칙에 대한 존경의 감정을 갖게 되는 것은 선의지를 갖기 때문이지만 법칙에 대한 존경의 감정을 강력하게 하는 것은 선의지를 갖는 것만으로는 안 된다. 가이어는 법칙에 대한 존경에 의해 동기지워지려는 결의의 강함은 "*발달될 수 있고 사람들이 발달되길 선택할 수 있는* 것"일 뿐만 아니라 이 강함의 발달은 실제 세계의 인간이 외적이고 강압적인 강제가 부재한 상태에서 구체적인 덕의무를 완수할 필요조건으로서 사람들에게 의무로 요구될 수 있다고 설명한다.[17] 이러한 설명에 따라 가이어는 구체적인 덕의무들을 완수할 필요조건인 덕에의 의무지움, 즉 유덕하게 될 의무the obligation or duty to be virtuous를 "도덕법칙에 의해 동기지워질 우리의 자연적 성향을 계발하고 강화할 의무"로 정의한다.[18] 덕의 강함을 위해서는 법칙에 의해 동기지워지는데 장애물이 되는 것들을 물리칠 만큼 법칙

14 Guyer (2016), p. 222.
15 McCarty (2009), p. 229.
16 칸트 (2011), V146 참조.
17 Guyer (2016), p. 222.
18 Guyer (2016), p. 223.

에 대한 존경의 감정을 계발, 강화해야한다는 점에서 도덕적 강함으로서의 덕은 우리가 갖기 위해 노력해야하는 것이다. 칸트에 따르면 도덕적 강함의 능력은 순수한 이성 법칙의 존엄성에 대한 숙고와 동시에 또한 훈련을 통해 도덕적 동기가 고양됨으로써 취득될 수 있다.[19] 선의지를 가진 사람은 법칙에 대한 존경을 갖지만, 유덕한 사람은 숙고와 훈련을 통해 법칙에 대한 존경의 강화된 감정을 갖게 된다. 이성적 존재가 갖는 선천적 도덕성으로 볼 수 있는 선의지와 달리 덕은 분명 선의지에 근거하기는 하지만 교육을 통해 획득되는 후천적 도덕성의 성격을 갖는다.

덕을 위해서 법칙에 대한 존경의 감정을 계발, 강화해야한다고 할 때 이 존경의 감정이 얼마나 강해야 덕을 갖게 되는지와 관련하여 칸트의 덕이 장애물을 물리치고 의무를 준수할 힘을 의미한다는 점에서 덕이 갖는 강함의 정도는 장애물의 크기에 따라 다르다고 말할 수 있을 것이다. 덕의 강함은 그 강함을 압도할 수 있는 자연 본성적 경향에 따른 장애를 매개로 해서만 인식되며 덕의 강도는 그러한 장애물의 크기로만 평가될 수 있다는 칸트의 주장은 이를 뒷받침한다.[20] 칸트의 덕을 설명할 때 우드Allen Wood는 "덕은 우리가 어려운 과제를 수행하는데 필요한 강함에 있기 때문에 실제로 덕은 선한 행위가 우리에게 어려운 바로 그 정도로 요구된다."고 말한다.[21] 만일 우리가 의무로부터 의무를 수행하는데 어떤 어려움도 없다면 우리는 덕을 필요로 하지 않을 수도 있을 것이다. 그러나 우리 인간의 자연본성 안에는 도덕법칙에 대한 존경의 감수성이 선의 근원적 소

19 칸트 (2018a), VI397 참조.
20 칸트 (2018a), VI394, 405 참조.
21 Wood (1999), p. 331.

질중의 하나로 존재하지만 동시에 허약하고 불순하며 악의적인 성벽 또한 존재한다. 우리가 이성적 존재로서 도덕적 요구를 인식하고 이에 따라 의무를 준수하고자 할 때 이러한 악으로의 성벽은 지속적으로 그리고 이런 저런 정도로 우리를 방해할 것이다. 비록 악으로의 성벽을 근절시킬 수는 없지만 법칙에 대한 존경의 감정을 계발, 강화해서 악으로의 성벽을 극복해나갈 때 우리는 도덕적으로 선한 사람이 될 수 있는 것이다. 덕이란 바로 우리가 의무를 준수할 때 직면하는 자기애나 경향으로 인한 장애물을 물리칠 수 있을 정도로 법칙에 대한 존경의 감정을 계발, 강화해서 갖게 되는 결의와 능력인 것이다. 덕이 가진 강함의 정도가 사람마다 다르다는 의미에서 도덕적 강함으로서의 덕은 그 정도에 있어서 상대적이다.[22]

2. 도덕적 강함의 내용: 유덕한 사람의 주관적 상태

유덕한 심정이 법칙에 대한 존경의 감정을 가진다고 할 때 이 심정은 하나의 형식적 덕이다. 여기에서 의지와 의무의 합치라는 의지 규정의 형식적인 부분에 관여하는 하나의 형식적 덕이 법칙에 대한 존경이라는 감정을 가질 수 있는 것은 법칙에 대한 존경이 "우리가 완전히 선험적으로 인식하는, 그리고 그것의 필연성을 우리가 통찰할 수 있는 유일한 감정"이며, "단적으로 형식의 면에서 법칙의 표상에 부착해 있는 감정"이라는 점과 관련이 있다.[23] 그러나 법칙에 대한 존경이 선험적으로 인식되는 감정, 형식적 덕에 관련하는 일반적

22 물론 이점은 이성의 결단에서 비롯하는 하나의 형식적 덕의 속성이라기보다는 다양한 도덕적 대상과 결부되는 실질적 덕들과 결부된 속성일 것이다.

23 칸트 (2005), V73, 80.

인 감정이라는 점에서 우리는 이러한 감정이 어떻게 현상적 속성을 갖는 구체적인 자기애의 동기나 경향을 포함하는 장애물들을 물리치고 의무를 준수하도록 우리를 추동하는지 궁금할 수 있다. 법칙에 대한 존경이 의무개념을 위한 감수성의 주관적 조건인 것은 분명하지만 선험적으로 인식되는 일반적인 감정인 이 존경이 어떻게 의무가 수행되는 경험적 차원에 관련되는 우리의 주관적 상태를 구체적으로 담아내는지 가늠하기 쉽지 않기 때문이다. 앞 절에서 언급한 것처럼 칸트가 『도덕형이상학』에서 법칙에 대한 존경이나 덕과 법칙에 대한 존경의 관계를 드물게 언급한 것은 바로 이 점과 관계가 있다고 생각한다.

칸트는 『도덕형이상학』에서 법칙에 대한 존경의 감수성 대신 의무개념 일반을 위한 마음의 감수성의 주관적 조건들로 도덕적 감정, 양심, 인간사랑, 자기 존경을 다룬다. 칸트에 따르면, 의무개념을 위한 마음의 감수성의 네 가지 주관적 조건들 덕분에 인간은 의무를 질 수 있게 되는데 이러한 것들은 마음의 자연본성적 소질들로서 인간이면 누구나 원래부터 자신 안에 지니고 있는 것이어서 인간은 이러한 소질들을 가져야할 의무는 없고 대신 계발하고 강화하는 것에만 관여할 수 있다.[24] 칸트는 의무를 준수하는 덕을 갖기 위해 우리가 도덕적 감정, 양심, 인간사랑, 자기 존경의 본성적 소질들을 계발, 강화할 것을 주장하고 있는 것이다. 그렇다면 이러한 마음의 네 가지 자연적 소질들과 법칙에 대한 존경은 어떤 관계에 있는가? 그리고 이러한 소질들은 유덕한 사람에게 어떻게 작용하는가? 칸트가 이 물음들과 관련하여 충분한 설명을 주고 있지 않기 때문에 여러 해석이 가능할 듯하다. 그러나 칸트윤리학 전반과 조화를 이루는 맥락에

24 칸트 (2018a), VI399 참조.

서 칸트의 입장을 해석해본다면 먼저 법칙에 대한 존경의 감정은 마음의 본성적 소질들 중의 하나인 도덕적 감정과 구별되지 않는다고 보는 것이 적절하다. 칸트는 『실천이성비판』과 『이성의 한계 안에서의 종교』에서 법칙에 대한 존경의 감정을 도덕적 감정이라고 말하고 있기 때문이다.[25] 가이어는 마음의 본성적 소질들 중의 하나인 도덕적 감정과 법칙에 대한 존경이 동일하다고 보고 도덕적 감정을 포함하는 마음의 자연적 소질들이 서로 어떻게 작용하는지를 도덕적 감정에 대한 다단계적 모델로 설명하고자 한다. 이 모델에서 가이어는 덕에 작용하는 복잡한 경험적 과정들을 밝혀보고자 하는데 그가 제시하는 단계적 과정들은 다음과 같다: 먼저 도덕법칙의 경험적 의식인 양심은 적어도 현상적 수준에서 도덕 법칙에 맞게 행위하는 우리의 헌신을 야기하거나 강화하는 존경의 일반 감정, 즉 도덕적 감정을 산출한다; 이 존경의 일반 감정은 결과적으로 공감과 자기 존경 같은 구체적인 감정들을 계발하도록 우리를 이끈다; 그리고 이러한 구체적인 감정들은 결과적으로 우리가 우리 자신과 다른 사람들을 향한 특정 의무들을 완수하도록 촉발할 수 있다.[26] 가이어가 제시하는 과정들이 보여주는 것처럼, 도덕법칙을 준수하려는 일반적 헌신인 존경, 즉 일반적인 도덕적 감정을 강화하고 이 헌신에 의해 구체적인 도덕적 감정들을 계발하고 이러한 구체적인 감정들이 준칙에 의해 명령된 특정 행위를 수행하는 충동이 된다면, 덕을 위해 법칙

25 칸트 (2005), V76; 칸트 (2011), VI27 참조.

26 Guyer (2016), p. 259 참조. 한편 마음의 본성적 소질들 중의 하나인 도덕적 감정과 법칙에 대한 존경이 동일하다고 제안할 때 가이어는 본문에서 제시된 근거 외에도 그의 다단계적 모델에 반영된 또 다른 점, 즉 도덕적 감정이 법칙에 대한 존경처럼 일반적인 도덕 감정으로서 이 감정으로부터 개별적인 행위들의 이행에 좀 더 근접해있는 구체적인 감정들을 소개하는 것으로 나아가게 된다는 점을 근거로 덧붙인다. Guyer (2016), p. 251 참조.

에 대한 존경을 계발, 강화해야한다는 것은 도덕적 감정, 양심, 인간사랑, 자기 존경의 도덕적 성질들을 계발, 강화해야한다는 것과 다르지 않다. 그리고 덕에 대한 의무지움은 이러한 도덕적 소질들을 계발, 강화하는 것으로 이해될 수 있다.

유덕할 의무를 법칙에 대한 존경 대신 마음의 도덕적 성질들을 통해 접근함으로써 우리는 의무를 준수하는 유덕한 사람의 주관적인 의지 규정과 그의 감정적 상태를 구체적으로 파악할 수 있다. 『도덕형이상학』에서 제시된 도덕적 감정에 대한 칸트의 입장이 "의지의 본체적 결정을 표현하는, 도덕적으로 요구되고 가치가 있는 행위를 수행하는 의지의 결정에 대한 경험적 모델"로 여겨진다는 점에서도 드러나듯이,[27] 우리는 법칙에 대한 존경 대신 마음의 네 가지 자연적 소질들을 통해 도덕법칙이 적용되는 유덕한 행위자의 경험적 차원을 들여다볼 수 있다. 그리고 이를 통해 우리는 선의지와 구별되는 덕의 내용이 무엇인지 알게 된다. 선의지를 본질적 요소로 한다는 점에서 덕은 선의지처럼 도덕법칙을 근거로 하여 의지가 규정되는 것이다. 그러나 마음의 도덕적 소질들을 계발, 강화하여 갖는 덕의 강함은 주관적인 의지규정능력의 힘이다. 따라서 덕과 선의지의 차이는 의지규정의 객관적 차원이 아니라 주관적인 차원, 즉 선험적 차원이 아니라 경험적 차원에 있다. 선의지의 선함은 그 자체로 선험적인 것에 관련하는 반면, 이러한 선함에서 비롯하는 덕의 강함은 감정의 경험적 차원에도 관련하는 것이다.

지금까지 도덕적 감정, 양심, 인간사랑, 자기 존경 등의 의무개념을 위한 마음의 소질들을 통해 유덕한 사람의 의지가 규정되는 경험적 차원을 살펴보았는데 유덕한 사람은 이러한 일반적이고 구체적

27 Guyer (2016), p. 237.

인 도덕적 감정들 이외에도 다른 감정들을 가질 수 있다. 예컨대, 동시대의 칸트주의자인 힐과 큐어튼은 유덕한 삶을 위한 느낌과 정서를 세 종류로 구분하여 설명한다. 그들은 도덕적 요구에 대한 인식의 표현인 도덕적 감정들 이외에도 의무에 반대하는 경향들에 대항하고 잘못 행하지 않으려는 노력에 도움이 되는 것으로서 계발되어야 하는 긍정적 감정들과 인간 행복의 일부로 포함되는 건강한 느낌과 정서들을 꼽는다.[28] 유덕한 사람이 갖는 감정 전반에 대한 칸트의 구체적이고 체계적인 설명을 찾기는 어렵지만 『도덕형이상학』에는 문제의 감정들이 유덕한 삶에서 역할을 할 수 있다는 주장을 지지해 줄 수 있는 칸트의 입장들이 있다. 일단 칸트가 주장하는 도덕적 무정념은 자의의 대상들에 대해 주관적으로 무관심한 것을 의미하지 않는다는 점에서 유덕한 사람은 감정들을 갖는다.[29] 그리고 칸트가 '도덕적 무정념에 따른 덕'을 '법칙을 실행에 옮기려는 확고한 결의를 지닌 침착한 마음'으로 정의하고 이를 도덕적인 삶의 건강 상태를 나타낸다고 본 점에서 유덕한 사람은 도덕적 요구와 양립하거나 도덕적 요구를 지지하는 방향으로 자신의 감정들을 조절해서 이성과 감정의 조화나 균형을 이루고자 할 것이다.[30] 또한 감각적 감정으로서 공감에 대한 감수성은 인간에게 자연적인 것이며 이러한 감정을 이성적인 호의의 활동을 촉진하는 수단으로 사용하는 것은 조건적 의무이며 이러한 감정을 계발하는 것은 간접적 의무라는 칸트의 주장을 떠올린다면 유덕한 사람은 도덕적인 감정 이외에 도덕적으로 행동하는데 도움이 되는 감정들도 가지려고 노력해야 한다.[31]

28 Hill & Cureton (2018a), p. 266 참조.
29 칸트 (2018a), VI408 참조.
30 칸트 (2018a), VI409 참조.
31 칸트 (2018a), VI456-457 참조.

그렇다면 덕을 위해서는 힐과 큐어튼이 주장하는 세 종류의 감정을 모두 가져야 하는가? 이러한 세 종류의 감정을 모두 가져야 유덕한 사람이 되는가? 백슬리Ann Margaret Baxley가 제시하는 실천이성의 자기 지배가 수행하는 세 가지 기능 개념을 빌어서 이 물음을 살펴보자.[32] 백슬리는 실천이성의 자기 지배는 통제, 유지, 계발이라는 세 가지 기능, 즉 인간 영혼의 도덕적 건강을 방해하는 정념과 욕정을 통제하는 것과, 도덕적 관심과 일치하는 느낌과 경향을 유지하는 것, 그리고 도덕적 행위를 촉진하는 느낌, 욕구, 심정, 태도를 계발하는 것을 포함한다고 주장한다.[33] 도덕적으로 선한 성품의 이상적 상태, 즉 완전한 덕은 통제, 유지, 계발의 세 기능을 모두 잘 발휘하는 것일 것이다. 그러나 경험적으로 볼 때 유덕한 사람이 이 세 가지 기능을 언제나 모두 잘 발휘하는 것은 아니라고 이해하는 것이 적절할 듯하다. 먼저 의무에 반대하는 감정과 경향을 통제하지 않고서는 의무를 준수할 수 없다는 점에서 통제 기능은 반드시 발휘될 것이다. 그러나 유지와 계발 기능은 그렇지 않다. 덕이 장애물과 맞서 투쟁하는 심정이라는 점에서 유덕한 사람이 의무를 준수할 때 어떤 감정들을 어느 정도 갖는지는 장애물이 무엇이고 장애물이 얼마나 강력한지에 따라 달라질 수 있다. 이에 따라 어떤 감정이나 욕구를 얼

32 백슬리가 이러한 세 가지 기능을 통해 설명하는 유덕한 사람은 힐과 큐어튼이 주장하는 감정들과 유사한 감정 상태를 갖는다. 백슬리의 기능 개념을 중심으로 유덕한 사람의 감정적 상태를 논의하는 것은, 뒤따르는 논의에서 드러나는 것처럼, 이 기능들의 수행이 완전한 덕을 향해 나아가는 일련의 과정 내지 방식과 유사한 면을 갖는다는 점에서 감정을 포함하는 주관적 상태를 사람에 따라 다양하다고 볼 수 있게 해주는 장점을 갖는다.

33 Baxley (2010), p. 170 참조. 백슬리에 따르면 하나로 합쳐진 이러한 세 가지 기능이 궁극적으로 칸트적인 자기 지배의 완전하고 충분한 그림을 제공하며, 유덕한 사람은 내적 자유, 마음의 침착함 그리고 즐거운 마음을 드러내는 건강한 영혼을 갖는다. Baxley (2010), pp. 170-171 참조.

마나 유지, 계발해야 하는지는 관련된 상황의 영향을 받을 것이다. 더군다나 행위자가 어떤 감정들을 유지하거나 계발하고자 애써도 실제로 유지하고 계발하는데 얼마나 성공할 수 있는지도 미지수이다. 그런 의미에서 덕을 위해 통제 기능은 필수적으로 확실하게 발휘되어야 하지만 유지와 계발 기능이 언제 어떻게 얼마나 발휘되는지는 상황에 따라 다를 것이다. 경우에 따라서 유덕한 사람은 통제 기능을 수행하는데 그칠 수도 있고 통제와 유지 기능을 발휘하거나 혹은 세 기능을 모두 발휘할 수도 있을 것이다.

어떤 준칙에 따라 행위하는지 우리 자신조차 분명하게 알 수 없다고 여긴 칸트를 따른다면 우리는 경험적 요소를 가진 유덕한 사람의 주관적 상태를 명확하게 규정하거나 보편적으로 서술할 수는 없다. 그러나 실천이성의 자기 지배가 수행하는 기능들을 통해서 볼 때 유덕한 사람의 감정에 대해 어느 정도 일반적인 이야기를 할 수 있다. 먼저 유덕한 사람은 선의지를 가지고 법칙에 대한 존경의 감정이 의무의 준수를 방해하는 자기애의 동기나 경향을 통제할 정도로 강한 사람이다. 그러나 유덕한 사람이 장애물들을 물리칠 정도로 법칙에 대한 존경의 도덕적 감정을 강하게 갖지만, 그가 그밖에 어떤 구체적인 감정들을 얼마나 유지하고 함양하느냐는 것은 다양할 수 있다. 유덕한 사람의 주관적 상태에 대한 이러한 설명은 실천이성의 자기 지배가 수행하는 기능과 결부된 감정들이 갖는 성격에서 다시 한 번 확인된다. 정념과 욕정을 통제하는 기능과 결부된 감정은 도덕적 감정이다. 도덕법칙이 마음에 작용한 결과인 도덕적 감정은 덕의무를 수행하는데 작용하고 그리하여 덕의 강함을 이루는 중요한 부분이다. 그러나 그 외의 감정들, 즉 도덕적 관심과 일치하는 느낌과 경향을 유지하는 기능과 도덕적 행위를 촉진하는 느낌과 욕구 등을 계발하는 기능에 결부된 여러 감정들은 그 자체로 덕의무를 수행하는데 작용하는 도덕적 감정이라기보다는 대체로 덕의무를 수행하면서 결과적으로 갖게 되는 감정들이다. 이렇게 볼 때 통제 기능과 결부된 도덕적 감정은 덕에 반드시 있어야하는 감정이지만 유지나 계발 기능과 결부된 감정들은 덕에 필수적으로 포함되어야 하는 감정은 아니다.

유덕한 사람의 주관적 상태를 이렇게 이해할 때 예상되는 문제는 칸트에게 있어서 유덕한 사람은 의무를 준수할 때 즐거운 마음을 갖는다는 주장을 어떻게 해석할 수 있는가하는 점이다. 『도덕형이상학』에서 덕을 위한 윤리학적 수양법을 설명할 때 칸트는 덕을 훈련하는 규칙들이 마음의 두 가지 정서, 즉 "의무를 따를 때 **활기찬** 마음과 **즐거운** 마음(건강한 마음과 쾌활한 마음)이 되는 것"을 지향한다고 설명한다.[34] 이러한 설명은 칸트에게 있어서 유덕한 사람은 의무를 준수할 때 즐거운 마음을 갖는다고 주장하는 근거가 된다. 칸트가 의미하는 바를 이해하기 위해 『이성의 한계 안에서의 종교』에 있는 덕의 미감적 성질과 관련한 다음의 주장을 살펴보자.

"그리고 (법칙을 **존중[인정]**할 때의 기분 좋음이 아니라) 자기의 의무를 **준수**할 때의 유쾌한 마음은 유덕한 마음씨의 순정함의 표시이다. 그것은 **독실함**에서조차도 그러하다. 독실함은 후회하는 죄인의 (매우 애매한, 보통은 단지 영리의 규칙을 위반한 것에 대한 내적 비난일 따름인) 자책에 있는 것이 아니라, 앞으로는 보다 선해지려는 확고한 결의[기도]에 있는 것인 바, 이 결의는 선한 진보에 의해 점화되어 유쾌한 심정을 일으키지 않을 수 없는 것이다. 이러한 유쾌한 심정이 없다면 사람들은 선을 또한 좋아하게 되었음을, 다시 말해 선을 자기

34 칸트 (2018a), VI484.

의 준칙 안에 받아들였음을 결코 확신할 수가 없는 것이다."[35]

여기에서 칸트는 선해지려는 결의가 유쾌한 심정을 일으키고 이 심정으로 인해 유덕한 사람은 선을 좋아하게 되며 유덕한 사람이 선을 좋아하게 되었다는 것은 선을 준칙 안에 받아들였다는 것으로 확인된다고 설명한다. 악의 방해를 물리치고 도덕적 준칙을 자신의 준칙으로 받아들이는 것을 유쾌한 심정을 가진 것으로 간주하는 것은 유쾌한 심정에 대한 일종의 소극적 이해라고 할 수 있다. 이러한 해석은 칸트가 유쾌하거나 즐거운 마음을 유덕한 에피쿠로스의 이념 안에 있는 것으로 설명하고[36] 에피쿠로스의 쾌락주의가 일반적으로 고통의 부재를 추구하는 소극적 쾌락주의로 이해된다는 점에서 설득력을 가진다. 그리고 유덕한 사람의 유쾌한 심정에 대한 소극적 이해에 따른다면 도덕적 준칙을 세우고 의무를 준수할 때 고통스러워하거나 증오하거나 혹은 분개하지 않을 경우 우리는 유쾌한 심정을 가졌다고 여길 수 있다. 이처럼 의무를 준수할 때 유덕한 사람이 갖는 즐거운 마음을 소극적으로 이해하는 것은 덕이 정념과 욕정을 통제하는 감정들을 확실하게 포함해야 하지만 도덕적 관심과 일치하는 느낌과 경향을 얼마나 유지하는지 그리고 도덕적 행위를 촉진하는 느낌과 욕구 등을 얼마나 계발하는지는 다양하다는 해석과 상통할 수 있다.

이제 유덕한 사람의 주관적 상태에 담긴 감성적 차원을 묘사해보자. 먼저 유덕한 사람은 정념과 욕정에 휩싸이지 않을 것이다. 또한 그가 도덕적 관심과 일치하는 느낌과 경향을 얼마나 유지하고 도덕

35 칸트 (2011), VI23.
36 칸트 (2018a), VI485 참조.

적 행위를 촉진하는 느낌과 욕구를 얼마나 계발하는지는 상황에 따라 다양하겠지만 이와 관계없이 그는 의무의 수행을 고통스러워하거나 증오하지 않을 것이다. 예컨대 슬픔에 찬 박애가가 도움을 필요로 하는 사람을 의무로부터 돕는 심정을 갖고 이에 따라 남을 돕는다고 해보자. 그가 의무로부터 돕는 유덕한 심정을 가지고 있다면 그는 자신을 힘들게 하는 슬픔을 가지고 있고 이 슬픔 때문에 힘들어하지만 돕는 행위를 하는 것 자체를 고통스러워하거나 증오하지는 않을 것이다. 자신의 슬픔을 억누르면서 돕는 행위를 한다는 점에서 그의 행위는 일종의 자제로 볼 수 있지만 돕는 것을 싫어하거나 고통스러워하는 마음을 억누르면서 억지로 하는 그런 의미의 자제와는 다르다. 의무로부터 돕는 심정을 가진 유덕한 사람이 의무를 수행할 때 어떤 슬픔이나 고통에 빠져 있을 수는 있지만 그의 슬픔이나 고통은 의무를 행하는 것 자체에서 비롯하는 것은 아니다. 만일 그가 의무로부터 행하는 것 자체를 마치 강제 노역처럼 고통스러워하면서 행한다면 그는 유덕한 사람이라고 할 수 없을 것이다.

3. 도덕적 강함의 역할 : 도덕법칙의 실행

도덕적 강함의 성격과 내용 이외에 도덕적 강함으로서의 덕을 이해하는데 중요한 부분은 바로 도덕적 강함의 역할이다. 덕에 대한 칸트의 설명들은 덕의 강함이 의무를 수행하는, 즉 도덕법칙을 실행하는 역할을 한다는 것을 보여준다.[37] 덕의 필수 요소인 선의지와의 관계에서 살펴보면 덕이 가진 도덕법칙의 실행력은 일반적으로 선

37 칸트 (2018a), VI394, 405, 409 참조.

의지를 현실적으로 표현하거나 실현하는 힘으로 이해된다.[38] 선의지는 성취나 목적 달성이 아니라 오로지 그 의욕함으로 말미암아 선하다고 주장하면서 칸트는 선의지와 관련하여 두 가지 점, 즉 선의지 밖의 요인들에 의해 그 의도를 실행할 힘을 결여할 수 있다는 점과 한낱 소망에 불과한 것이 아니라 힘이 미치는 한에서 모든 수단을 투입하는 것임을 지적한다.[39] 의지라는 것은 의무를 따르거나 의무에 일치하는 능력이라는 점에서 기본적으로 실천 능력이다. 더군다나 힘이 미치는 한에서 모든 것을 동원해서 행하려는 의지라고 한다면 선의지 자체는 도덕법칙을 실행할 힘을 가진다고 할 수 있다. 그러나 현실적으로 유한한 이성적 존재인 인간은 의무를 준수할 때 자기애의 동기나 경향으로 인한 장애에 부딪히게 되고 인간의 선의지는 이러한 장애물을 물리칠 때 비로소 실현될 수 있다. 1, 2절에서 살펴본 것처럼 덕은 바로 이러한 인간 상황에서 요구되는 힘, 즉 선의지를 갖는 것에서 나아가 의무수행의 장애물들을 물리칠 수 있을 정도로 법칙에 대한 존경의 도덕적 감정을 강화해서 선의지를 현실적으로 표현 내지 실현하는 힘이다.

덕이 선의지를 표현하거나 실현하는 힘, 즉 도덕법칙의 실행력이라고 할 때 이 실행력을 직접 준칙의 채택과 행위의 실행 사이의 간격을 메우는 능력으로 볼 수 있다.[40] 그러나 덕론에서 칸트는 윤리학이 행위를 위한 법칙이 아니라 행위의 준칙을 위한 법칙만을 제시하고 윤리적 의무, 즉 덕의무는 어떤 행위를 통해 어떻게 그리고 얼마나 구현되어야만 하는지가 명확하게 규정되어 제시될 수 없는 불

38 예컨대 맹주만 (2011), p. 39; Denis (2007), p. 514 참조.
39 칸트 (2014), IV394 참조.
40 예컨대 김성호 (2007), pp. 92-93 참조.

완전하고 넓은 의무라고 주장한다.[41] 이러한 주장들은 덕이 직접 준칙과 행위 사이에 있는 간격을 메워 행위를 실천하는데 작용하는 힘이라기보다는 준칙의 채택과 관련된 힘이 아닌가 하는 생각을 하게 한다. 여기에서 우리는 덕의 실행력을 좀 더 정확하게 검토할 필요성을 느낀다. 이와 관련하여 덕의 적이 무엇인지 살펴보는 것은 도움이 된다. 덕이 의무의 수행에서 부딪히는 적에 저항하는 투쟁 중에 행위자가 갖는 힘이라는 점에서 덕의 적이 구체적으로 무엇인지 들여다보면 덕이 어떻게 도덕법칙을 실행하는지를 파악할 수 있기 때문이다. 덕의 적으로 우리가 즉각 떠올리는 것은 자연적 충동이나 경향이다. 그러나 자연적 충동이나 경향 자체가 덕이 맞서 싸워야 하는 적이고 도덕적 투쟁은 자연적 충동이나 경향과 이성 간의 투쟁이라고 생각하는 것은 너무 단순한 해석이다. 덕론에서 관련된 주장들을 살펴보면 칸트는 "자연의 충동들이 의무 수행을 방해하는 **장애물**과 (또 때로는 강력한) 저항력을 인간의 마음속에 포함시켜" 놓았다고 설명하거나 "경향에 따라 만들어내는 장애물"이라고 표현한다.[42] 이러한 설명들이 보여주는 것처럼 덕의 적과 관련하여 자연적 충동이나 경향을 언급할 때 칸트는 자연적 충동이나 경향이 의무수행에 대한 장애물을 만들어 내거나 인간 안에 포함시켜 놓았다고 말하지 그것들을 직접 장애물이라고 말하지는 않는다. 반면에 칸트는 "법칙을 거부하는 심정과 같은 부류인 악덕들은 인간이 싸워야 하는 괴물들이다."고 말함으로써 악덕을 맞서 싸워야할 적으로 직접 언급한다.[43] 그리고 악덕과 관련하여 칸트는 "일부러 위반하는 일이 원칙

41 칸트 (2018a), VI389-391 참조

42 칸트 (2018a), VI380, 405. 덕의 적이 자연적 충동이나 경향이라고 짐작하게 하는 다른 부분으로는 칸트 (2018a), VI408 참조.

43 칸트 (2018a), VI405.

이 되어버리면" 악덕이 되며, 지속적인 경향인 욕정의 원칙을 만들고 이 원칙을 심사숙고하여 자기 준칙으로 수용하면 "**명실상부한** 악, 즉 진정한 **악덕**이 된다."고 설명한다.[44] 이러한 설명들을 통해 볼 때 칸트는 자연적 충동이나 경향 자체가 아니라 이러한 충동이나 경향에 따라 세워진 준칙을 덕의 적으로 간주한다. 덕의 적은, 데니스가 잘 지적한 것처럼, "자기애나 경향이 아니라 인간본성 안에 있는 근본 악-우리의 준칙에서 자기애(와 일반적으로 경향)를 도덕법칙보다 우위에 두는 성벽"이라고 이해하는 것이 적절하다.[45]

그러나 덕론에서 자연적 충동이나 경향에 대한 칸트의 입장에는 애매한 점이 있다. 예컨대 덕의 강함을 인식하게 해주는 매개가 되는 "장애는 도덕적 결의와 다투게 될 수 있는 자연본성적 경향이다." 라고 말하는 부분은 칸트가 자연적 충동이나 경향을 직접 장애물로 여긴다고 볼 근거가 될 수도 있다.[46] 이처럼 덕론에서 자연적 충동이나 경향을 덕의 적으로 보았느냐에 대한 칸트의 입장이 애매하고 불명확한 것은 어느 정도 사실이지만 우리는 이 문제를 칸트의 다른 저서에서의 입장을 통해 해결할 수 있다. 자연적 충동이나 경향을 직접 덕의 적으로 볼 수 없는 결정적인 이유는 『이성의 한계 안에서의 종교』에서의 입장과 충돌하기 때문이다. 이 책에서 칸트는 "자연적 경향성들은 **그 자체로만 보면** 좋은 것으로, 다시 말해 배척할 것이 없"으며, 도덕적 악을 가져오는 태만함의 원인은 경향성들에서 찾을 수는 없고 자유의사의 규정에서만 즉 "경향성들에 동조하는 준칙들

44 칸트 (2018a), VI391, 408. 악덕과 준칙의 관계를 통한 덕의 적에 대한 상세 논의는 Grenberg (2012), p. 157 참조.

45 Denis (2007), p. 511.

46 칸트 (2018a), VI394. 여기에서 장애의 독일어는 장애물과 동일하게 Hindernisse 이다. 칸트 (2016), p. 177 참조.

의 최초의 내적 근거에서"만 찾아진다고 주장한다.[47] 또한 칸트는 "만약 인간이 (자기 자신 안에 가지고 있는 것인) 도덕법칙에 구애받음이 없이, 이 감성의 동기들을 의사의 규정을 위해 **그 자체만으로도 충분한 것으로** 그의 준칙 안에 채용한다면, 그는 도덕적으로 악한 것이겠다."고 말한다.[48] 경향이나 충동이 그 자체로만 보면 좋은 것이라는 점과 인간이 도덕적으로 선하거나 악한 것은 자기애의 동기나 경향과 도덕법칙 중 어느 것을 자기 준칙의 최상의 주관적 근거로 채용하느냐 하는 자유의사의 작용결과라는 점은 경향이나 충동 자체가 아니라 자기애의 동기나 경향을 근거로 한 준칙을 채택하는 도덕적 악이 바로 덕의 적임을 분명히 보여준다. 결국 덕론에서 충동이나 경향 자체가 덕의 방해물이나 장애물인 듯이 서술된 부분들은, 메리트Melissa Merritt가 주장하는 것처럼, "오해의 소지가 있는 약술misleading shorthand" 정도로 여기는 것이 적절하다.[49]

덕의 적이 준칙에 자기애나 경향을 도덕법칙보다 우위에 두는 것, 다시 말해서 자기애나 경향에 따른 준칙을 세우는 것이라는 점에서 덕의 강함은 기본적으로 준칙을 세우는 문제이며 덕의 실행력은 자기애의 동기나 경향에 따른 준칙을 물리치고 도덕법칙에 따른 준칙을 채택하는 힘임을 알 수 있다. 그러나 덕의 실행력을 이렇게 이해

47 칸트(2012), VI58.

48 칸트(2012), VI36. 그렌버그(Jeanine Grenberg)는 칸트가 경향을 인간이 세우는 목적에 통합되는 것으로 간주한 점을 들면서 덕론에서 경향에 직접 호소하는 입장과 『이성의 한계 안에서의 종교』에서의 입장을 조화시킬 수 있다고 주장한다. Grenberg (2012), pp. 155-156 참조. 경향을 인간이 세우는 목적에 통합되는 것으로 간주한다는 것은 경향에 따른 목적을 세우는 것, 다시 말해서 경향에 따른 목적의 준칙을 세우는 것을 의미한다. 따라서 덕에 관련하는 경향을 인간이 세우는 목적에 통합되는 것으로 간주한다는 것은 결국 경향 자체가 아니라 경향에 따른 목적의 준칙을 세우는 것을 덕의 적으로 보는 것이 된다.

49 Merritt (2018a), p. 154.

할 경우, 자기애의 동기나 경향에 따른 준칙을 물리치고 도덕적 준칙을 채택하는 것과 채택한 준칙에 따라 행위하는 것 간에 간격은 없는가하는 의문이 들 수도 있다. 하지만 유덕한 사람이 도덕적 준칙을 채택하고 적절한 상황 판단력을 가진다면 그는 이 준칙에 따라 구체적인 실천 규칙을 세우고 행위할 것이다.[50] 이점은 유덕한 사람이 세우는 준칙의 성격에서 확인된다. 덕론에서 다루는 의무는 외적인 법칙들에서 주어질 수 없는 의무이며 이 의무는 자유로운 자의가 법칙의 표상에 따라 일어나는 자기강제라는 점에서 덕론은 내적 자유를 법칙에 종속시키는 의무이론이다. 이와 함께 칸트는 덕론이 자유로운 자의의 대상에도 관여하여 우리에게 의무로서 표상되는 것을 목적으로 삼는, 즉 자의의 실질적 규정 근거를 갖는 목적들의 이론이라고 설명한다.[51] 덕론이 의무이론이자 목적이론이라는 점에서 의무를 준수하는 도덕적 심정인 덕은 순수 실천이성 안에 있는 것을 목적으로 세우는 것이다. 덕의 강함은 충동이나 경향에 따른 목적에 대항하여 그 자체가 의무이기도 한 목적을 선택하는 것이고, 덕의 실행력은 자연적 충동이나 경향에 따라 정해진 목적의 준칙을 물리치고 순수이성에 따라 정해진 목적의 준칙을 채택하는 것이다. 칸트에 따르면, 우리는 스스로 어떤 것을 우리의 목적으로 삼을 수 있을 뿐이고, 자의는 자신의 대상인 목적을 표상함으로써 이 대상을 산출하는 행위를 하도록 규정된다.[52] 따라서 유덕한 사람이 자연적 충동이나 경향에 따른 목적의 준칙 대신 그 자체가 의무이기도 한 목적의 준칙을 채택하고 적절한 상황 판단력을 가질 때 그는 이 목적의

50 도덕적 준칙의 채택이 구체적 사례에 적용되어 행위로 이어지기 위해서는 상황에 대한 적절한 판단력이 요구된다. 칸트 (2018a), VI438 참조.

51 칸트 (2018a), VI379-381 참조.

52 칸트 (2018a), VI381 참조.

준칙을 행위 속에서 실천하게 된다. 목적이 하는 실천적 역할을 고려할 때 적절한 판단력이 동반된다면 목적의 준칙을 따르기로 결단하는 것은 그 준칙을 행동으로 실천하는 것으로 이어지게 된다.

우리는 유덕한 사람이 스스로 채택한 목적의 준칙에 따라 행위한다는 것을 그의 주관적 의지규정의 측면에서도 설명할 수 있다. 법칙에 대한 인식이 필연적으로 의지를 규정하지 않는 유한한 이성적 존재에게는 "그를 도덕적 행위에로 '미는'" 감수적인 혹은 감각적인 힘이 필요하다.[53] 앞 절에서 논의한 바와 같이 유덕한 사람은 법칙에 대한 존경의 강한 감정을 가진 사람, 즉 의무개념을 위한 감수성의 주관적 조건들을 계발, 강화한 사람이다. 따라서 유덕한 사람은 자신이 채택한 준칙에 따른 행위에로 그를 미는 힘을 가진 사람이다. 사실 유덕한 사람이 가진 계발, 강화된 도덕적 감수성은 동시에 의무인 목적의 준칙을 세우는 것과 밀접히 관련되어 있다. 그 자체로 의무인 것을 자신의 목적으로 세우는 것은 바로 계발, 강화된 도덕적 감수성을 가지고 경향성에 따른 목적을 물리치는 사람에게 가능한 것이기 때문이다.

지금까지 도덕적 강함으로서의 덕이 하는 역할을 살펴보았는데 여기에서 우리가 짚고 넘어가야 할 점이 있다. 덕이 도덕적 준칙을 채택함으로써 도덕법칙을 실행하는 역할을 한다고 이해하는 것은 덕의 동기적 요소를 중시하는 것이다. 우리가 1, 2절에서 살펴본 것처럼 덕이 가진 존경의 강한 도덕적 감정에 주목하는 것 역시 덕이 가진 주관적인 의지규정의 능력, 즉 주관적 동기에 관여하는 능력을 중시하는 것이다. 덕론에서 칸트가 행위와 법칙이 일치하는 합법성을 넘어서서 법칙이 행위의 동기가 되는 일치를 도덕성으로 설명하

53 이원봉 (2006), p. 287.

는 부분이나 법론이 외적인 법칙들에서 주어지는 의무들을 다루는 반면 덕론이 그러한 법칙들에서 주어질 수 없는 의무들을 다룬다고 보고 외적 강제와 자기강제를 구분하는 부분들은 동기적 요소가 덕에서 결정적으로 중요하다는 것을 잘 보여준다.[54] 그러나 칸트의 덕개념이 가진 동기적 요소를 중시하는 것을 인지적 요소를 부정하거나 경시하는 것으로 오해해서는 안 된다. 예컨대 맥카티는 강함으로 이해되는 칸트의 덕이 심리적 조건으로 정의될 뿐만 아니라 동기적 승인, 그리고 덕의무와 관련되는 행위승인에도 쓰인다고 설명하면서 칸트의 덕이 가진 동기적 요소와 인지적 요소를 모두 지적한다.[55] 메리트 역시 칸트의 덕에는 도덕적 요구를 인식하는 능력과 이러한 인식에 의해 움직여질 준비readiness라는 두 요소가 작용한다고 설명하면서 칸트의 덕개념이 인지적 요소와 동기적 요소를 모두 갖는다고 주장한다.[56]

칸트의 덕이 동기적 요소와 인지적 요소를 모두 갖는다고 할 때, 이 두 요소의 관계에는 두 가지 중요한 점이 있다. 칸트는 마음의 네 가지 감성적 소질들 중의 하나인 도덕적 감정은 (도덕적인 선과 악에 대한) 인식을 제공하는 것이 아니라 도덕법칙의 작용에 대한 자의 자신의 감수성이며 이러한 감성적 소질들에 대한 의식은 "경험적 근원에서 비롯하는 것이 아니라 도덕법칙에 대한 의식에서, 도덕법칙이 마음에 작용한 결과로 나타난다."는 점을 분명히 한다.[57] 덕이

54 칸트 (2018a), VI219, 379-380 참조.

55 McCarty (2009), pp. 192-193 참조.

56 Merritt (2018a), pp. 152-153 참조. 칸트의 덕이 인지적 요소와 동기적 요소를 모두 갖는다고 주장할 때 메리트는 칸트의 덕을 기본적으로 인지적 덕으로 본다.

57 칸트 (2018a), VI399. 『윤리형이상학 정초』와 『실천이성비판』에서도 칸트는 법칙에 대한 존경을 도덕법칙의 주관에 대한 작용결과 내지 도덕법칙에 대한 의식의 작용결과로 봄으로써 이 감정이 도덕법칙에서 비롯한다는 것을 분명히

갖는 강함의 능력을 위해 도덕적 감수성의 계발, 강화가 요구된다고 하지만 이러한 감수성이 실천이성에 의해 촉발된다는 점에서 근본적으로 실천이성에 근거한 도덕판단은 덕의 감성적 소질에 우선하며 덕의 동기적 요소는 인지적 요소에 근거한다. 이러한 순서는 칸트의 덕개념에서 매우 중요하다. 한편 덕의 강함에는 도덕적 감수성에 대한 실천이성의 우선성과 함께 다른 성격도 존재한다. 칸트는 법칙에 대한 존경의 감정을 "나의 자기사랑을 단절시키는 가치에 대한 표상"이며 "도덕법칙의 표상과 불가분리적"이라고 설명한다.[58] 법칙에 대한 존경은 주관적으로 도덕적 동기로 보이지만 이것은 도덕법칙에 대한 표상 자체인 셈이다. 법칙에 대한 표상과 법칙에 대한 존경의 불가분리성은 덕의 인지적 요소와 동기적 요소가 분리될 수 없음을 의미한다. 덕이 인지적 요소와 동기적 요소를 모두 갖는다고 주장할 때 메리트도 이 두 요소의 불가분리성을 지적하면서 마음의 본성적 소질들은 의무개념에 대한 감수성으로서 이성의 실천적 실행과 함께 작동할 수 있을 뿐이라는 점에 주의할 필요가 있다고 말한다.[59] 결국 도덕적 감정에 대한 실천이성의 우선성과 이 둘의 불가분리성은 덕의 동기적 요소가 인지적 요소에 근거하며 이 두 요소가 분리될 수 없음을 의미한다. 이렇게 볼 때 선의지에 근거하여 존경의 도덕적 감정을 계발, 강화해서 갖게 되는 강함으로서의 덕은 주관적 측면을 고려한 덕의 모습이지만 이러한 모습은 덕의 객관적 측면에 근거하고 객관적 측면과 불가분의 관계에 있다. 우리가 덕을 위해 법칙에 대한 존경의 강화된 감정을 갖는 것은 도덕법칙을 인식

밝힌다. 칸트 (2014), IV402; 칸트 (2005), V75.

58 칸트 (2014), IV402; 칸트 (2005), V80.

59 Merritt (2018a), p. 153 참조.

하고 도덕법칙을 실행하는 힘을 갖는 것을 의미한다. 덕에 관련한 이러한 우선성과 불가분리성을 소홀히 여길 경우 칸트의 덕개념을 자칫 오해하거나 제대로 파악하지 못할 수 있다.[60]

칸트는 덕이 맞서 싸우는 적을 전제하며 이러한 덕은 선한 원리와 악한 원리가 똑같이 영향을 미치고 작용하는 우리 같은 인간이 의무를 행하고 도덕적으로 선한 인간이 되는 방식에 적합하다고 본다. 그리고 의무를 준수할 때 우리가 갖는 도덕적 강함으로서의 덕은 선의지에 근거하여 법칙에 대한 존경의 도덕적 감정이 강화됨으로써 갖게 된 결의와 능력이다. 이렇게 볼 때 법칙에 대한 존경의 도덕적 감정은 선의지와 덕을 이어주는 요소라고 할 수 있다. 다만 선의지에서의 법칙에 대한 존경과 달리 덕에서의 법칙에 대한 존경은 자기애나 경향의 동기를 물리치고 법칙으로부터 행위할만큼 계발, 강화된다는 점이 다를 것이다. 덕을 선의지에 근거하여 법칙에 대한 존경의 도덕적 감정, 구체적으로 의무개념을 위한 마음의 도덕적 소질들을 계발, 강화해서 갖게 된 강함으로 봄으로써 우리는 의무를 수행할 때 유덕한 사람이 어떻게 자신의 의지를 결정하는지에 대한 경

60 예컨대 칸트의 덕개념이 가진 감정적 상태를 중시하는 우드는 아리스토텔레스적인 덕윤리가 실천판단을 모든 덕에 필수적인 것으로 간주하는 경향이 있는 것과 달리 칸트는 강함으로서의 덕을 의무를 결정하는데 필요한 실천판단과 구별되는 능력으로 인식한다고 주장한다. 이 주장에서 우드는 칸트에게 있어서 옳다고 생각한 것을 행할 때 도덕적으로 강할지도, 즉 유덕할지도 모르지만 판단에서 현명하지 않을 수 있거나 거꾸로 좋은 실천판단을 하지만 그것을 실행하기에는 도덕적으로 너무 약할 수도, 즉 덕을 결여할 수도 있을 거라고 말한다. Wood (2015), p. 310 참조. 부덕의 경우를 생각한다면 우드가 말하는 후자의 경우는 이해가 가지만 전자는 어떤 경우에 해당하는지 잘 납득이 되지 않는다. 다시 말해서 어떻게 유덕하지만 판단에서 현명하지 않을 수도 있는지 이해하기 어렵다. 우드는 칸트의 덕이 관련하는 감정적 측면을 중시하면서 이러한 도덕적 감정에 대한 실천이성의 우선성과 이 둘의 불가분리성을 충분히 인정하지 않음으로써 칸트의 덕을 제대로 파악하지 못하고 만다.

험적 설명을 확보할 수 있다. 또한 덕이 어떤 방식으로 도덕법칙을 실행하는데 작용하는지를 파악할 수 있다. 그러나 성격, 내용, 그리고 역할의 측면에서 도덕적 강함으로서의 덕에 대한 전반적인 설명을 제시할 때 덕의 강함이 가진 감성적 성질에서 기인하는 모호성이나 이 모호성에 따른 다양한 해석가능성, 그리고 칸트의 의무윤리체계와의 갈등이나 조화문제들이 충분히 논의된 것은 아니다. 앞으로 이러한 부분들을 하나씩 세부적으로 논의하면서 도덕적 강함으로서의 덕에 대한 설명을 보완하는 것이 필요하다.

제3장 덕의무

칸트의 『도덕형이상학』의 덕론에 대한 논의가 확대되고 있는 배경에는 의무론적 규칙윤리deontological rule ethics를 주창하는 칸트가 어떤 성격의 덕론을 제시하는가하는, 칸트의 덕론 자체에 대한 관심이 작용하고 있다. 또한 칸트윤리학 체계 내에서 덕론이 어떤 의미를 갖는지 그리고 칸트의 의무윤리와 덕론은 어떻게 조화를 이룰 수 있는지에 대한 관심도 칸트의 덕론에 주목하는 이유가 된다. 이러한 관심들과 함께 칸트윤리학에 대한 덕윤리적 비판이 과연 적절한지, 또 규칙윤리와 덕윤리의 전형적인 이분법적 맥락에서 이해되는 것처럼 칸트윤리학과 덕윤리는 서로 상반되는 경쟁적 이론인지에 대한 의문도 칸트의 덕론에 관심을 기울이게 한다. 그러나 이러한 점들 이외에도 칸트의 덕론이 우리의 관심을 끄는 또 다른 맥락을 생각할 수 있다. 지난 몇 십 년 동안 덕윤리는 의무론, 결과론과 함께 대표적인 윤리이론의 하나로 자리 잡았고 이 과정에서 의무론과 결과론을 비판하면서 재등장한 덕윤리 역시 다양한 비판에 직면하였다. 이런 상황에서 의무윤리 체계 내에서 전개되는 칸트의 덕론이 덕윤리가 직면하는 문제들을 해결하는데 어떤 대안을 제시할 수 있지 않을까하는 기대도 칸트의 덕론에 관심을 갖게 하는 이유가 될 수 있다. 칸트의 덕론에 대한 이러한 여러 관심들 중에서 본 장에서 특히 주목하는 부분은 바로 칸트의 덕론이 칸트윤리학 내에서 그리고 덕윤리적 논의에서 어떤 의의를 갖는가하는 점이다. 이러한 관심에 따라 본 장에서는 먼저 칸트 덕론의 핵심 개념인 '덕의무a duty of virtue'의 의미와 성격을 살펴보고 칸트가 이 개념을 도입하는 이유가 동기화에 있음을 밝히고자 한다. 그리고 덕의무를 통한 칸트의 동기화방식이 의무로부터의 행위라는 도덕적 동기의 요구가 직면하는 비판들에 어떻게 대응할 수 있는지를 탐색하면서 덕의무개념의 칸트윤리적 의의를 고찰하고자 한다. 나아가서 덕의무를 통해 규범적 정당화에 근거한 동기화를 추구하는 칸트의 방식이 전통적인 덕윤리가 직면하는 어려움을 해소할 수 있는지를 따져보면서 덕의무개념이 덕윤리적 논의에 주는 시사점을 살펴보고자 한다.

1. 덕의무의 성격과 동기화

칸트가 윤리학이 덕론이라고 말할 때 이 덕론을 덕의무의 이론이라고 한 점에서 단적으로 드러나듯이, 덕의무는 칸트 덕론의 핵심개념이다.[1] 칸트는 덕의무를 그 자체로 의무이면서 동시에 목적인 것으로 정의한다.[2] 순수 이성이 제공하는 객관적이면서 필연적인 목적이 유한한 이성적 존재인 인간에게 의무로 표상된다는 점에서 덕의무의 개념은 감성적 충동이나 경향이 아니라 순수 이성이 제공한 목적을 자기 목적으로 설정하는 것을 의미한다. 이러한 점을 덕의무를 수행하는 행위자의 관점에서 살펴보자. 유한한 이성적 존재로서 인간은 자신의 목적을 스스로 세워서 행동한다. 그리고 인간이 가진 감성적 충동이나 경향들에 따라 세워진, 의무와 대립할 수 있는 목

1 칸트 (2018a), Ⅵ381.
2 칸트 (2018a), Ⅵ383, 385.

적들은 의무를 수행하려는 인간을 현혹하고 방해한다. 덕이 의무 수행을 방해하는 장애물에 저항하는 도덕적 강함이라는 점에서 유덕한 사람은 감성적 충동이나 경향에 따른 목적을 물리치고 그 자체로 의무인 것을 자신의 목적으로 채택한다.[3] 다시 말해서 유덕한 사람은 의무로 표상된 것을 스스로 자기 목적으로 설정하여 의무를 수행한다. 유덕한 사람이 수행하는 의무의 종류인 덕의무가 그 자체로 의무인 동시에 목적인 것은 바로 이런 맥락에서이다.[4]

덕의무를 설명할 때 칸트는 '덕에 대한 의무지움the obligation of virtue'과 덕의무를 구별한다. 칸트에 따르면 덕에 대한 의무지움은 의무에 적합한 행위가 의무로 말미암아 일어나야한다는 것으로서 모든 행위에 타당하고 하나뿐이며 의지규정의 형식적인 부분에만 관여할 뿐 아직 특정한 어떤 목적을 의무로 근거 짓지는 않는다는 점에서 일명 형식적인 덕이다.[5] 칸트는 이러한 덕, 즉 의무와 의지가 일치하는 확고한 심정을 법칙 일반에 대한 존경으로 설명한다.[6] 반면에 하나의 목적을 의무로 근거 짓는 덕의무는 자의의 실질인 목적에 관여하는 질료적인 의무로서 덕에 대한 의무지움과 구별된다. 칸트에 따르면 도덕적인 대상이 되는 의무적인 목적이 다양하다는 점에서 덕의무는 다수가 있게 되고 우리의 의지는 형식적 덕으로부터 다양한 도덕적 대상들로 이끌리게 되어 덕의무들을 수행하게 되며 이로써 여러 실질적 덕들이 존재하게 된다.[7] 이처럼 덕에 대한 의무

3 칸트 (2018a), Ⅵ380.

4 물론 유덕한 사람은 자신의 유덕한 심정에 따라 법의무를 수행할 수도 있는데 이때 유덕한 사람은 덕의무를 수행한 것이 아니라 덕행위를 한 것이다. 칸트 (2018a), VI394 참조.

5 칸트 (2018a), Ⅵ383, 395, 410.

6 칸트 (2018a), Ⅵ394, 410.

7 칸트 (2018a), Ⅵ383, 395, 406, 410.

지움을 통해 하나의 형식적 덕인 법칙 일반에 대한 존경을 갖게 되고 이에 따라 목적으로 삼아야 마땅한 다양한 대상들에 따른 덕의무들을 수행한다는 점에서 덕의무는 형식적 차원과 실질적 차원을 함께 갖는 의무이다.

그 자체로 의무인 동시에 목적이라는 점 이외에 덕의무의 개념에서 우리가 주목해야할 또 다른 의미는 덕의무가 "목적의 준칙에 대한 책무"라는 점이다.[8] 칸트에 따르면 모든 의무는 반드시 법칙에 기초하는데 윤리학은 행위를 위한 법칙이 아니라 행위의 준칙을 위한 법칙만을 제시한다.[9] 따라서 윤리적 의무인 덕의무를 위한 도덕법칙은 행위 자체가 아니라 행위의 준칙만을 명령하고 덕의무를 수행하는 것은 도덕법칙에 근거한 행위의 준칙을 설정하는 것이다. 여기에서 덕의무가 그 자체로 의무인 것을 자신의 행위를 위한 목적으로 세우는 것이라는 점에서 덕의무에서 목적을 세우는 것은 바로 목적의 준칙을 세우는 것이다. 그리고 준칙이 행위의 주관적인 원칙이라는 점에서 목적의 준칙을 채택하는 것은 "어떤 목적을 자신의 목적으로 만들겠다는 것을 자신의 원칙으로 삼는 것"이다.[10] 그렇다면 그자체로 의무인 것을 목적으로 세우는 덕의무를 수행하는 것은 이성이 명하는 보편적인 목적을 자신의 목적으로 삼겠다는 준칙을 세우는 것이 된다. 덕의무의 이러한 의미는 보편 법칙이 될 수 있는 목적들의 준칙에 따라 행동하라는 덕론의 최고 원리에 잘 반영되어 있다.[11]

---

8 칸트 (2018a), VI395.

9 칸트 (2018a), VI389.

10 Lake (2008), p. 107.

11 칸트 (2018a), VI395. 덕론의 최고원리는 자연세계의 인간에게 적용할 수 있는 가장 근본적인 원리에 해당한다. 힐(Thomas E. Hill, Jr.)과 큐어튼(Adam Cureton)에 따르면 칸트는 정언명법을 일상적 맥락에 직접 적용하기보다는 보편적인 도덕원칙으로부터 무엇이 추론될 수 있는지 보기 위해 적용의 원리들이 요구

덕의무가 목적의 준칙에 대한 책무라는 점은 덕의무가 넓은 구속성을 갖는 불완전한 의무임을 의미한다.[12] 목적의 준칙은 특정의 행위를 처방하거나 금지하는 원칙이 아니라 어떤 목적을 자신의 목적으로 추구하겠다는 원칙이다. 그리하여 목적의 준칙에는 특정의 행위에 관계하는 단기적인 의도라기보다는 삶의 일반적인 지침으로 작용하는 장기적인 의도가 결부되어 있다. 그리하여 목적의 준칙을 세울 책무로서 덕의무는 어떠한 행위를 통해 얼마나 구현되어야만 하는지가 특정되어 제시될 수 없는, 넓고 불완전한 의무인 것이다. 이런 점에서 덕의무를 수행하는 것 자체는 직접적으로 개별적인 행위를 수행하는 것과 동일하지 않다. 그러나 우리는 유덕한 마음씨에 따라 특정한 도덕적 대상을 자신의 목적으로 삼는 준칙을 세움으로써 덕의무를 준수하고 이러한 목적의 준칙에 따라 개별적인 행위를 수행한다. 따라서 데니스의 지적처럼 덕의무는 직접적으로 준칙과 목적에 속하고 단지 간접적으로 외적 행위에 속한다.[13] 덕의무가 목적의 준칙을 세우는 것이고 행위자는 상황과 맥락을 반영하는 판단을 통해 자신이 세운 목적을 추구하는 구체적인 행위를 수행한다는 것은 덕의무를 통해 유덕한 품성에서 개별적인 행위로 나아간다는 것을 의미한다. 칸트의 덕론에서 행위자의 품성과 행위는 덕의무, 즉 목적의 준칙의 채택을 통해 연결되는 것이다. 이런 의미에서 칸트의 덕의무는 유덕한 품성과 개별적인 행위를 매개하는 개념으로 간주될 수 있다.

여기에서 칸트윤리학 체계 내에서 덕의무를 수행하여 행동하는

된다고 보고 가장 근본적인 적용의 원리로 덕론의 최고원리와 법의 보편적 원리를 제시한다. Hill & Cureton (2018a), p. 272.

12 칸트 (2018a), VI390.

13 Denis (2007), p. 518.

모습을 묘사해보자. 우리는 도덕법칙에 대한 표상을 갖고 선의지를 가질 때 도덕법칙이 되는 준칙을 갖는다. 그러나 인간은 선의지를 갖고 도덕적 준칙을 세우지만, 여전히 욕구나 경향에 따르는 준칙도 함께 가질 수 있다. 선의지를 가진다는 것은 도덕적 준칙을 갖는다는 것이지 욕구나 경향에 따른 준칙을 갖지 않는다거나 이러한 준칙을 물리치고 도덕적 준칙을 채택한다는 것까지 의미하지는 않는다. 바로 여기에서 욕구나 경향에 따른 준칙을 우선하려는 것은 도덕적 준칙에 따라 의무를 수행하는 것을 방해하는 적이 된다. 이때 선의지에 근거하여 덕을 가질 경우, 즉 선의지를 갖고 법칙에 대한 존경의 감정을 계발, 강화할 경우 욕구나 경향에 따른 준칙을 물리치고 법칙에 따른 준칙을 채택한다. 다시 말해서 유덕한 사람은 욕구나 경향에 따른 목적 대신 그 자체로 의무인 목적을 자기의 목적으로 하는 준칙을 세운다. 유덕한 사람이 도덕법칙에 근거하여 채택한 이 목적의 준칙은 개별적인 행위의 결단이 아니라 행위를 위한 일반적인 지침이다. 그리하여 유덕한 사람은 행위가 요구되는 구체적인 상황에서 자신이 채택한 목적을 실현할 특정 행위를 하게 된다. 예컨대, 다른 사람을 목적 그 자체로 대한다는 도덕법칙에 따라 어려움에 처한 사람의 행복을 위해 그를 돕겠다는 목적을 자신의 목적으로 채택할 경우 이 목적의 준칙은 일반적인 지침이 되고 우리는 이 목적을 추구하여 상황에 따라 어려움에 처한 사람에게 숙식을 제공한다거나 돈을 기부한다거나 혹은 직접 보살펴 주는 등의 행위를 실행하게 된다.

유덕한 사람의 행위에 대한 묘사는 덕의무에서 도덕적으로 가치 있는 행위는 '목적을 위한 행위an act for ends'임을 보여준다. 물론 칸트가 덕의무에 관계하는 목적을 실용적 목적과 구별하여 도덕적 목적이라고 여긴다는 점에서 도덕적으로 가치 있는 행위는 '도덕적 목적을 위한 행위an act for moral ends'라고 할 수 있다.[14] 그러나 도덕적 목적을 위한 행위를 도덕적으로 가치 있는 행위방식으로 여기는 것은 칸트윤리적 관점에서 낯설지 않을 수 없다. 아리스토텔레스적인 덕윤리에서 유덕한 사람의 행위는 전형적으로 목적을 위한 행위로 간주되는 반면 칸트윤리학에서 도덕적으로 가치 있는 행위는 '의무로부터의 행위an act from duty'이기 때문이다. 덕의무를 주장할 때 칸트는 의무로부터의 행위가 아니라 목적을 위한 행위를 도덕적으로 가치 있는 행위의 방식으로 보는가? 이 물음의 답을 위해 덕의무를 좀 더 들여다보자. 칸트는 그 자체로 의무인 것을 목적으로 세우는 것은 수단을 조건적으로 명령하는 실천적 원리가 아니라 목적 자체를 무조건적으로 명령하는 실천적 원리이며, 이 원리는 순수 실천이성의 원리에 근거하는 정언명령이라고 주장한다.[15] 나아가서 칸트는 덕의무란 자연본성적 경향이 아니라 의무에 대한 표상을 통해서만 발생하는 강제, 즉 자유로운 자기강제라고 설명한다.[16] 이러한 주장들이 의미하는 것처럼 덕의무가 순수 실천이성의 원리, 내적 자유의 원리에 따른다는 점에서 덕의무를 수행하는 것은 단순히 의무의 행위를 하는 것이 아니라 의무로부터 행동하는 것이다. 칸트가 법의무와 달리 덕의무가 합법성과 도덕성, 즉 도덕법칙이 행위의 기준이면

14 칸트 (2018a), VI385.
15 칸트 (2018a), VI385.
16 칸트 (2018a), VI394. 칸트는 목적을 설정하는 것이 마음의 내적 활동이기 때문에 외적 입법은 목적을 설정하는 것에 영향을 미칠 수 없다고 본다. 칸트 (2018a), VI239 참조. 그렇다면 어떻게 의무를 스스로 자기 목적으로 세우는 자유로운 활동이 가능한가? 이 물음과 관련하여 칸트는 윤리적 의무는 자기강제, 즉 내가 나 자신을 강제하는 것이기 때문에 동시에 의무인 것을 스스로 자기 목적으로 세우는 것이 가능하다고 설명한다. 칸트 (2018a), VI381 참조.

서 행위의 동기가 되는 것을 모두 충족시키는 그런 종류의 의무라고 말하는 것도 덕의무를 수행하는 것이 의무로부터 행동하는 것이기 때문이다.[17]

덕의무를 수행할 수 있게 하는 윤리적 심정인 덕이 선의지에 따르는 법칙에 대한 존경이라는 점도 유덕한 사람이 덕의무를 수행하여 행동하는 것이 의무로부터 행동하는 것임을 확인해준다. 우리가 익히 알고 있는 것처럼 의무로부터의 행위는 선의지에 따르는 법칙에 대한 존경으로부터 행동하는 것이기 때문이다. 또한 칸트는 "덕은 그 자체로 존립해야 하고, 그 자체가 목적이며, 자기 자신에 대한 보상으로 간주되어야만 한다."고 말하고, 자기 자신이 목적인 덕 자체가 갖는 가치는 이러한 덕이 결과적으로 가져올 수 있을 모든 유용함과 경험적 가치와 이익을 훨씬 능가한다고 설명한다.[18] 덕 자체가 자기 목적이라는 칸트의 설명은 덕에 따른 의무의 준수가 그 자체를 위해 행동하는 것임을 의미한다. 그리고 의무로부터의 행위는 옳은 것을 옳기 때문에 하는 행위 다시 말해서 옳음 그 자체를 위한 행위이다.

결국 유덕한 사람이 덕의무를 수행함으로써 하는 행위는 목적을 위한 행위이면서 동시에 의무로부터의 행위이다. 그렇다면 칸트는 왜 의무로부터의 행위라는 자신의 기본 입장을 덕론에서 도덕적 목적을 위한 행위로 주장하는가? 다시 말해서 칸트는 왜 덕의무라는 개념을 도입하는가? 덕론에서 칸트는 덕의무라는 개념에 대해 해명하고 이러한 개념을 생각하는 이유를 설명하는데 칸트의 설명에서 무엇보다 주목할 점은 행위의 목적을 갖는 것은 행위자의 자유로운 활동이며 목적은 자유로운 자의의 대상이라는 것 그리하여 목적에

17 칸트 (2018a), VI392.
18 칸트 (2018a), VI406, 397.

대한 표상은 행위를 해서 그 대상을 산출하도록 자의를 규정한다는 것이다.[19] 이성적 존재로서 우리는 자신의 자의의 대상을 우리 스스로 목적으로 삼지 않고서는 목적을 가질 수 없으며 자의의 대상인 목적을 표상하여 이 대상을 산출하는 행위를 하게 된다는 칸트의 주장은 행동하는 주체가 목적을 세운다는 것이 그가 이를 산출하는 행위에로 나아가는 결의를 갖는 것임을 의미한다.[20] 어떤 것을 목적으로 세우는 것은 그것을 행할 동기적인 힘을 유발한다는 것이다. 이렇게 볼 때 칸트가 윤리적 의무를 덕의무로 보는 이유는 무엇보다도 목적을 갖는 것이 함의하는 동기화에 있음을 알 수 있다. 앞에서 우리는 유덕한 사람의 행위는 의무로부터의 행위이면서 동시에 도덕적 목적을 위한 행위임을 살펴보았다. 그러나 유덕한 사람에게 의무로부터의 행위는 도덕적 목적을 위한 행위가 된다고 말하는 것이 보다 정확한 표현이다. 유한한 이성적 존재에게 의무는 목적으로 삼아야 마땅한 것이고 유덕한 사람에게 이러한 의무적 명령은 그 자신의 목적이 된다. 그리하여 유덕한 사람에게 의무로부터의 행위는 도덕적 목적을 위한 행위, 즉 자신의 목적을 추구하는 자발적 행위가 된다. 목적의 설정이 갖는 동기를 부여하는 힘은 유덕한 사람의 의무준수가 단순히 부담스러운 강요나 강제로부터가 아니라 자발적으로 수행된다는 것을 의미한다. 덕을 통해 의무로부터의 행위는 목적을 위한 행위로 전환되는 셈이다. 그리고 이러한 전환은 의무로부터의 행위가 충분히 드러내지 못하는 동기화의 측면을 부각시킨다. 덕의무개념은 유덕한 사람이 어떻게 의무의 동기에 따라 행동하게 되는지의 동기적 차원을 해명하는 칸트의 방식인 것이다.

19 칸트 (2018a), Ⅵ385.
20 노영란 (2019a), pp. 142-144.

2. 덕의무의 동기화방식이 지닌 칸트윤리적 차원의 의의

동기가 덕의 본질적 역할에 속한다는 점이 덕의 설명에서 일반적으로 수락되고 있다는 것을 염두에 두면,[21] 덕개념을 도입하여 우리가 어떻게 도덕적으로 행위하게 되는지를 설명하는 칸트의 방식은 이해할만하다. 하지만 유덕한 사람에게 의무로부터의 행위가 어떻게 자신의 목적을 위해 자발적으로 하는 행위가 되는지는 여전히 잘 납득이 가지 않는다. 따라서 유덕한 사람의 의무 준수가 갖는 동기를 부여하는 힘의 성격을 구체적으로 살펴보기 위해 유덕한 사람이 덕의무를 수행하여 하는 행위와 의무로부터의 행위를 비교해보자. 동시대 칸트주의자들의 논의를 살펴보면 의무로부터의 행위가 모두 유덕한 행위는 아니라는 주장들을 발견한다. 예컨대 레이크 Philip Stratton Lake에 따르면 우리는 덕, 즉 의무로부터 행동하는 일반적 심정a general disposition을 갖고자 애쓰지만 아직 그러한 심정에 도달하지 못할 수 있고 이러한 상태에서 우리가 행한 의무로부터의 행위는 도덕적으로 가치 있는 행위이기는 하나 아직 덕의 일반적 심정을 실현한 것이 아니기 때문에 유덕한 행위일 수 없다.[22] 덕을 결여함에도 불구하고 특정 행위를 의무로부터 행할 수도 있다는 점에서 모든 의무로부터의 행위가 유덕한 것은 아니라는 레이크의 주장은 덕을 어떤 특정 행위를 의무로부터 행하는 특수한 심정이 아니라 의무로 인지되는 어느 행위이든 행하는 일반적인 심정으로 이해하고 유덕한 행위와 달리 의무로부터의 행위는 이러한 일반적인 심정을 갖지 않아도 가능하다고 여긴다.[23] 의무로부터의 행위가 선의지

21 Lake (2008), p. 111.
22 Lake (2008), p. 104.

에서 비롯한다는 점에서 레이크의 주장에는 선의지가 덕과 달리 일반적인 속성을 갖지 못한다는 생각이 깔려있다고 볼 수 있다. 선의지에 대한 이러한 입장은 선의지와 덕을 구별하고 선의지가 도덕적 품성을 나타낸다는 것을 반대하는 우드Allen Wood에게서도 나타난다. 우드는 선의지가 선한 원칙을 채택하고 이 원칙으로부터 행위를 도출하는 실천이성의 실행이며 따라서 행위로부터의 그리고 의지작용의 측면으로부터의 추출이지 인간 존재의 지속적인 속성이나 인격특질이 아니라고 주장한다.[24] 반면에 우드에 따르면 덕은 의무를 완수할 확고하게 근거 지워진 심정이며 이 심정이 덕을 행위자의 지속적인 속성으로 만든다.[25] 레이크처럼 우드 역시 선의지는 행위자의 지속적인 속성이 아니라는 점에서 덕과 구별된다고 생각한다.

칸트에게 덕은 근본적으로 도덕법칙의 작용결과이기는 하지만 훈련을 통해 도달된 숙련성을 가지며 이러한 자유에서 비롯된 숙련성으로서 덕은 행위를 용이하게 하는 일반적인 혹은 지속적인 심정의 차원을 갖는다.[26] 그러나 선의지를 행위의 관점만을 가지는 특수하고 일시적인 속성으로 여기고 행위자의 일반적이거나 지속적인 품성에 대해 아무 것도 말하지 않는다고 보는 것은 선의지를 제대로 이해한 것이 아니다. 선의지에 따라 의무로부터 행동한다는 점에서 선의지가 행위의 관점을 갖는 것은 분명하다.[27] 그러나 의무개념이 선의지의 개념을 함유한다는 칸트의 주장에 따른다면[28] 그리고 이

23 Lake (2008), p. 104.
24 Wood (2015), p. 60.
25 Wood (2015), p. 61.
26 칸트 (2018a), VI407; 칸트 (2011), VI47.
27 칸트는 의지를 "어떤 법칙의 표상에 맞게 행위하게끔 자기 자신을 규정하는 능력"이라고 정의한다. 칸트 (2014), IV427.
28 칸트 (2014), IV397.

주장을 넓고 불완전한 의무와 좁고 완전한 의무라는 그의 이분법에 적용한다면, 장기적인 의도를 갖는 넓은 의무에 결부된 선의지는 일반적이고 지속적인 속성을 갖는다. 선의지가 "어떤 상황일지라도 옳은 것을 행하는 근본적인 헌신"이라는 설명은 선의지가 가진 안정적이고 지속적인 면을 반영한 정의이다.[29] 따라서 칸트의 선의지 개념에는 규칙과 행위의 관점과 함께 품성과 행위자의 관점이 모두 제시된다고 보는 것이 적절하다.[30] 선의지를 이렇게 이해할 때 선의지를 갖고 의무로부터 행동하는 경우와 유덕한 심정에서 행동하는 경우를 일반적이거나 지속적인 심정에서 행동하느냐 아니냐에 따라 구별하는 것은 칸트의 입장과 거리가 있다.

그렇다면 의무로부터의 행위와 유덕한 행위 간에는 어떤 차이가 없는가? 칸트가 의무이론으로서의 윤리학을 덕론으로 간주하고 윤리적 의무를 덕의무로 본 점을 생각하면 둘은 구별되지 않는다고 볼 수 있을 듯하다. 그러나 만일 의무로부터의 행위가 바로 유덕한 사람이 하는 행위라면 왜 칸트는 굳이 덕의무라는 개념을 도입했을까 하는 의문이 즉각 든다. 따라서 두 유형의 행위는 공통점과 차이점을 둘 다 가진 듯하다. 먼저 의무로부터의 행위와 유덕한 행위 간에 어떤 공통점이 있는지 따져보자. 칸트에 따르면 덕론의 최고원리는 인간이 자기 자신뿐만 아니라 타인에 대해서도 목적이 된다는 것을 의미한다.[31] 이러한 의미와 함께 보편법칙의 정식과 인간성의 정식을 같다고 보는 칸트의 동등성주장을 고려한다면 법칙이 되는 준칙을 세우고 의무로부터 행동하는 것은 자신과 타인의 인간성을 목적

29 Hill (2012), p. 135.
30 Louden (1997), p. 290.
31 칸트 (2018a), VI395.

자체로 삼고 행동하는 것, 즉 유덕하게 행동하는 것과 다르지 않다. 또한 덕의무에 관계하는 목적이 "순수한 실천이성이 자신 안에 가지는 것"이라는 점은 의무와 덕의무 모두 이성의 명령에 근거한다는 점을 단적으로 보여준다.[32] 따라서 도덕적 가치의 차원에서 의무와 덕의무는 차이가 없다. 의무로부터의 행위와 유덕한 행위는 둘 모두 선의지에 따른 행위이고 도덕법칙이 행위의 기준이면서 동기가 되는 행위이다. 두 행위 모두 도덕적으로 가치 있는 행위로서 도덕적 가치라는 객관적 차원에서 차이가 없다.

의무로부터의 행위와 유덕한 행위가 구별되는 지점은 도덕적 가치의 객관적 차원이 아니라 행위자의 내면인 주관적 차원이다. 칸트에게 있어서 유덕한 사람은 의무로부터 의무를 수행하는 심정을 갖는데 이러한 덕의 심정은 우리의 의지가 계발되어 의무로부터 법칙에 복종하게 되는 도덕적 완전성을 의미하며 이러한 도덕적 완전성은 의지의 작용결과로서 우리의 내면에 도덕적 감정을 포함한다.[33] 구체적으로 살펴보면 덕은 법칙에 대한 존경을 통해 정념을 다스리고 욕정을 지배해서 도덕적 무정념을 통해 실천이성의 자기 지배autocracy에 도달해야 획득되는 것이다.[34] 백슬리Ann Margaret Baxley는 실천이성의 자율autonomy을 넘어서서 실천이성의 자기 지배에 의해 획득된 도덕적 강함으로서의 덕은 선의지에 덧붙여진 어떤 것, 경험적으로 획득된 도덕적으로 선한 품성이라고 주장한다.[35] 이러한 도덕적 품성은 선의지에 따르는 법칙에 대한 존경을 계발, 강화해서 갖게 된 도덕적 감정과 그 밖의 다른 감정들을 포함할 수 있다.[36] 따

32 칸트 (2018a), VI396.
33 칸트 (2018a), VI387.
34 칸트 (2018a), VI408.
35 Baxley (2010), pp. 45-46.

라서 도덕적 품성으로서의 덕과 선의지의 차이는 주관적, 감정적 차원에 있다. 칸트가 『이성의 한계 안에서의 종교』에서 도덕적으로 선한 사람, 즉 유덕한 사람을 우리 안의 도덕적 소질을 순수하게 하고 악으로의 성벽을 물리친 사람으로 설명하는 것도 이러한 감정적 차원을 고려한 것이다.[37] 물론 선의지와 덕 간의 이러한 차이를 주장하는 것은 덕이 감정이라는 것을 의미하지는 않는다. 칸트에게 도덕적 품성은 기질이나 습관, 감정 등에 달려있는 것이 아니라 도덕성에 헌신했는지 그리고 그 헌신을 실천하려는 의지의 강함을 소유했는지에 달려있기 때문이다.[38]

도덕적으로 선한 사람은 선의지에 근거하여 도덕적인 감정과 이런 저런 감정들을 획득한다. 그리고 이성적 측면과 감정적 측면을 포괄하는 도덕적으로 선한 사람의 이러한 전체적인 모습에 해당하는 개념이 바로 덕이다. 반면에 선의지는 도덕적인 품성의 본질적 구성요소이지만 도덕적 품성의 전체적인 모습을 포괄하지는 못한다. 이렇게 볼 때 선의지와 덕은 주관적, 감정적 차원에서 구별되고 선의지를 갖고 의무로부터 행동하는 것과 유덕하게 행동하는 것 역시 주관적, 감정적 차원에서 구별된다고 할 수 있다. 구체적으로 말해서 의무로부터의 행위와 유덕한 행위 모두 법칙에 대한 존경으로부터의 행위지만 유덕한 행위에는 유혹이나 방해를 물리칠 정도로 계발, 강화된 법칙에 대한 존경의 강한 감정과 덕의무를 수행한 결과 갖게 된 다른 감정들이 관련된다. 결국 의무로부터의 행위와 유덕한 행위는 둘 모두 도덕적으로 가치 있는 행위로서 객관적 차원에서 차이가

---

36 Baxley (2010), pp. 125-136 참조.

37 칸트 (2011), Ⅵ50-51.

38 Cureton & Hill (2015), p. 104.

없지만 행위자 내면의 감정적 측면에서 차이가 나타난다. 의무로부터의 행위와 유덕한 행위 간의 이러한 비교는 둘이 선험적 측면에서는 차이가 없고 경험적 측면에서 차이가 있다는 의미로, 또한 규범적 정당화의 차원에서는 차이가 없고 동기화의 차원에서 차이가 있다는 의미로 해석할 수 있다. 그리고 유덕한 행위가 갖는 동기화차원은 유덕한 사람이 어떻게 의무를 수행하도록 동기 유발되는지를 보여준다. 유덕한 사람은 도덕법칙으로부터 행동하려는 이성적 결단을 했을 뿐만 아니라 그러한 결단에 따르려는 굳센 마음씨, 즉 이성의 명령을 기꺼이 받아들일 덕의 심정을 획득한 사람이다. 그리하여 의무는 그의 관심 내지 의도에 있게 되고 그에게 의무를 행하는 것은 강요나 강제로 여겨지는 것이 아니라 스스로 자신의 관심 내지 의도를 추구하는 것이 된다. 유덕한 사람의 주관적 측면에서 볼 때 의무로부터의 행위는 자신의 목적을 위해 기꺼이 하는 행위인 것이다.[39]

칸트윤리학과 덕윤리 간에 진행된 그동안의 논쟁에서 동기의 문제는 두 윤리이론의 핵심적인 불일치를 노정하는 부분, 구체적으로 덕윤리의 장점과 칸트윤리학의 문제점을 보여주는 부분으로 간주되어왔다. 덕윤리는 유덕한 사람이 하는 행위가 그의 덕을 표현한다고 보고 우리가 품성의 일부로 가지고 있는 자연스러운 동기를 도덕적 행위의 동기로 설명해줄 뿐만 아니라 우리가 소중히 여기는 감정들을 도덕적 동기로 인정해준다는 점에서 도덕적 동기에 대해 자연스

---

39 선의지와 덕이 객관적 차원에서는 다르지 않고 주관적, 감정적 차원에서 차이가 있다는 점은 선의지의 지속성 내지 일반성에 영향을 미칠 수 있다. 우리 내면의 감정적 차원을 포함하는 덕은 경험적 차원에서 그 지속성이나 일반성을 유지하는 반면 선의지의 지속성 내지 일반성은 선험적 성격을 갖기 때문에 이러한 속성이 경험적으로 작용하는 경향성의 방해에 직면할 때 그 속성을 유지한다고 보장할 수 없다. 선의지가 지속성이나 일반성을 결여한다면 그것은 바로 이런 맥락에서일 것이다.

럽고 매력적인 설명을 제공한다. 반면에 의무로부터의 행위를 주장하는 칸트윤리학은 도덕적 행위의 동기를 적절하게 설명하지 못한다고 비판받는다. 의무윤리는 도덕심리학을 결여하고 있으며 심리학적으로 가능하려면 의무의 개념을 폐기해야 한다는 앤스컴G.E.M. Anscombe의 주장이나 의무윤리는 인간의 욕구나 관심 등을 통해 드러나는 감정을 경시함으로써 정신분열증의 문제를 야기한다는 스토커Michael Stocker의 주장이 대표적인 예에 해당한다.[40] 이러한 주장들은 의무로부터의 행위라는 동기적 요구가 실제로 우리가 행동하게 되는 것과는 거리가 멀다는 점에서 도덕적 행위의 동기에 대한 설명으로 부적절하다는 입장을 취한다. 그러나 앞에서 논의한 덕의무에 대한 칸트의 입장은 의무로부터의 행위가 과연 동기를 유발할 수 있는가의 문제에 대한 칸트의 대답을 제공한다. 즉 칸트는 윤리적 의무를 덕의무로 설명함으로써 의무로부터의 행위가 도덕적 목적을 위한 행위가 되고 유덕한 사람의 의무에 대한 표상이 동기를 유발한다고 여긴다. 목적을 설정하는 것은 동기화의 힘을 가지며 유덕한 사람은 그 자체로 의무인 것을 스스로 자기 목적으로 세움으로써 그에게 의무로부터의 행위는 목적을 위해 자발적으로 한 행위가 되기 때문이다.

덕의무개념은 우리가 어떻게 의무로부터의 행위를 자발적으로 하게 되는지 뿐만 아니라 의무로부터 행동하는 것이 어떻게 행동하는 것인지에 대해서도 해명한다. 의무로부터의 행위라는 칸트의 주장에 대한 비판에는 우리가 어떻게 의무로부터 행동하게 되는지에 대한 의문 외에도 모든 행위가 의무로부터의 행위여야 하는지 그리고 의무로부터 행동할 때 다른 감정들은 배제되어야 하는지의 의문들도

40 Anscombe (1997), p. 247; Stocker (1996), p. 173.

있다. 의무로부터의 행위라는 칸트의 주장을 매 행위마다 의무로부터 행동해야 하는 것으로, 즉 도덕법칙에 대해 생각해야만 하는 것으로, 그리고 의무의 동기만 있어야하는 것으로 이해한다면 칸트의 주장은 도덕적 동기에 대한 우리의 상식이나 직관과는 거리가 멀다. 그것은 현실적으로 충족되기 매우 어려울 뿐만 아니라 바람직하다고 보기도 어렵다. 그러나 덕의무의 개념은 문제의 의문들이 칸트의 주장을 오해한 것임을 알려준다. 덕의무가 목적의 준칙을 세우는 책무이고 이에 따라 넓고 불완전한 의무라면 덕의무의 동기화는 기본적으로 행위 그 자체가 아니라 준칙의 차원에서 진행된다. 힐Thomas E. Hill Jr.은 덕의무가 넓고 불완전한 의무라는 점에서 우리는 의무로부터의 행위라는 칸트의 도덕적 동기의 요구를 폭넓게 이해할 수 있다고 주장한다. 힐에 따르면 윤리적 의무, 즉 의무적인 목적을 채택할 덕의무는 우리에게 존중하고 촉진할 목적에 관한 준칙을 세울 것을 요구하고 이것은 본질적으로 윤리적 의무가 우리의 태도, 목표, 그리고 의도에 관심을 갖는다는 것을 의미하며 따라서 의무적인 목적을 추구하기 위해 무언가를 할 때마다 늘 의무의 사고가 존재하고 두드러져야만 할 필요는 없다.[41] 힐은 우리의 삶의 계획의 지속적인 부분으로서 의무적인 목적을 채택하고 그리고 필요한 만큼 그것을 재확인하는데 도덕법칙이 동기로서 기여한다면 그것으로 충분하며 이런 식으로 도덕적 동기의 요구를 폭넓게 이해하면 의무의 사고가 항상 존재할 필요는 없으며 때때로 의무에 대한 명백한 생각 없이 의무를 준수하는 것이 도덕적인 실패나 결함이 아니라고 본다.[42]

41 Hill (2012), p. 250.

42 Hill (2012), pp. 251-254. 이러한 주장에서 우리 자신이 의무를 충분한 동기로 수락한다는 것을 어떻게 알 수 있는가하는 의문이 들 수 있다. 의무의 동기가 충분한지의 여부는 모든 행위에서 확인될 수 있는 것은 아닐 것이다. 그러나

힐의 설명대로 어떤 사람이 그 자체로 의무인 것을 자신의 목적으로 삼아 준칙을 세운다면 그는 도덕성에 대한 근본적인 헌신에 따라 살려는 의도나 태도를 가진 것이고 이러한 목적의 준칙에 따라 특정 상황에서 어떤 행위를 한다면 그 행위를 수행하는 모든 순간에 의무이기 때문에 행동한다는 생각이 존재해야 하는 것은 아니다. 의무로부터의 행위에 대한 이러한 해석은 칸트의 의도를 잘 반영한 것이다. 덕의무에 적용되는 법칙이 그저 행위의 준칙만을 명령할 뿐 행위 자체를 명령하지는 않는다고 주장할 때 칸트는 "각각의 행위를 할 때 그 행위자의 심정 안에 순수한 도덕적 내용이 얼마나 있는가 하는 것은 그들 자신에게도 은폐되어 있다."는 점을 자신의 주장의 이유로 제시한다.[43] 칸트는 의무를 준수하고자 하는 동기를 느낄 때 이것이 법칙에 대한 표상에서 나오는지 아니면 이익이나 감성적 충동이 함께 작용하는지 누구도 충분히 알 수 없다는 생각에 따라 덕의무를 넓은 의무로 간주하고 순수한 도덕적 의도를 개별적 행위가 아니라 행위의 준칙차원에서 문제 삼는 것이다.[44] 따라서 덕의무를 통한 칸트의 동기화방식에 따를 경우 의무로부터의 행위라는 도덕적 동기의 요구는 모든 행위가 의무로부터의 행위여야 한다거나 행동할 때 마다 매번 도덕법칙에 대해 생각하거나 의무의 동기를 인식해야만 하는 것을 의미하지 않는다는 점을 알 수 있다.

의무로부터의 행위에 대한 이러한 이해는 자연스럽게 의무로부터

의무가 문제가 되는 경우는 대체로 우리가 의무의 행위에 상반되는 충동이나 경향을 가질 때 혹은 의무의 행위를 방해하는 유혹이 있을 때이다. 칸트적인 맥락에서 볼 때 이러한 경우에 우리가 의무의 행위를 한다면 우리가 의무로부터 행동했다는 것이, 다시 말해서 의무의 동기가 충분했다는 것이 드러난다.

43 칸트 (2018a), VI393.

44 칸트 (2018a), VI447.

의 행위에 대한 다른 의문, 즉 의무로부터 행동할 때 다른 목적이나 감정들은 배제되어야 하는가에 대한 대답도 제공한다. 칸트에 따르면 넓고 불완전한 의무는 이러한 의무를 수행하는 방법을 결정할 때 어떻게 그리고 얼마나 수행할지와 관련하여 자유로운 자의를 위한 여지를 허용한다.[45] 예컨대 타인에 대한 덕의무는 타인의 행복을 우리의 목적 중의 하나로 세울 것을 요구하지만 이러한 덕의무를 수행할 때 어떤 도움을 어떻게 얼마나 주어야 하는지를 정확하게 규정하여 제시할 수는 없다. 이 수준에서는 우리의 자유재량이 허용된다. 이 자유재량은 적절한 판단을 통해 상황과 맥락에 알맞은 행위를 함으로써 의무를 수행한다는 의미를 갖는다. 뿐만 아니라 이 자유재량은 의무를 수행하는 행위를 할 때 의무의 동기 이외에 다른 동기가 함께 있을 수 있음을 의미한다.[46] 칸트가 덕을 위해 전제되는 도덕적 무정념을 설명한 후에 도덕적으로 무관심한 어떤 것도 허용하지 않는 환상적으로 유덕한 자, 도덕적 소심함에 빠져 덕의 지배를 전제tyranny로 만드는 자를 비판한 것처럼[47] 덕은 세세한 것까지 모두 규칙에 얽매이게 하거나 융통성 없이 모든 사항을 의무로 만드는 것과는 거리가 멀다. 덕의무는 도덕법칙을 행위의 기준이면서 행위의 동기로 삼는 것이지만 덕의무를 준수하는 것은 도덕법칙에 따른 규칙에 편협하고 독선적인 방식으로 복종하는 것이 아니다. 그리하여

---

45 칸트 (2018a), Ⅵ390.

46 불완전한 의무가 자유재량을 허용한다는 것이 무엇을 의미하는지에 대해 『윤리형이상학 정초』와 덕론의 주장 간에 다소 차이가 있다. 이러한 차이를 논의하면서 레이크는 불완전한 의무가 자유재량을 허용하는 것은 이 의무가 어떤 행위의 수행이 아니라 어떤 목적의 채택을 요구하기 때문이며 이 자유재량은 불완전한 의무가 완전한 의무에 비해 의무적 힘이 차이가 난다는 의미가 아니라 의무적 내용에 차이가 있다는 의미를 갖는다고 설명한다. Lake (2008), p. 108.

47 칸트 (2018a), Ⅵ409.

의무로부터의 행위는 의무적인 목적 이외에 다른 목적이 없어야만 한다는 것을 의미하지 않는다. 힐이 지적하는 것처럼 의무가 그것만으로 충분한 동기였다면 우리는 도덕성에 대한 압도하는 헌신과 다른 허용 가능한 목적을 증진하는 특정한 준칙 둘 다 가질 수도 있다.[48]

우리가 해야만 하는 대로 행동할 때마다 항상 의무의 생각이 우리의 즉각적이고 의식적인 동기일 필요가 없다는 점이나 의무의 동기 이외에 다른 동기가 없어야 하는 것은 아니라는 점은 덕론에 한정되지 않으며 칸트윤리학 전반의 입장에 부합한다. 『윤리형이상학 정초』에서 칸트는 인간성의 정식이 "이성적 존재자는, 그것의 본성상 목적으로서, 그러니까 목적 그 자체로서, 모든 준칙에 대해 모든 한낱 상대적이고 자의적인 목적들을 제한하는 조건이 되어야만 한다."는 것을 말한다고 설명한다.[49] 의무로부터의 행위에는 도덕적인 동기가 허용하는 이런 저런 상대적인 목적에 따른 동기들이 함께 있을 수 있는 것이다.[50] 일반적으로 덕윤리가 동기에 대한 매력적인 설명을 제공하는 것은 행위를 위한 규범적인 지시들이 동기를 포함해서 한 사람이 어떻게 행위하게 되는지를 중시한 점에 있고 칸트윤리학의 동기에 대한 입장이 매력적이지 못한 것은 의무의 동기가 사람들이 중요하게 여기는 것들과 관련성을 갖고 있지 않다는 점에 있다고 일반적으로 지적된다.[51] 그러나 우리가 살펴본 바와 같이 이러한 지적은 칸트의 주장을 충분히 반영하지 못한 것이다. 칸트의 덕론에서 유덕한 사람은 그 자체로 의무인 것을 받아들여 자신의 목적으로 삼

48 Hill (2012), p. 251.

49 칸트 (2014), IV436.

50 『윤리형이상학 정초』에서의 이러한 입장이 덕의무에 어떻게 작용하는지에 대한 상세 논의는 노영란 (2019a), pp. 137-139를 참조.

51 Herman (2015), pp. 113-114.

는 사람이며 이러한 목적을 추구하는 한에서 자신에게 중요한 다른 목적들도 함께 추구할 수 있다. 유덕한 사람에게 의무의 동기는 자기 자신이 스스로 세운 목적의 추구에 해당하며 그는 행위할 때 자신의 개인적인 다른 목적들을 가질 수 있다는 점에서 그의 동기는 자신이 중요시하는 것들과 관련성을 갖는다. 도덕성이 우리 자신의 목적과 프로젝트를 형성하고 추구할 의미 깊은 자유재량을 우리에게 제공해준다는 것을 강조하는데 칸트가 큰 관심을 갖고 있다는 점은[52] 칸트윤리학에 대한 논의에서 간과되어서는 안 되는 부분이라고 생각한다. 지금까지 살펴본 바와 같이 덕의무를 통한 칸트의 동기화 방식은 우리가 어떻게 의무로부터 행동하게 되는지 그리고 의무로부터 행동하는 것이 어떻게 행동하는 것인지를 보여준다. 그리하여 그것은 의무로부터의 행위라는 도덕적 동기에 대한 주장과 관련된 비판들에 대응할 수 있는 방안을 제공하는 의의를 갖는다.

3. 덕의무의 동기화방식이 갖는 덕윤리적 차원의 시사점

덕의무라는 개념을 도입하여 도덕적 동기를 설명하는 칸트의 방식은 전형적인 덕윤리적 방식과는 다르다. 칸트는 "그런데 이 (덕론이라는) 철학에서는 아무런 경험적 요소(일체의 감정)도 포함하지 않은 정화된 의무 개념을 다루되 그것을 [행위의] 동기로 만들기 위해 **형이상학적 기초원리**까지 문제 삼는다면, 이것은 [통상적인] 덕론의 이념과 정면으로 대립하는 것처럼 보인다."고 말한다.[53] 칸트가 지적한

52 Cureton & Hill (2015), p. 103.
53 칸트 (2018a), Ⅵ375-376.

것처럼 전형적인 덕윤리에서 동기는 감정이라는 경험적 요소에 근거한다. 그러나 칸트는 덕론의 제일원리들을 형이상학에서 탐색할 필요가 있으며 덕의무의 경우에는 의무에 대한 의식이 행위의 동기가 되는 원리가 중요하다고 여긴다.[54]

칸트가 덕론에서 형이상학적 기초원리를 추구하는 것은 덕론에 확실성과 순수성을 확보하고자하는 의도에서 비롯된다.[55] 덕론에서 확실성과 순수성을 기대하는 이유와 관련하여 칸트는 모든 의무를 준수하고자 하는 선한 의도를 갖게 되는 것이 무엇보다도 중요한 문제인데 자연본성적인 감정에서 시작함으로써 의무를 규정하면 이러한 문제가 대수롭지 않은 일이 되고 만다는 점, 그리하여 덕론은 부패하게 된다는 점을 언급한다.[56] 윤리를 형이상학적 기초원리에 근거하여 확실성과 순수성을 확보하려는 것은 칸트윤리학의 기본 입장이다. 『윤리형이상학 정초』에서 칸트는 윤리형이상학의 필요성을 설명할 때 이러한 입장을 분명하게 밝힌다. 먼저 칸트는 법칙이 책무의 근거로서 타당해야 한다면 법칙은 절대적 필연성을 동반해야만 하며 이에 따라 책무의 근거는 경험적으로가 아니라 오직 순수이성의 개념들 안에서 선험적으로 찾아져야 한다고 주장한다.[57] 또한 칸트는 실천적으로 윤리는 올바로 판정할 실마리와 최상의 규범을 가져야 갖가지 부패에 굴복하지 않으며 법칙이 동기가 될 때 법칙에 따른 행위는 우연적이고 불안정하지 않게 된다는 점에서 실천적으로 가장 중요한 것은 윤리적 법칙의 순수성이라고 주장한다.[58]

54 칸트 (2018a), Ⅵ376.
55 칸트 (2018a), Ⅵ376.
56 칸트 (2018a), Ⅵ376-377.
57 칸트 (2014), Ⅳ389.
58 칸트 (2014), Ⅳ390.

『윤리형이상학 정초』에서의 이러한 주장들을 통해 우리는 덕론에서 주장하는 확실성과 순수성이 의미하는 바를 구체적으로 이해할 수 있게 된다. 칸트는 의무가 요구되는 모든 경우에 의무를 준수하려는 선한 의도를 갖도록 하기 위해, 또 의무를 방해하는 유혹에도 이러한 선한 의도를 안전하게 확보하기 위해 감성적 충동이나 경향이 아닌 순수 실천이성에 근거한 동기화를 추구한다. 여기에서 우리는 칸트가 도덕적 동기를 이해할 때 필연성을 갖는 의무를 확실하게 준수해야하며 이를 위해 명확한 기준과 최상의 규범에 근거한 순수한 의도를 가져야 한다는 점을 무엇보다도 중요시한다는 것을 확인할 수 있다.

칸트의 덕론이 감성적인 감정이 아니라 의무에 대한 의식이 행위의 동기가 되는 형이상학적 기초원리, 즉 순수 실천이성에 선험적으로 주어져있는 원리에 근거한다는 것은 덕의무에 관련된 목적이 감성적 충동이나 경향에 따라 정하는 것이 아니라 마땅히 목적으로 삼아야 할 대상들 다시 말해서 순수한 실천이성이 명하는 것이라는 점에서 단적으로 드러난다.[59] 이제 덕론을 형이상학적 기초원리에 근거지어 필연성과 순수성을 확보하려는 칸트의 의도가 덕의무를 통해 어떤 동기화방식으로 전개되는지 살펴보자. 덕의무는 의무와 목적을 관계 지어 옳음과 좋음을 결합하는 개념이라고 할 수 있다. 그런데 덕의무에서는 임의의 목적에서 출발하여 준칙을 선택하고 의무를 규정하는 것이 아니라 의무에서 출발해서 법칙에 기초한 목적의 준칙을 세운다.[60] 의무와 목적의 이러한 관계 방식은 덕의무가 옳음에 근거하여 좋음을 결합한 개념임을 보여준다. 동기화를 고려

59 노영란 (2019a), pp. 135-136.
60 칸트 (2018a), Ⅵ382.

하여 의무윤리에 덕개념을 도입하지만 이를 통해 등장한 덕의무개념은 옳음에 근거하며 도덕적 요구의 정당성을 확고하게 정립하고자 하는 규칙윤리의 특징을 그대로 유지하고 있는 것이다. 이런 의미에서 칸트의 덕의무개념은 규범적 정당화에 근거한 동기화방식을 보여준다. 앞 장에서 우리는 선의지와 달리 덕이 감정적 차원을 갖고 도덕적 감정과 이런 저런 감정에 관련된다고 했다. 이러한 덕이 형이상학적 기초원리에 근거한다고 할 수 있는지, 이러한 덕에 따르는 덕의무가 어떻게 규범적 정당화에 근거한 동기화를 추구하는지 의문을 가질 수 있다. 그러나 도덕적 감정은 법칙에 대한 존경의 감정으로서 도덕법칙이 작용한 결과라는 점, 유덕한 사람이 가진 이런 저런 감정들은 덕의무를 수행한 결과로 갖게 된다는 점, 그리고 의무의 동기가 의지 규정의 근거로 충분한 한에서 그 밖의 동기가 포함될 수 있다는 점 등에서 덕의 감정적 차원은 기본적으로 형이상학적 기초원리에 따른 것이다.

덕의무를 통한 칸트의 동기화가 규범적 정당화에 근거한 동기화 방식이라는 점은 덕윤리의 논의에 시사하는 바가 있다. 경험적으로 확인되는 유덕한 품성을 가진 사람이 개개의 사안에 대한 척도가 된다는 점에서 알 수 있듯이 아리스토텔레스의 덕윤리에서 덕목들의 형성과 그것들의 규범적 역할에 대한 정당화는 구체적인 경험적 차원과 분리될 수 없다. 그리고 덕의 이해는 덕의 발달과 분리되지 않고 결합되어 있어서 우리가 덕에 대해서 생각했다 싶으면 우리는 덕을 갖고 있는 것이다.[61] 이런 점들은 규범적 정당화가 동기화와 상호 불가분의 관계에 있음을 의미한다. 규범적 정당화와 동기화의 이러한 관계는 동기화의 차원에서 장점을 갖는다. 그러나 규범적 정당

61 Annas (2013), p. 21.

화의 차원에서는 문제를 야기하게 된다. 어떤 품성이 탁월함을 가졌는지, 왜 유덕한 품성을 가진 사람이 할 법한 행위를 해야 하는지, 또 품성에 따른 행위를 어떻게 정당화할 것인지 등의 물음에 명확한 기준을 밝히기 어렵기 때문이다. 행위지침이 행위의 요구를 포함한다는 점에서 행위지침의 기준이 무엇이며 그러한 지침을 왜 따라야하는지에 대한 정당화를 제시하는 것은 규범윤리이론의 중요한 역할임에도 불구하고 덕윤리는 덕의 형성과 그것의 규범적 성격의 물음에 대해 명확한 기준을 제시하기 어렵다는 문제에 직면하는 것이다.

도덕법칙의 작용에 따라 법칙에 대한 존경의 감정이 생긴다는 점에서 그리고 의무와 목적이 관계한다는 점에서 칸트윤리학에서도 규범적 정당화와 동기화는 결합되어 있다. 그러나 법칙에 대한 존경은 도덕법칙의 작용결과라는 점에서 그리고 각자가 갖는 임의의 목적이 아니라 이성이 객관적으로 명하는 바인 의무를 자신의 목적으로 세운다는 점에서 칸트의 덕론에서 규범적 정당화는 동기화에 우선하며 동기화는 규범적 정당화에 근거한다. 그리고 규범적 정당화에 근거하여 동기화를 추구하는 칸트의 덕론은 덕의 기준과 척도를 제시할 수 있다. 이러한 덕의 객관적인 기준과 척도는 순수한 실천이성의 원리에 따른 의지규정, 즉 선의지에 다름 아니다. 칸트의 선의지 개념은 "행위 규범과 덕 형성의 당위성과 정당성을 판별할 수 있는 객관적인 도덕적 기초와 근거를 제공"해주며, 이로써 "칸트는 우리가 갖추어야 하고 또 추구해야 할 덕목들의 도덕적 기준과 척도 및 그 가능한 한계를 선의지 개념을 통해서 제시해 주고 있다."[62] 이렇게 볼 때 덕의무를 통한 칸트의 동기화방식은 아리스토텔레스적인 덕윤리의 동기화방식이 직면하는 규범적 정당화의 문제를 피해

---

62 맹주만 (2005), p. 280.

갈 가능성을 갖는다.

덕의무개념을 통해 기대되는 문제의 가능성을 확인하는 한 방법을 살펴보자. 칸트윤리학에서 행위지침은 도덕법칙에 따른 규칙으로 제시된다. 칸트의 덕론에 따른다면 덕의무를 준수하면서 행위를 수행한다는 점에서 목적의 준칙은 행위지침의 역할을 할 수 있다. 반면에 아리스토텔레스의 덕윤리에서는 보통 어떤 규칙을 제시하지 않는 대신 무엇을 해야만 하는지의 물음에 대해 유덕한 사람이 할 법한 행위를 하라고 일반적으로 답변한다. 그러나 아리스토텔레스주의자인 허스트하우스는 각각의 덕은 '정직한 것을 해라' 혹은 '관대한 것을 해라'와 같은 처방을 산출하고 각각의 악덕은 '부정직한 것을 하지 마라' 혹은 '인색한 것을 하지 마라'와 같은 금지를 산출한다는 점에서 덕윤리는 많은 규칙들을 제시한다고 주장하면서 덕윤리가 갖는 이러한 규칙을 덕규칙이라고 부른다.[63] 허스트하우스는 불완전한 행위자는 덕윤리적 처방을 위해 유덕한 사람으로부터 충고를 구할 수 있고 이런 점에서 규범윤리이론으로서 덕윤리는 행위지침력을 갖는다고 여긴다. 이와 함께 허스트하우스는 덕윤리가 규칙윤리처럼 행위지침을 위해 사용될 수 있는 규칙을 제시할 수 있고 이에 따라 불완전한 행위자는 또한 덕규칙을 사용할 수 있다고 주장하면서 덕윤리가 가진 행위지침력에 대한 비판을 일축하고자 한다.

그렇다면 여기에서 행위지침으로 작용한다고 여겨지는 두 규칙, 즉 아리스토텔레스적인 덕윤리의 맥락에서 제시되는 덕규칙과 칸트의 덕론에서 덕의무의 수행으로 채택되는 목적의 준칙의 성격을 비교해보자. 의무윤리의 규칙과 덕규칙을 비교할 때 아내스는 의무적인 개념은 본질적으로 얇은 개념이고 의무개념을 가진 규칙들은 기

63 Hursthouse (2001), pp. 36-37.

술적인 내용descriptive content을 결여해서 어떤 상황에 어떻게 그 규칙을 적용해야 하는지 등에 대해 전해주는 바가 적기 때문에 행위지침이 되기에 부족하다고 비판한다.[64] 반면에 그녀는 덕개념들은 두터운 개념이고 덕개념을 가진 덕규칙은 기술적인 내용과 평가적인 면을 모두 가지고 이 둘이 분리되어 있지 않다는 점에서 우리가 그 규칙을 어떤 상황에 어떻게 적용해야 하는지에 대해 파악할 수 있는 장점이 있다고 주장한다.[65] 아내스가 주장하는 것처럼 덕개념에서 기술적인 내용과 평가적인 면이 분리되지 않는 것은 앞의 논의에서 언급했던 점들, 즉 덕이 발달하면서 덕에 대한 이해에 도달한다는 점, 그리하여 덕에서 규범적 정당화와 동기화가 서로 분리되지 않고 함께 작용한다는 점에 기인한다. 그러나 앞에서 살펴본 것처럼 규범적 정당화와 동기화의 이러한 관계는 명확한 기준과 척도를 제시하지 못한다는 점에서 규범적 정당화와 관련한 어려움에 직면한다. 마찬가지로 기술적인 면과 평가적인 면이 분리되지 않고 섞여 있는 덕규칙에서는 기술적인 내용과 분리된 명확한 평가기준을 갖기 어렵고 이렇게 이루어지는 내재적인 평가가 얼마나 제대로 된 비판이나 평가를 가능하게 할지는 의문이 아닐 수 없다.[66]

한편 칸트의 덕의무개념은 자의의 형식적 부분뿐만 아니라 실질적 부분도 포함하는 것으로서 덕의무의 수행을 통해 채택된 목적의 준칙은 자의의 대상인 실질에 관여하는 준칙이다. 따라서 목적의 준칙은 의무적 용어들이 어떤 내용을 함축하지 않으며 옳음이나 의무개념을 가진 명령들에는 어떤 근거가 주어져 있지 않다는 아내스의

64 Annas (2016), pp. 226-227.
65 Annas (2016), pp. 226-228.
66 기술적인 내용과 평가적인 면이 분리되지 않고 결합되어 있는 덕규칙이 직면하는 문제에 대한 상세 논의는 노영란 (2019b), pp. 88-91을 참조.

지적을[67] 피해갈 수 있다. 목적의 준칙은 단지 의무개념만을 가진 규칙과 달리 기술적인 내용을 함유할 수 있고 그리하여 어떤 상황에서 어떻게 행동해야하는지에 대해 말해줄 거리를 갖는다. 목적의 준칙은 덕규칙처럼 기술적 내용을 가질 수 있는 것이다. 동시에 목적의 준칙은 덕규칙이 직면하는 내재적 평가의 문제로부터 벗어날 가능성을 갖는다. 덕규칙과 달리 목적의 준칙은 기술적 내용과 평가적인 면이 단순히 불가분리적인 것이 아니라 평가적인 면이 우선하는 가운데 기술적인 내용이 결합되어 있기 때문이다. 요컨대 목적의 준칙은 의무의 규칙과 덕규칙이 가진 장점들을 접목한 셈이다. 그것은 실질적 차원을 가짐으로써 의무의 규칙이 가진 얇은 내용의 문제를 해결할 수 있으며 또한 옳음의 명확한 기준을 갖는 규범적 정당화에 근거함으로써 덕규칙이 가진 두터운 개념의 문제를 해결할 여지를 갖는다. 목적의 규칙과 덕규칙의 비교는 칸트의 덕의무개념이 규범적 정당화에 근거한 동기화를 추구하고 이에 따라 덕의무의 이론인 칸트의 덕론은 전통적인 덕윤리의 동기화방식이 직면하는 규범적 정당화의 문제를 해결할 가능성을 가진다는 것을 예시적으로 보여준다.

덕의무는 의무로 표상된 것을 목적으로 설정하는 것, 구체적으로 이성이 명하는 바를 자신의 목적으로 삼겠다는 준칙을 세우는 것이다. 이러한 설명이 보여주는 것처럼 덕의무개념은 의무와 덕을 결합해서 행위와 행위자, 규칙윤리와 덕윤리의 전형적인 이분법을 넘어서는 시도라고 할 수 있다. 그리고 덕의무는 칸트 덕론의 핵심 개념으로서 덕론의 성공을 쥐고 있는 결정적 개념이다. 덕의무개념은 의무로부터의 행위라는 칸트의 도덕적 동기의 요구가 갖는 의미와 가

67 Annas (2016), p. 227.

능성을 잘 보여줌으로써 칸트윤리학적 차원에서 중요한 의의를 갖는다. 나아가서 덕의무개념을 통해 규범적 정당화에 근거한 동기화를 확보하는 것은 의무윤리의 장점인 규범적 정당화를 유지하면서 덕윤리의 장점인 동기화를 수용하고자 하는 방식일 수 있고 이러한 방식은 전통적인 덕윤리가 직면하는 규범적 정당화의 문제를 해결할 가능성을 열어준다. 물론 이러한 가능성은 덕의무라는 개념이 칸트가 기대하는 것처럼 작용해야 실현될 수 있다. 칸트에게 있어서 덕의무는 덕에 대한 의무지움과 달리 유덕한 심정을 가진 사람이 수행하는 의무의 일종이며 다양한 덕의무의 수행에 따라 실질적인 여러 덕들이 존재하게 된다. 이처럼 덕의무개념은 덕에 대한 의무지움과의 구별, 그리고 덕의 심정이라는 하나의 형식적 덕과 실질적인 특정 덕들의 구별에 근거한다는 점에서 문제의 구별들이 잘 이루어질 때, 특히 덕의 실질적 부분에 대한 형식적 부분의 우선성이 확보될 때 규범적 정당화에 근거한 동기화는 성공적으로 이루어질 수 있을 것이다. 따라서 덕의 형식적인 부분과 실질적인 부분의 구별이 어떻게 가능하며 형식적인 부분을 우선하면서 실질적인 부분을 결합할 때 어떤 문제에 직면할 수 있는지 등을 탐구하는 것은 칸트의 덕론에 대한 앞으로의 연구에서 중요한 과제가 될 것이다.

제4장 덕과 도덕적 완전성의 의무

덕윤리가 부활하는 과정에서 의무윤리학이 비판의 주요 대상에 속했다는 점에서 의무윤리를 주창하는 칸트가 제시하는 덕론이 전형적인 덕윤리와 비교할 때 어떤 특징을 갖는지의 문제는 흥미로운 주제이다. 그러나 칸트의 덕론에서 덕은 명확히 이해하기가 쉽지 않은 복잡한 개념이다. 무엇보다도 덕에 대한 의무지움the obligation of virtue이나 덕의무a duty of virtue라는 개념이 생소할 뿐만 아니라 하나의 덕과 다수의 이종적 덕들이라는 이중적 주장도 파악하기가 쉽지 않다. 칸트가 덕에 대해 정의를 내리고 덕을 위해 무엇이 요구되는지 등을 설명하고 있기는 하지만 덕론의 많은 부분을 덕 자체 보다는 덕의무에 할애하고 있는 점도 그의 복잡한 덕개념을 이해하기 어렵게 하는 요인이다. 이런 상황에서 덕의무들 중의 하나인 도덕적 완전성의 의무에 대한 칸트의 여러 설명들은 덕개념을 이해하는데 도움이 된다. 도덕적 완전성은 덕의 심정을 계발하여 도덕적 목적들을 완전하게 달성하는 것을 의미하고 도덕적 완전성의 의무를 따르는 사람은 유덕한 사람이기 때문이다. 따라서 본 장에서는 도덕적 완전성의 의무에 대한 칸트의 설명들을 검토하면서 칸트의 덕개념이 가진 성격과 이러한 성격이 덕윤리적 논의에서 갖는 의의를 고찰하고자한다. 이를 위해 먼저 도덕적 완전성의 의미를 살펴보고 이 의무가 가진, 완전하지만 불완전한 의무와 자기개선의 의무라는 두 성격을 고찰한다. 그리고 나서 도덕적 완전성의 의무가 완전하지만 불완전한 의무로서 갖는 성격을 통해 하나뿐이지만 다수가 존재한다는 칸트의 덕개념을 이해하고 이러한 덕개념이 덕들의 통일성 논쟁에서 갖는 의의와 과제를 규명한다. 다음으로 이상으로서의 덕에 대한 칸트의 복잡한 입장을 도덕적 완전성의 의무가 가진 또 다른 성격인 자기개선의 의무를 통해 살펴보고 칸트의 입장이 전형적인 이상적 덕개념과 비교할 때 어떤 장점과 문제를 갖는지 검토한다.

1. 도덕적 완전성의 의무의 의미와 성격

칸트의 『도덕형이상학』에서 윤리적 의무는 도덕법칙에 적합해야 한다는 합법성과 도덕적인 목적에 일치해야 한다는 합목적성이라는 두 기준을 충족시키는 의무이다. 이 두 기준에서 합목적성은 윤리적인 의무를 법의무와 구별하여 도덕성을 갖도록 해주는 부분이며 이 부분에 따라 윤리적 의무는 덕의무가 된다. 덕의무에는 자신의 완전성과 타인의 행복이 있는데, 도덕적 완전성은 자연적 완전성과 함께 자기 자신에 대한 덕의무에 해당한다. 칸트는 도덕적 완전성을 고양하기 위해 우리가 자신에 대해 갖는 의무를 두 가지 명령으로 설명한다. 먼저 '신성하라'는 명령이 해당되는 주관적 측면에서 도덕적 완전성의 의무는 의무에 관한 순수한 심정, 즉 법칙이 그 자신만으로 동기가 되는, 의무로부터 행위하는 심정에 있다.[1] 다음으로 '완전하라'는 명령이 해당되는 객관적 측면에서 도덕적 완전성의 의무는 전체적인 도덕적 목적과 관련하고 이에 따라 "자신의 의무 전체와 자기 자신과 관련된 도덕적 목적을 완전하게 달성하는 것"에서 성립

1 칸트 (2018a), VI446.

한다.[2] 이러한 설명으로부터 우리는 도덕적 완전성이 법칙에 대한 존경으로부터 의무를 준수하는 심정을 갖고 이에 따라 그 자체로 의무인 것들 전체를 자신의 목적으로 삼아 수행하는 것에서 성립함을 알 수 있다. 칸트 덕론에서 법칙에 대한 존경의 순수한 심정이 덕의 심정이고 이러한 심정에 이르는 것이 덕에 대한 의무지움이며 의무인 동시에 목적인 것이 덕의무라는 점에서[3] 도덕적 완전성은 덕에 대한 의무지움에 이르고 이에 따라 덕의무들을 완전하게 준수하는 것을 의미한다.[4]

도덕적 완전성의 이러한 의미는 언뜻 모순처럼 보인다. 칸트에 따르면 우리는 의무를 준수하는 의지의 강함인 덕을 통해서만 의무 아래 있게 되기 때문에 덕을 갖는 것은 의무일 수 없고 이에 따라 덕에 대한 의무지움과 덕의무는 구별된다.[5] 그런데 도덕적 완전성에 대한 설명을 보면 덕에 대한 의무지움은 도덕적 완전성의 필수적인 부분이며 이러한 도덕적 완전성은 덕의무에 속한다. 덕에 대한 의무지움을 통해 덕의무가 수행되는데, 덕의무들 중의 하나인 도덕적 완전성이 덕의무를 수행할 수 있게 해주는 덕에 대한 의무지움을 갖는 것이라는 점은 납득이 잘 가지 않는다. 덕의무를 수행하게 하는 덕에 대한 의무지움을 덕의무에 속하는 것으로 보는 듯하기 때문이다. 동시대의 몇몇 칸트주의자들은 칸트의 주장에서 모순처럼 보이는 이 부분을 이해가능하게 하는 해석들을 제시한다. 이들의 해석에는 유사한 점이 있는데, 그것은 바로 덕에 대한 의무지움을 덕의 심정

2 칸트 (2018a), VI446.

3 칸트 (2018a), VI387, 410, 383.

4 이런 점에 주목하여 우드(Allen Wood)는 동기의 순수성과 덕을 도덕적 완전성과 동일시한다. Wood (1999), p. 324.

5 덕에 대한 의무지움과 덕의무에 대해서는 칸트 (2018a), VI410 참조.

을 가질 의무가 아니라 덕의 심정을 계발, 강화할 의무 내지 덕의 심정을 갖고자 애쓸 의무로 보는 것이다.[6] 덕의무를 위해 덕의 심정을 가질 의무를 주장하는 것은 우리를 의무 아래 있게 해주는 것으로서의 덕의 개념에 맞지 않다. 그러나 동시대의 칸트주의자들의 해석처럼 덕에 대한 의무지움을 덕의 심정을 가질 의무가 아니라 그러한 심정을 추구, 계발, 강화할 의무로 보는 것은 칸트가 주장하는 덕의 개념, 그리고 덕에 대한 의무지움과 덕의무의 구별에 부합할 수 있다. 덕에 대한 의무지움에 대한 이러한 해석을 반영할 때 도덕적 완전성은 덕의 심정을 추구, 계발, 강화해서 덕에 대한 의무지움에 이르고 이에 따라 의무적인 목적들을 자신의 대상으로 삼아 덕의무들을 완전하게 준수하는 것을 의미하게 된다.

도덕적 완전성의 의무는 여타의 윤리적 의무들을 포괄하는, 근본적이고 우선하는 의무에 해당한다. 칸트는 자기 자신을 스스로 구속하는, 자기 자신에 대한 의무가 모든 종류의 의무의 기초이며 조건이라고 생각하기 때문이다.[7] 칸트의 이러한 입장에 주목하여 동시대의 칸트주의자들은 자신의 도덕적 존재를 완전하게 하지 않는 한 다른 사람에 대한 의무를 충분히 알지도, 그것을 수행할 성향을 갖지도 못할 것이라고,[8] 또 자신의 완전성과 타인의 행복이라는 두 도덕적 목적 중에서 자신의 완전성이 더 근본적이고 도덕적 품성과 더 직접적으로 관련되며 도덕적 품성을 발달시킬 의무는 칸트의 의무 체계의 핵심이라고[9] 주장한다.

6 이러한 해석을 하는 칸트주의자들로는 Wood (2015), p. 69; Lake (2008), pp. 105-106; Guyer (2016), pp. 221-222 참조. 가이어의 주장을 중심으로 하는 상세 논의는 노영란 (2019b), 96-97쪽 참조.

7 칸트 (2018a), VI417, 387.

8 Guyer (2012), pp. 149-150.

9 Louden (1997), p. 293.

도덕적 완전성의 의무에 대해 칸트가 명시적으로 강조하는 것은 이 의무가 덕의무로서 불완전한 의무라는 점이다. 덕의무의 준수는 우리가 그 자체로 의무인 것을 우리 자신의 목적으로 채택하여 이 목적을 행위를 통해 실행하는 것이다. 이 덕의무에서 법칙은 행위의 준칙만을 명령하지 직접 특정 행위를 명령하지는 않는다.[10] 즉 행위를 위한 목적의 준칙을 채택하는 것은 법칙에 따라 필연적으로 규정되지만 그 목적을 어떤 행위로 어떻게 실행하느냐는 것은 명확히 규정되지 않고 자유재량이 허용된다. 따라서 덕의무는 불완전한 의무이고 자기 자신에 대한 덕의무인 도덕적 완전성의 의무 역시 불완전한 의무에 속한다.

그러나 도덕적 완전성의 의무가 불완전한 의무라는 칸트의 주장은 다소 복잡하다. 다음의 내용을 살펴보자.

> "자기 자신에 대한 이러한 의무는 비록 정도라는 관점에서 보면 <u>인간 본성의 유약함(부서지기 쉬움) 때문에 넓고 불완전한 의무이지만</u>, 성질의 관점에서 보면 좁고 완전한 의무다……이 의무는 대상(이것은 이념으로서, 사람들이 그것의 수행을 목적으로 삼아야 마땅한 것인데)의 관점에서 보면 비록 좁고 완전한 의무이지만, 주체를 고려해보면 자기 자신에 대한 넓고 단지 불완전한 의무다." (밑줄 덧붙임)[11]

칸트는 정도와 성질로 나누고, 또 주체와 대상으로 나누어 도덕적 완전성의 의무가 각각 전자의 관점에서는 불완전한 의무지만 후자의 관점에서는 완전한 의무라고 주장한다. 이러한 양면적인 주장에

10 칸트 (2018a), VI389 참조.
11 칸트 (2018a), VI446.

직접 관련된 설명들이 별반 없기는 하지만 덕론의 주장들과 관련 논의들에서 단서를 찾아가면서 이 주장을 살펴보자. 먼저 정도와 성질의 두 관점을 살펴보면, 덕과 악덕에서 성질은 준칙들의 법칙과의 관계를, 정도는 우리가 준칙들을 얼마나 준수하는가의 정도를 의미한다.[12] 따라서 성질의 관점에서 도덕적 완전성의 의무가 완전한 의무라는 것은 이 의무가 법칙에 의해 절대적으로 명령된다는 것을 뜻한다. 도덕적 완전성의 추구는 어떤 자유재량도 허용하지 않고 법칙에 의해 명확하게 규정되어 완전하게 우리를 구속하는 의무인 것이다. 반면에 정도의 관점에서 도덕적 완전성의 의무를 보면 우리가 도덕적 완전성을 얻고자 노력할 때 우리가 행위를 통해 이 의무를 어느 정도 준수해야하는지가 명확하게 규정되지 않는 불완전한 의무인 것이다.

다음으로 대상과 주체라는 두 관점에서 도덕적 완전성의 의무를 검토해보자. 위의 인용구에서 칸트는 목적으로 삼아 수행해야 할 이념을 대상으로 보는데, 순수성과 도덕적 완전성이 이 대상에 해당한다.[13] 그리고 순수성과 도덕적 완전성을 수행해야 할 목적으로 삼는 것은 의무로부터 모든 의무들을 준수하려는 계발된 효과적 의지를 갖고자 애쓰는 것이다.[14] 대상을 이렇게 이해할 때 대상의 관점에서 완전한 의무인 도덕적 완전성의 의무는 의무로부터 모든 의무를 준수하는 의지를 계발하려고 노력하는 것이 명확히 규정되어 완전한

12 칸트 (2018a), VI404.

13 Cureton & Hill (2015), p. 102. 이 주장은 이미 논의한 칸트의 입장, 즉 도덕적 완전성의 의무가 '신성하라'와 '완전하라'의 두 명령을 가진다는 점에 근거한다고 할 수 있다.

14 Cureton & Hill (2015), p. 102. 덕에 대한 의무지움이 덕의 심정을 추구, 계발, 강화할 의무로 이해할 필요가 있다는 점을 떠올리면 이 주장을 이해할 수 있다.

구속력을 가짐을 뜻한다. 한편 주체의 관점에서 도덕적 완전성의 의무가 불완전한 의무라는 점은 목적의 준칙을 적용하여 의무를 실행하는 행위자를 고려한 주장이다. “행위로써 의무인 동시에 목적인 것이 어떻게 그리고 얼마나 구현되어야 마땅한지를 명확하게 규정하여 제시할 수 없”다는 칸트의 설명은 이를 잘 보여준다.[15] 법칙에 따라 세운 목적의 준칙을 적용하여 행위하는 주체의 관점에서 보면 도덕적 완전성의 의무는 행위자가 내면에 도덕적 완전성과 순수성에 얼마나 다가가야 하는지를 구체적으로 규정하여 제시할 수 없고 따라서 그 구속력은 넓고 불완전하게 되는 것이다.

이처럼 칸트가 도덕적 완전성의 의무를 기본적으로 불완전한 의무로 보면서도 이 의무를 성질과 대상의 관점에서는 완전한 의무이면서 정도와 주체의 관점에서는 불완전한 의무라고 양면적으로 주장하는 이유는 무엇인가? 앞의 인용구 밑줄 친 부분에서 알 수 있듯이 불완전한 의무라는 주장에는 칸트의 도덕심리학이 반영되어 있다. 인간 본성의 유약함은 우리가 의무를 수행할 때 이런 저런 경향이나 충동에 의해 끊임없이 방해받게 되는 상황에 해당된다. 이러한 상황에서 우리는 유덕하게 되는 도덕적 완전성에 온전히 도달할 수 없다. 끊임없는 방해 앞에서 도달하고자 애쓸 뿐이다. 그렇다면 어느 누구도 도덕적 완전성의 의무를 완전하게 달성할 수 없을 뿐만 아니라 최선을 다해도 사람에 따라 또 상황에 따라 그 의무를 수행하는 정도는 다양하지 않을 수 없을 것이다. 따라서 도덕적 완전성의 의무는 낱낱의 행위차원에서 얼마나 그리고 어떻게 구현되어야만 하는지를 명확하게 규정할 수 없는 불완전한 의무에 해당한다. 한편 칸트는 문제의 인용구에 이어서 누구도 자기 자신의 동기가 무엇인

15 칸트 (2018a), VI390.

지 충분히 알 수 없다는 자기 인식의 불충분함 내지 불투명성을 언급한다.[16] 이 점 역시 도덕적 완전성의 의무가 불완전한 의무인 이유에 해당한다. 우리가 이성적 존재로서 준칙들의 도덕적 힘인 덕을 가진다해도 유한한 이성적 존재로서 의무를 준수할 때 전적으로 법칙에 대한 표상으로부터 행위하는지 이익이나 충동이 함께 작용하는지 충분히 알 수 없다면, 도덕적 완전성의 의무가 행위를 통해 얼마나 그리고 어떻게 구현되어야 하는지를 명확하게 규정하는 것은 의미가 없다. 얼마나 구현하는지 측정할 수도 없고 어떤 방식으로 구현해야하는지 세부적으로 알 수도 없기 때문이다. 요컨대 도덕적 완전성의 의무는 인간 본성의 유약함과 자기 인식의 불충분함으로 인해 도달불가능하고 도달여부를 확인하기 어렵다는 점에서 그 의무의 구현과 관련한 구체적인 것을 명확히 규정하여 제시할 수 없는 불완전한 의무가 된다.

도덕적 완전성의 의무가 불완전한 의무인 이유는 칸트의 설명에서 상대적으로 명확하게 드러나는데 반해, 성질이나 대상의 관점에서 완전한 의무인 이유는 그렇지 못하다. 다만 좁고 완전한 의무가 갖는 성격과 덕론의 원리로부터 그 이유를 짐작할 수는 있다. 이미 살펴본 바와 같이 완전한 의무로서 도덕적 완전성의 의무는 우리가 도덕적 완전성에 대한 헌신과 결의를 확고하게 하는 것이 법칙의 절대적 명령으로서 그리고 마땅히 수행해야할 목적으로서 완전한 구속력을 가짐을 함의한다. 도덕적 완전성의 의무가 가진 이러한 의미는 칸트의 의무윤리가 추구하는 도덕성, 구체적으로 필연성과 순수성을 반영한다. 칸트는 도덕적 완전성의 의무를 그 대상과 성질의 관점에서 완전한 의무로 봄으로써 필연성과 순수성을 확보하는 도

16 칸트 (2018a), VI447.

덕성을 추구하는 것이다. 이러한 해석은 덕론의 원리를 도덕형이상학에서 탐색함으로써 확실성과 순수성을 확보하고자 한다는 칸트의 주장에 의해서도 뒷받침된다.[17] 결국 도덕적 완전성의 의무가 불완전한 의무와 완전한 의무인 이유들을 살펴볼 때 도덕적 완전성의 의무에 대한 칸트의 양면적인 입장은 칸트의 의무윤리가 추구하는 도덕성을 확보하면서 동시에 의무를 준수하는 인간의 실제적인 모습을 반영하고 있음을 알 수 있다.

도덕적 완전성의 의무는 칸트가 명시적으로 제시하는, 완전하지만 불완전한 의무라는 점 이외에 또 다른 성격을 갖고 있다. 『윤리형이상학 정초』에서 칸트는 도덕적 완전성을 이상으로 여기면서 이 완전성의 개념을 경험적인 세계의 실례들로부터가 아니라 이성의 선험적 구상을 통해 갖게 된다고 주장한다.[18] 『도덕형이상학』의 덕론에서도 칸트는 도덕적 완전성을 이상으로 보고 이러한 이상을 높이 칭찬하는 일은 반증사례가 주어진다고 해서 그 효력을 상실하지 않는다고 여긴다.[19] 도덕적 완전성이 이상이라면 우리가 도덕적 완전성에 완전히 도달하는 것은 가능하지 않을 것이다. 실제로 칸트는 도덕적 완전성을 고양할 자기 자신에 대한 의무에서는 도달하는 것이 아니라 추구하는 것이 의무이며 이 의무를 따르는 것은 지속적인 전진 속에서만 가능할 뿐이라고 말한다.[20] 도덕적 완전성의 의무가 도달 불가능한, 그럼에도 지속적으로 전진해야만 하는 것이라면 인간은 살아가면서 이 의무를 따르고자 부단히 애써야 하며 이러한 노력은 성숙한 인간에게서조차 계속 진행 중인 과정일 것이다. 이처럼

17 칸트 (2018a), VI376-377 참조.
18 칸트 (2014), IV409.
19 칸트 (2018a), VI406.
20 칸트 (2018a), VI446.

끊임없이 자신을 계발하면서 나아가야한다는 점에서 도덕적 완전성의 의무는 자기개선의 의무a duty of self-improvement에 해당한다.[21]

도덕적 완전성의 의무가 자기개선의 의무인 이유는 무엇보다도 이 의무가 불완전한 의무라는 점과 밀접히 관련되어 있다. 그러나 인간이 본성적으로 유약하고 자기 자신에 대해서조차 충분히 인식할 수 없다는 점 이외에 도덕적 완전성이 어디에 존재하는지 구체적인 방법으로 상상하는 것이 불가능하다는 점도 그 이유에 포함된다.[22] 도덕적 완전성이 일련의 구체적인 것들로 완전하게 확정될 수 있는 것이 아니라는 점에서 우리는 각자의 상황에서 도덕적 완전성에 도달하고자 부단히 노력할 뿐이다. 한편 도덕적 완전성이 도달할 수는 없지만 지속적으로 추구해야만 하는 도덕적인 자기개선의 의무일 때 이 자기개선의 과정은 독특한 성격을 갖는다. 칸트의 다음 주장을 살펴보자.

> "여기서 명령은 '완전하라'이다. 그러나 이 목표를 성취하려는 노력은 인간에게는 언제나 그저 하나의 완전함에서 다른 완전함으로 전진하는 것뿐이다. [그러므로] "덕처럼 여겨지는 것이 있고, 칭찬 들을 만한 일로 여겨지는 것이 있으면 그것을 추구하라."[가 더 정확한 표현이리라]"(밑줄 덧붙임)[23]

21 도덕적 완전성의 의무를 따르는 것을 도덕적인 자기개선(moral self-improvement)으로 보는 입장은 Hill & Cureton (2018), p. 274; Johnson (2011), pp. 16-38 참조. 또한 덕윤리자인 스완톤은 칸트의 덕론에서 유덕하게 되는 것이 가진 이러한 성격은 자기개선의 덕(a virtue of self-improvement)을 제안한다고 주장한다. Swanton (2016), p. 129. 한편 본 장의 범위를 넘어서지만 자기개선을 덕으로 볼 수 있는지는 별도의 논의를 필요로 하는 문제이다.

22 Cureton & Hill (2015), p. 95.

23 칸트 (2018a), VI446.

이 주장에서 알 수 있듯이 도덕적 완전성의 의무를 따르는 자기개선의 과정은 하나의 완전함에서 다른 완전함으로의 지속적인 전진일 뿐이다. 여기에서 무엇보다 흥미로운 점은, 칸트의 강조에서도 드러나듯이, 우리가 성취하고자 행한 노력들을 각각 하나의 완전함으로 간주하는 점이다. 인용구의 밑줄 친 부분에서 우리는 이러한 하나의 완전함이 덕으로 불리는 칭찬할만한 것을 행하는 것임을 짐작할 수 있다. 따라서 칸트는 개별적인 어떤 도덕적 목적에 헌신하여, 다시 말해서 어떤 덕의무를 수행하여 구체적인 어떤 덕을 갖게 되는 것을 하나의 완전함으로 간주한다.

2. 완전하지만 불완전한 의무와 덕들의 통일성

『도덕형이상학』에서 칸트는 순수한 덕론에 적용되는 세 원칙들 중의 하나로 하나의 의무에 대해서는 그 의무지움의 근거가 오직 하나만 존재할 수 있다는 점을 제시하면서 오로지 하나의 덕과 하나의 악덕만이 존재한다는 고대의 잠언에 반대한다.[24] 덕론을 학문적으로 다루기 위한 원칙들 중의 하나에 근거하여 덕이 하나 이상 존재한다고 본 점에서 이 주장은 칸트 덕론의 기본 입장이라고 할 수 있다. 한편 칸트는 "의지와 일체의 의무가 확고한 심정 속에 근거하여 일치하는 데에서 성립하는 덕은 모든 형식적인 것이 그러하듯 하나뿐이고 동일"하지만 "행위들의 목적, 즉 목적이자 동시에 의무이기도 한 그러한 목적, 사람들이 목적으로 삼아야 마땅한 것(실질)과 관련해서는 여러 덕목이 있을 수 있다."고 말한다.[25] 또한 칸트는 "이념

24 칸트 (2018a), VI405.

상으로는 (객관적으로는) 오직 하나의 덕(준칙들의 도덕적 힘)만이 존재하지만, 실제로는 (주관적으로는) 이종적 성질을 지닌 다수의 덕목들이 존재한다."고 주장한다.[26] 형식과 실질로 나누고 또 이념과 현상으로 나누어 각각 전자의 차원에서 덕은 하나뿐이고 동일하지만 후자의 차원에서 덕은 이종적이고 다수가 있다는 이중적 입장은 『이성의 한계 안에서의 종교』에서도 확인된다. 여기에서 칸트는 하나 이상의 덕이 있다는 점에 부정적 입장을 취한 고대의 입장은 이성의 이념에서 고찰하면 당연하지만 인간을 현상에서 판정할 때에는 하나 이상의 덕이 있다고 주장한다.[27]

덕이 다수 존재하지만 또한 하나뿐이라는 칸트의 이중적 입장은 덕들이 개별적이고 분리가능하다고 주장하면서 또한 덕들의 통일성 the unity of the virtues을 인정하는 셈이다. 세부적인 입장들은 다양하지만 일반적으로 덕들의 통일성명제는 어떤 하나의 덕을 갖기 위해서는 다른 모든 덕들을 가져야만 한다는 것을 의미한다.[28] 이처럼 덕들의 통일성을 주장할 경우 덕들이 개별적이거나 분리가능하지 않다고 본다는 점에서 덕들이 개별적이면서 또한 통일적이라는 칸트의 주장이 무엇을 의미하는지, 이러한 이중적 입장이 어떻게 작동하는지 잘 이해가 되지 않는다. 다행이도 유덕하게 되어 모든 덕의 무들을 완전하게 수행하는 것을 의미하는 도덕적 완전성의 의무가 완전하지만 불완전한 의무라는 점은 칸트의 이중적인 덕개념을 이해하는데 도움이 된다. 먼저 덕에 대한 이중적 입장은 도덕적 완전성의 의무에 대한 양면적 입장과 그 주장 방식에서 유사하다. 앞 절

25 칸트 (2018a), VI395.
26 칸트 (2018a), VI447.
27 칸트 (2018a), VI25.
28 Hursthouse (2001), p. 153.

에서 살펴본 바와 같이 칸트에 따르면 도덕적 완전성의 의무는 불완전한 의무지만, 구체적으로 정도와 주체의 관점에서는 불완전한 의무이며 성질과 대상의 관점에서는 완전한 의무이다. 유사하게 칸트는 다수의 이종적인 덕들이 있다고 여기지만, 현상과 실질의 차원에서는 다수가 있고 이념과 형식의 차원에서는 하나뿐이라고 주장한다.

주장 방식에서의 유사성에서 나아가 완전하지만 불완전한 의무에 대한 세부 설명은 하나뿐이지만 다수가 있다는 덕개념의 의미를 파악할 수 있도록 해준다. 먼저 형식과 이념상 하나의 덕만이 존재한다는 주장을 검토해보자. 형식적인 것으로서의 덕은 의지의 형식적인 부분이 규정되는 것, 구체적으로 심정 속에서 의지와 일체의 의무가 일치하는 것이다. 이러한 덕의 심정은 의무로부터 행위하는 심정에 다름 아니다. 또한 이념적으로 덕은 순수 이성의 산물이며 의무를 준수하는 준칙이 가진 강함이다. 이렇게 볼 때 형식과 이념의 차원에서 이해된 덕, 다시 말해서 의무로부터 행위하는 심정이나 의무를 준수하는 준칙의 강함은 바로 의무로부터 모든 의무들을 준수하려는 확고한 헌신과 결의이다. 이것은 앞 절에서 설명한 바와 같이 완전한 의무로서의 도덕적 완전성의 의무를 따르는 것이며 이런 종류의 덕은 하나뿐이다. 우리가 문제의 헌신과 결의를 갖느냐 마느냐가 있을 뿐이고 가질 경우 덕이 존재하고 갖지 못하면 덕이 존재하지 않기 때문이다.

도덕적 완전성의 의무가 완전한 의무로서 갖는 성격이 형식적, 이념적 측면에서 하나뿐인 덕을 파악할 수 있도록 해준다면, 이 의무가 불완전한 의무로서 갖는 성격은 실질과 현상의 측면에서 다수의 덕들이 있다는 주장을 이해하는데 유용하다. 실질의 측면에서 덕은 그 자체로 의무인 것이 우리 자신의 의지의 대상, 즉 목적이 되어 의지의 실질적인 부분이 규정되는 것이다. 이때 우리는 덕의무를 수행하게 되고 개별적인 덕을 갖게 된다. 또한 현상적 측면에서 보면 유한한 자연존재인 인간은 순수 이성의 산물인 준칙의 강함을 가지고 실제적 차원에서 의무의 준수를 방해하는 자연적 충동과 경향을 물리치면서 덕의무를 수행하고 덕을 갖게 된다. 실질과 현상의 측면에서 덕이 갖는 이러한 성격은 이 덕을 갖는 것이 불완전한 의무로서의 도덕적 완전성의 의무를 수행하는 것임을 알려준다. 도덕적 완전성의 의무를 따를 때 우리가 행위를 통해 이 의무를 구현하는 정도는 다양할 수밖에 없다. 법칙에 따라 세운 목적의 준칙을 적용하여 행위하는 것은 일률적으로 명확하게 규정될 수 없는 것이다. 마찬가지로 경험적 차원에서 의무의 준수를 방해하는 자연적 충동이나 경향들을 어떻게 그리고 얼마나 극복하느냐는 것은 일률적이지 않고, 어떤 도덕적 대상을 어떻게 우리의 목적으로 채택하느냐는 것도 다양하다. 따라서 실질과 현상의 측면에서 보면 다수의 덕들이 있게 된다.

지금까지 하나뿐이지만 이종적인 다수가 존재한다는 칸트의 이중적 덕개념을 완전하지만 불완전한 의무라는, 도덕적 완전성의 의무에 대한 칸트의 양면적인 입장을 통해 살펴보았다. 이제 칸트의 이중적 덕개념이 덕윤리적 논의에서 어떤 의미를 갖는지 검토해보자. 덕이 통일적인지 아니면 개별적이고 분리가능한지는 덕윤리적 논의에서 쟁점 중의 하나이다. 덕을 일종의 지식으로 보는 소크라테스나 실천적 지혜를 갖게 되면 모든 도덕적 덕을 갖게 된다고 보는 아리스토텔레스는 덕들의 통일성을 인정한다. 한편 현대의 덕윤리자들은 덕들의 통일성명제를 인정하지 않는 경향이 있다.[29] 덕들의 통일성과 개별성에 대한 논의에서 주목할 점은 이 두 입장이 덕을 최상위의 완전한 것으로 보느냐 아니면 현실 세계를 반영한 것으로 보느냐와 밀접하게 관련되어 있다는 사실이다. 덕들의 통일성을 인정하지 않는 입장들은 실제 세상에서는 모든 덕을 가진 사람을 발견하기 어렵고 어떤 덕을 갖지만 다른 덕을 결여한 경우들이 많다는 점에서 덕들의 통일성은 현실적으로 입증되지 않는다고 보는 경향이 있다. 예컨대 스완톤Christine Swanton에 따르면 불완전한 실제 세계를 수용할 경우 완전하게가 아니라 충분한 정도로 덕을 가지면 덕을 가졌다고 할 수 있는, 충분 혹은 문턱 개념a satis or threshold notion으로 덕을 이해하게 되고 이에 따라 덕들은 통일적이지 않게 된다.[30] 충분 혹은 문턱 개념에서는 예컨대 배려의 덕을 소유할 만큼 충분히 배려적이지 않고서도 정의의 덕을 소유할 만큼 충분히 공정한 것이 가능하기 때문이다.[31] 스완톤은 실제 세계를 반영한 덕에 대한 충분개념은 덕들의 통일성명제가 거짓임을 보여준다고 주장하는 것이다. 한편 어윈T. H. Irwin은 소크라테스, 플라톤, 아리스토텔레스를 포함하는 고대의 철학자들은 덕들이 분리될 수 있다는 당시의 상식적인 믿음을 거절하고 덕들의 통일성을 주장했는데 이들이 그렇게 한 이유에는 덕을 고귀하며 최상위에 있는 것으로 보는 입장이 있다고 설명한다.[32] 어윈에 따르면 올바른 사용을 보장하는데 어떤 다른 것도 필요로 하지 않는 상태로 덕을 파악하는, 덕에 대한 최상위명제the supremacy thesis를 수용할 경우 용감한 사람은 직면할 가치가 있는 위험과 그렇지 않은 위험이 무엇인지 다시 말하면 무엇이 정의인지

29 Williams (1998), p. 628.
30 Swanton (2017), p. 212.
31 Swanton (2017), p. 212.
32 Irwin (1996), p. 53.

알고 있을 것이며 이런 점에서 드러나듯이 덕들의 통일성을 부정하기는 어려워진다.[33] 그 자체만으로 올바른 사용이 보장되는, 최상위에 있는 것으로 덕을 볼 경우 덕들은 분리가능하지 않다는 것이다. 반면에 어윈은 덕들의 통일성을 부정하고 은행 강도가 용기의 덕을 보여준다고 생각하는 것은 덕을 잘 혹은 나쁘게 사용될 수 있는 단순한 자산으로 저하시키는 것이며 잘 사용하기 위해 다른 무언가를 필요로 하는 것으로 보는 셈이라고 설명한다.[34]

덕들의 통일성을 주장하면서 최상위의 완전한 것으로서 덕이 갖는 가치와 지위를 확보하느냐 아니면 덕들의 통일성을 부정하면서 현실적합성을 갖는 덕을 추구하느냐의 문제는 일종의 딜레마처럼 보인다. 이 문제에서 칸트는 양자택일을 하지 않는다. 또한 그는 덕들의 통일성과 덕의 가치를 다소 약화시키면서 현실적합성을 어느 정도 충족시키는 절충적 방식을 취하지도 않는다.[35] 소크라테스나 아리스토텔레스가 덕을 일종의 지식이나 지혜로 보고 덕들의 통일성을 주장하는 것처럼 칸트는 덕을 순수 실천이성의 산물로 보고 덕들의 통일성을 인정한다. 그러나 칸트는 이러한 통일성을 이념적, 형

33 Irwin (1996), pp. 53-54. 이러한 최상위명제가 주장하는 바는 덕들의 통일성을 인정하는 주장들에서 일반적으로 확인되는 덕의 기능에 해당한다. 예컨대 맥도웰(John McDowell)은 어떤 단일한 덕이 올바른 행위를 산출하기 위해서는 다른 덕들에 대한 민감성을 가져야 하고 그러한 덕들의 요구를 조정할 수 있어야하기 때문에 하나의 덕은 다른 모든 덕들을 소유하지 않고서는 완전히 소유될 수 없다고 주장한다. McDowell (1979), p. 333. 또한 아리스토텔레스가 생각하는 phronimos가 가진 특정 덕에 대한 이해가 다른 덕들과 악덕들에 대한 이해와 본질적으로 연결되어 있다는 허스트하우스의 설명에서도 유사한 입장을 발견한다. Hursthouse (2015), p. 49.

34 Irwin (1996), p. 53.

35 예컨대 스완톤이 주장하는 덕들의 통합명제나 허스트하우스가 주장하는 덕들의 제한된 통일성 내지 약한 통일성명제가 이러한 절충적 입장에 해당할 것이다. Swanton (2017), pp. 211-212; Hursthouse (2001), pp. 155-156 참조.

식적 차원에 제한한다. 그리고 현상적, 실질적 차원에서는 덕들이 개별적이고 분리가능하다고 본다. 이념과 형식의 차원에서 하나뿐인 덕은 완전한 의무로 이해된 도덕적 완전성의 의무를 준수하는 것이다. 그리고 우리는 앞 절에서 이러한 의무는 필연성과 순수성을 확보하는 도덕성을 추구하는 것임을 살펴보았다. 따라서 이념과 형식의 차원에서 덕이 하나뿐이라는 주장을 통해 칸트는 도덕성의 절대적 가치를 추구한다고 할 수 있다. 또한 현상과 실질의 차원에서 덕을 갖는 것은 불완전한 의무로서의 도덕적 완전성의 의무를 수행하는 것이다. 그리고 앞 절에서 논의한 바와 같이 인간 본성이 유약하고 자기 인식이 불충분하다는 도덕심리학적 사실들 때문에 칸트는 도덕적 완전성의 의무가 불완전한 의무가 된다고 주장한다. 다수의 이종적 덕들이 있다는 칸트의 주장은 경험적 사실을 반영하는 것이다. 여기에서 우리는 칸트가 현실적 적합성을 갖는 덕을 추구하고 있음을 알 수 있다. 결국 칸트는 하나뿐이지만 다수의 덕들이 존재한다는 이중적 주장을 통해 덕의 고귀한 가치와 현실적합성을 모두 확보하고자 한다고 볼 수 있다.

그러나 칸트의 이중적 입장에 담긴 의도 내지 기대가 잘 실현되기 위해서는 두 차원의 덕이 잘 작동해야 한다. 특히 칸트의 이중적 입장에 따를 경우 하나의 형식적 덕을 가져도 실질적 덕들을 모두 갖지는 않을 것이기 때문에 어떤 실질적 덕들을 획득하지만 다른 실질적 덕들을 획득하지 못하는 경우가 어떻게 발생하는지를 해명하는 것이 두 차원의 덕의 관계에서 관건이 된다. 하나의 형식적 덕을 가져도 어떤 실질적 덕을 갖는데 실패할 수 있다는 것은 우리가 유덕한 심정, 즉 의무로부터 행위하는 심정을 갖고 어떤 도덕적 대상을 우리의 목적으로 삼지만 다른 대상을 우리의 목적으로 삼지 않을 수 있다는 것이다. 예컨대 다른 사람의 권리를 존중하는 것과 같은 목적에 대한 나의 헌신이 강하지만 다른 사람의 행복과 같은 또 다른 목적에 대한 헌신이 약하면 나는 하나의 덕을 가지고 다른 덕을 결여할 수 있다.[36] 그 자체로 의무인 목적들이 다양하고 이러한 다양한 목적들에 대한 우리의 헌신도 다양할 수 있는 것이다.

덕의 심정을 가졌지만 어떤 도덕적 대상을 목적으로 삼는 헌신을 보여주지 못했다면 그것은 행위자가 이성적 준칙의 강함을 가졌지만 실제적으로 부딪히는 충동이나 경향들로 인한 장애물을 극복할 정도의 강함을 경험적 차원에서 갖지 못한 것이다. 이러한 상황을 설명해줄 하나의 단서를 『이성의 한계 안에서의 종교』에서 찾을 수 있다. 이 책에서 칸트는 도덕법칙에 대한 존경의 동기는 우리가 결코 잃어버릴 수 있는 것이 아니기 때문에 선의 근원적 소질을 회복한다는 것은 도덕법칙에 대한 존경의 동기를 잃어버렸다가 다시 획득하는 것이 아니라 이 동기가 다른 동기들과 결합되거나 다른 동기들에 종속되었던 것으로부터 그 자신만으로 충분한 동기가 되도록 도덕법칙의 순수성을 복구하는 것이라고 설명한다.[37] 여기에서 칸트는 경험적인 성격에서의 덕(현상체 덕)과 예지적인 성격에서의 덕(예지체 덕)을 구별한다. 현상체 덕은 의무를 준수하는, 습성이 된 확고한 결의의 경험적 측면에 해당하며, 오랜 습관을 통해 자신의 태도를 점차 개혁하고 악덕으로의 성벽을 이겨내고 자신의 준칙을 공고히 하면서 차츰차츰 획득되는 것이다.[38] 한편 우리가 의무를 인식할 때 의무의 표상 이외에는 어떤 동기도 필요로 하지 않는 인간일 경

36 Wood (1999), p. 330.
37 칸트 (2011), VI46.
38 칸트 (2011), VI47.

우 예지체 덕이 있게 되며, 이러한 예지체 덕은 심정의 변화라는 혁명을 통해 이루어진다.[39] 그리하여 칸트는 선한 사람이 되기 위해서는 “사유방식에 대해서는 혁명이, 그러나 (저러한 방해들에 대립하는) 기질에 대해서는 점진적인 개혁이 필연적”이라고 설명한다.[40]

칸트의 설명에 따른다면 예지체 덕은 하나의 형식적 덕에 그리고 현상체 덕은 다수가 존재하는 실질적 덕에 관련한다. 이런 관련성을 놓고 볼 때 이성의 결단을 통해 하나의 형식적 덕을 갖는다 해도 경험적 차원에서 부딪치는 장애물들을 물리치는 강함인 실질적 덕들을 위해서는 오랜 습관과 태도의 개혁이 필요하다. 예지체 덕과 현상체 덕을 설명한 후에 칸트는 우리가 사유방식을 전환하는 결심을 할 때 “원리와 사고방식의 면에서 선을 수용할 수 있는 주체”이지만 “연속적인 활동작용과 생성[되어감]속에서만 선한 인간인 것이다.”고 말한다.[41] 선을 수용할 수 있는 주체와 선한 인간에 대한 칸트의 구분은 하나의 형식적 덕을 가짐으로써 선을 수용할 수 있는 주체가 된다고 해도 습관과 태도의 개혁을 이루지 못하면 실질적인 덕들을 획득한 선한 사람이 될 수 없음을 알려준다. 즉 습관과 태도의 개혁을 이루어가는 과정에서 법칙에 대한 존경의 심정이 가진 순수성을 잃고 부패해서 어떤 도덕적 대상을 우리 자신의 목적으로 삼지 못하면 덕을 획득하는데 실패하는 경우들이 발생하게 되는 것이다.[42]

하나의 형식적 덕을 갖지만 어떤 실질적인 덕을 갖지 못하는 경우

39 칸트 (2011), VI47.
40 칸트 (2011), VI47.
41 칸트 (2011), VI48.
42 이러한 부패는 이성에 따른 그의 준칙의 굳셈이 충동과 경향에 따른 장애물을 극복하지 못함을 의미한다. 구체적으로 어떤 종류의 장애물인지, 장애물이 어느 정도의 강도를 가졌는지, 또 행위자가 어떤 감정 상태인지 등등 여러 경험적 요인이 부패하여 실질적인 덕을 획득하지 못하는데 영향을 미칠 수 있다.

에 대한 이러한 해석은 칸트의 이중적 덕개념이 어떻게 작동하는지를 설명해준다. 그러나 이러한 해석에는 난점이 있다. 형식적인 덕을 갖지만 실질적인 어떤 덕을 갖는데 실패하는 경우는 부덕에 해당할 것이다. 이렇게 생각할 여지는 우선 선을 수용할 수 있는 주체가 아직 선한 인간은 아니라는 칸트의 주장에서 발견된다. 칸트의 주장처럼 동시대의 칸트주의자인 데니스Lara Denis는 합리적 본성을 존중하기 위해 할 수 있는 모든 것을 결여한다 해도 여전히 합리적 본성을 존중할 수 있다고 설명한다.[43] 그밖에 부덕에 대한 칸트의 설명에서도 형식적 덕을 갖지만 부덕할 가능성을 발견한다. 정념과 관련지어 부덕을 묘사하면서 칸트는 우리가 성급한 기질에 해당하는 정념을 가질 때 이성이 "덕개념을 들어 우리에게 마음을 가라앉히라고 주문"한다고 말하다.[44] 부덕에 이성의 이념으로서의 덕이 존재한다는 점에서 부덕할 때에도 형식적 덕을 가질 수 있는 것이다.

그러나 형식적 덕을 갖고 있어도 어떤 실질적인 덕들을 결여하여 부덕할 수 있다면 이때의 형식적 덕은 무엇인지, 과연 이것이 덕일 수 있는지 의문이 든다. 형식적 덕을 갖지만 부덕할 수 있다고 보는 것은 순수 이성에서 비롯하는 의지의 강함은 이성의 이념상 강함이고 이 강함은 형식적, 이념적 차원에 국한되며 현상적 차원에서 충동이나 경향을 물리치고 우위를 얻는 것은 다른 문제라고 주장하는 셈이다. 그러나 덕이 의무준수를 방해하는 장애물을 물리치는 강함이라고 한다면 그리고 형식적 덕을 가져도 장애물을 물리치지 못할 수 있다면 형식적 덕이 갖는 강함이 도대체 무엇인지 이것이 과연 강함으로서의 덕일 수 있는지 반문할 수 있다. 이렇게 이해되는 형

43 Denis (2007), p. 514.
44 칸트 (2018a), VI408.

식적 덕은 선의지와 다를 바가 없어 보인다. 만일 선의지와 형식적 덕의 경계가 불분명하게 된다면 덕은 사소한 것이 되고 말 것이다. 칸트에게 있어서 덕은 선의지와 달리 획득된 능력이고 도덕적 감정에 관련한다는 점을 고려하면[45] 형식적인 것으로서의 덕이 과연 덕인지, 형식적인 덕이 선의지와 달리 가지고 있는 것이 무엇인지 궁금하지 않을 수 없다.

한편 형식적인 덕을 가진 사람이 또한 악덕할 수 있는지 생각해보자. 형식적 덕에 따라 어떤 덕들을 갖고 다른 덕들을 결여할 수 있지만 이때의 덕들이 순수한 도덕적 헌신을 반영한다면 또한 악덕을 갖지는 않는다고 볼 수 있다.[46] 그러나 형식적 덕을 갖고 부덕할 수는 있지만 악덕할 수는 없다고 보는 것은 실질적으로 이종적인 다수의 덕들이 존재한다는 칸트의 주장이 옹호하는 덕들의 개별성을 훼손할 여지가 있다. 악덕할 가능성의 부정은 실질적 차원에서 덕들이 어느 정도 통합적이라는 것을 인정하는 것이 될 수도 있기 때문이다. 따라서 칸트의 덕개념에서 형식적 덕을 갖고 악덕할 가능성을 전적으로 배제하기는 어려워 보인다. 그러나 형식적 덕을 가진 사람이 어떤 실질적 덕들을 갖지만 어떤 실질적 악덕들도 가진다면 형식적 덕을 가져도 유덕할 수도 악덕할 수도 있게 되고 여기에서 우리는 형식적 덕이 도대체 무엇인가 반문하지 않을 수 없다. 칸트가 형식적인 덕에 대한 세부적인 설명을 충분히 제공하고 있지 않은 상황에서 그의 이중적 덕개념은 형식적 덕이 어떤 덕인지 그 실체를 명확하게 규명할 과제를 안고 있다.

45 칸트 (2018a), VI477, 387, 408-409.
46 Denis (2007), p. 519.

3. 자기개선의 의무와 이상으로서의 덕

1절에서 우리는 도덕적 완전성의 의무가 자기개선의 의무이며 이 자기개선의 과정이 하나의 완전함에서 다른 완전함으로의 지속적인 전진임을 살펴보았다. 도덕적 완전성의 의무가 가진 이러한 성격으로부터 우리는 칸트의 덕개념이 이상적 덕개념에 속함을 알 수 있다. 덕의 획득을 의미하는 도덕적 완전성이 결코 도달할 수 없는 이상이라면 완전히 유덕하게 되는 것 역시 결코 성취할 수 없는 이상일 것이기 때문이다. 실제로 칸트는 객관적으로 고려될 경우 덕은 도달 불가능함에도 계속 접근해가야만 하는 이상이며 따라서 언제나 진보 과정에 있는 것이라고 주장한다.[47] 한편 하나의 완전함에서 다른 완전함으로의 지속적인 전진이라는 자기개선의 과정은 칸트의 이상적 덕개념을 복잡하게 만든다. 자기개선의 지속적인 과정에서 우리가 도달하는 하나의 완전함은 개별적인 어떤 도덕적 목적을 수행하여 구체적인 어떤 덕을 갖는 것을 의미한다. 여기에서 하나의 완전함으로 이해되는 개별적인 덕이 도달 가능한 것임을 알 수 있다. 물론 칸트가 도달 불가능한 이상으로서의 덕개념을 버린 것은 아니다. 여전히 헌신해야할 다른 많은 도덕적 목적들이 있고 획득해야할 많은 덕들이 있기 때문에 어떤 개별적인 덕을 갖고 하나의 완전함에 도달하는 것은 유덕하게 되어 도덕적 완전성에 도달하는 것과는 거리가 멀다.[48] 이처럼 완전히 유덕하게 되는 것은 불가능하지

47 칸트 (2018a), VI409.

48 이처럼 도덕적 완전성이 도달할 수는 없지만 지속적으로 추구해야만 하는 이상이고 도덕적 완전성의 의무가 자기개선의 의무이기 때문에 우리는 이상으로서의 덕을 추구할 때 구체적인 덕의 목록을 일반화하여 확정할 수 없다. 대신 우리는 각자의 상황에 맞춰 덕의 이상을 추구하게 된다. 우드는 칸트가 덕의 목록을 제시하지 않는 이유는 한 사람이 필요로 하는 덕이 그들의 목적과 삶

만 어떤 구체적인 덕들을 갖는 것은 가능하다고 보는 칸트의 덕개념은 도달 불가능한 이상으로서의 성격과 도달 가능한 것으로서의 성격을 이중적으로 담고 있다는 점에서 전형적인 이상적 덕개념과 차이가 있다.

이러한 이중적 덕개념은 전형적인 이상적 덕개념이 직면하는 몇몇 문제들을 피해갈 수 있는 이점을 갖는다. 먼저 이상적 덕개념이 유덕하고자 애쓰는 과정에서 우리가 행하는 노력들을 제대로 인정하지 못한다는 문제를 살펴보자. 도덕적 완전성을 도달 불가능한 이상으로 볼 경우 자기개선을 위해 애쓰는 우리의 모든 노력들은 유덕하고자 애쓰는 과정으로서의 의미를 갖는다. 그러나 평생에 걸쳐 부단히 노력하지만 도덕적 완전성에 도달하지 못한다는 점에서 우리의 삶은 언제나 그리고 끝까지 부족이나 미완성에 그치고 만다. 이것은 우리 삶의 의미와 가치를 제대로 평가하는 것이 아니다. 부단한 노력으로 점철되는 우리의 삶이 유의미한 것이 되기 위해서는 살아가면서 행하는 우리의 모든 노력이 가진 과정으로서의 가치뿐만 아니라 그러한 노력이 갖는 그 자체의 가치를 인정할 필요가 있다. 칸트의 덕개념은 이러한 필요를 충족시킬 수 있다. 칸트는 도덕적 완전성을 향해 노력하는 과정에서 우리가 어떤 도덕적 목적을 달성할 때 이러한 달성을 하나의 완전함으로 본다. 그리고 이를 통해 우리는 어떤 개별적인 덕에 도달한다. 이처럼 도덕적 완전성을 얻고자 노력하면서 우리가 어떤 도덕적 목적을 추구하는 것을 하나의 덕, 하나의 완전함으로 간주함으로써 도덕적인 자기개선의 과정에서 우리가 행한 노력이 그 자체로 충분한 가치를 갖는다고 인정할 수 있

의 계획에 따라 다양해서 우리 모두에게 속하는 일반화된 덕의 목록을 만들 수 없기 때문이라고 설명한다. Wood (2015), p. 70.

게 된다.[49]

자기개선을 향한 노력이 갖는 그 자체의 가치를 인정하는 것은 전형적인 이상적 덕개념이 직면하는 또 다른 문제로부터 자유로울 여지를 제공한다. 이상적 덕개념에 따르면 우리 대다수는 유덕하게 되지 못하고 인격적 결함을 지닌 사람이 되고 만다. 이런 상황에서 우리는 왜 굳이 유덕하게 되려고 애써야 하는지 의문을 가질 수 있고 이러한 의문은 유덕하게 되려는 동기를 약화시킬 수 있다. 하지만 칸트는 도달 불가능한 도덕적 완전성의 의무를 따르는 과정에서 특정의 도덕적 목적을 추구하는 우리의 노력이 그 자체로 가치가 있다는 것을 인정하고, 이러한 인정은 유덕하게 되기 위해 지속적으로 노력하도록 우리를 이끌 수 있다. 도덕적 완전성을 향한 하나의 추구가 완전함으로 간주되고 이러한 추구가 개선이나 진보의 과정을 이룸으로써 우리는 또 다른 추구들을 지속적으로 해나가도록 촉진되는 것이다.

전형적인 이상적 덕개념과 달리 칸트의 덕개념이 가진 이러한 이

49 물론 자기개선의 과정 자체가 갖는 가치를 인정하는 칸트의 방식은 개선이나 발달의 과정에 상대적인 덕을 인정하는 방식과는 차이가 있다. 과정 자체의 가치를 인정하여 개선이나 발달에 상대적인 덕을 주장할 경우 미성숙한 혹은 탁월성에 못 미치는 것도 덕이 되고 만다. 그러나 자기개선의 과정을 그 자체로 가치 있는 것으로 인정할 때 칸트는 과정에 상대적인 덕개념이 아니라 하나의 완전함으로서의 덕개념을 적용하고 있다. 그는 어떤 도덕적 목적을 달성하여 하나의 덕을 갖는 것을 하나의 완전함이라고 봄으로써 덕이 덕으로서 갖추어야 할 규범적 측면을 확보한다. 뿐만 아니라 우리가 추구해야할 도덕적 목적들, 다시 말해서 우리가 가져야 할 덕들이 여전히 남아있기 때문에 완전히 유덕해지는 도덕적 완전성은 도달할 수 없다고 주장한 점에서 칸트는 이상으로서의 덕개념도 함께 가지고 있다. 개선이나 발달의 과정에 상대적인 덕개념을 통해 과정의 가치를 인정하는 방식과 달리 칸트의 방식은 과정 그 자체가 가진 가치를 인정하면서 동시에 덕개념의 이상적 가치를 확보하고자 한다. 발달과정에 상대적인 덕에 대한 주장을 위해서는 예컨대 Swanton (2016), pp. 123-128 참조.

점은 도달 가능한 덕과 도달 불가능한 덕이 잘 작용할 때 발휘될 것이다. 이러한 작용에서 특히 주목할 부분은 두 종류의 덕을 모두 완전성으로 간주하는 점이다. 도덕적 완전성은 덕의 심정을 갖고 덕의무를 완전하게 수행해서 이런 저런 덕들을 모두 갖게 되는 것이다. 그리고 이러한 완전성은 도달 불가능한 이상이다. 그런데 어떤 도덕적 목적을 추구하여 하나의 덕을 갖게 되는 것을 완전함, 다시 말해서 완전성으로 보는 것은 납득이 잘 가지 않는다.[50] 이종적 성질을 지닌 여러 덕들을 모두 달성하는 것을 도덕적 완전성으로 보면서 그러한 덕들 각각을 갖게 되는 것 역시 각각의 완전성으로 보기 때문이다. 개별적인 어떤 도덕적 목적에 헌신한다고 해도 도덕적 완전성에 도달하기 위해서는 여전히 헌신해야할 많은 다른 도덕적 목적들이 남아있는데도 불구하고 개별적인 어떤 도덕적 목적에 헌신하는 것을 완전성으로 간주하는 근거는 무엇인가? 이 물음의 답을 위해 칸트의 완전성개념을 살펴보자. 자신의 완전성을 설명할 때 칸트는 자신이 다루는 완전성은 선험철학에 속하는 개념인, 사물을 이루는 다양함의 전체가 아니라 목적론에 속하는 개념인, 사물의 성질이 어떤 목적에 합치함을 의미한다고 밝힌다.[51] 그리고 그는 전자를 오직 하나만 있을 수 있는 양적(질료적) 완전성으로, 후자를 하나의 사물에서 여러 개가 있을 수 있는 질적(형식적) 완전성으로 설명한다.[52] 칸트의 설명은 그가 사변적인 형이상학이 아니라 순수 실천이성에

50 도덕적 완전성과 하나의 완전함에 해당하는 영역본과 독일어 원전을 살펴보면 완전성과 완전함 모두 같은 단어인 perfection과 Vollkommenheit이다. 이것은 완전함이 기본적으로 완전성과 다른 의미가 아님을 보여준다. Kant (2016), p. 241; Kant (1991), p. 222.

51 칸트 (2018a), VI386.

52 칸트 (2018a), VI386.

따라 완전성을 이해한다는 것을 보여준다. 칸트는 이성에 의해 창조될 수 있는 이상인 완전성은 우리의 선택능력의 완전성이지 우리의 자연적 조건의 완전성이나 우리의 자연적 욕구의 완수가 아니라고 여긴다.[53] 따라서 도덕성의 목표가 되는 완전성은 도덕적인 대상들을 우리 자신의 목적으로 삼아 실현하는 우리의 선택들에 있고 이러한 대상들이 다수가 있기 때문에 완전성이 여러 개가 있을 수 있다. 완전성에 대한 이러한 이해에 따를 경우 우리가 덕의 심정을 가지고 인간으로서 마땅히 가져야하는 어떤 도덕적 목적을 채택하는 선택을 한다면 우리는 하나의 완전성에 이르게 된다. 또 우리가 다른 도덕적 목적을 채택하여 추구한다면 그때 우리는 또 다른 완전성에 이르게 된다. 구체적으로 어떤 도덕적 목적을 채택하느냐에 따라 우리가 이루는 완전성은 여러 개가 가능하겠지만 기본적으로 이러한 것들은 우리의 선택이 우리가 마땅히 가져야하는 목적에 합치한다는 점에서 모두 완전성이라고 할 수 있다. 물론 이 완전성은 성질이 목적에 합치한다는 질적, 형식적 차원을 충족시켜 이룬 완전성이다.

그렇다면 칸트의 완전성개념은 도달 불가능한 도덕적 완전성에도 적용되는가? 어떤 한 목적에 합치해서 완전성을 위한 형식적 차원을 충족시킨다고 해도 여전히 합치해야할 여러 목적들이 존재하기 때문에 도덕적 완전성은 도달불가능하다. 도달 불가능한 도덕적 완전성을 이렇게 이해할 때 여기에서의 완전성이 칸트가 주장하는 질적, 형식적 완전성에 해당하는지 다소 의문이 든다. 질적, 형식적 완전성

53 Guyer (2015), p. 210. 완전성이 우리가 추구할 이상이라고 할 때 칸트는 이성의 이념은 우리에게 이상, 즉 실제가 어떠한지의 확정적인 인식이 아니라 실제가 어떠해야하는지의 개념을 제시할 수 있으며 순수이성의 실천적 사용은 우리가 세계를 변형할 때 따라 행해야만 하는 이상을 산출해준다고 주장한다. Guyer (2015), p. 206.

의 개념을 적용한다면 아직 합치하지 못한 목적들이 있다 해도 어떤 목적들에는 합치했다는 점에서 도달한 완전성들이 존재한다고 볼 수 있기 때문이다. 가능한 모든 목적에 합치하지 못했기 때문에 도달 불가능한 완전성이라고 한다면 이때의 완전성은 하나의 사물에서 다수가 있을 수 있는 질적, 형식적 완전성을 의미하는 것이 아닐 수도 있을 것이다. 이처럼 도달 불가능한 이상으로서의 도덕적 완전성에서 완전성이 어떤 성격의 것인지 불분명하다는 점은 이러한 완전성에 대응하는 객관적으로 고려된, 도달 불가능한 이상으로서의 덕이 무엇인지 명확하게 파악하기 어렵다는 것을 보여준다.

도덕적 완전성의 의무를 따르는 것은 유덕한 사람, 도덕적으로 선한 사람이 되는 것이다. 도덕적 완전성의 의무가 가진 완전하지만 불완전한 의무와 자기개선의 의무라는 성격을 통해 살펴볼 때 칸트의 복잡한 덕개념은 그의 의무윤리체계가 제시하는 도덕성을 그대로 추구하면서 의무의 수행에 관련되는 실제적 차원을 반영하고자 한다는 것을 알 수 있다. 이러한 덕개념이 효과적으로 작동한다면 동시대의 덕윤리적 논의에서 쟁점이 되는 덕들의 통일성과 이상적 덕개념에 관련된 문제들을 해결할 것으로 기대된다. 물론 칸트의 이중적이고 복잡한 덕개념에서 형식적인 덕 내지 객관적으로 고려된, 이상으로서의 덕의 실체를 명확하게 파악하기 어렵다는 점은 문제가 된다. 이 문제는 기본적으로 의무의 준수에 관련되는 현상적 차원을 다루는 덕론을 의무윤리에 근거 짓는 과정에서 형식과 이념으로서의 덕이 불명확하게 드러난 점에서 기인한 듯하다. 또한 칸트가 이러한 덕에 대한 세부적인 설명을 주고 있지 않다는 점에서 비롯한 면도 있다. 따라서 의무윤리에 근거한 덕론의 전체적인 체계에 어긋나지 않으면서 형식과 이념의 차원에서 덕이 무엇인지를 구체화하는 것은 칸트의 덕개념에 대한 연구에서 중요한 과제가 된다. 이러한 과제가 잘 수행된다면 칸트의 덕론은 규범적 가치를 존중하면서 현실적 상황을 적절히 반영하는 덕개념을 제시할 수 있다는 점에서 덕윤리를 위한 최선의 모델 내지 대안적 모델이 될 가능성이 있다고 생각한다.

제5장 선의지, 덕, 그리고 의지의 약함*

칸트윤리학은 선의지를 도덕성의 기초로 삼고 선의지에 따라 의무로부터 행위하는 것을 도덕적 행위로 규정하는 의무론으로 이해되어왔다. 이러한 의무론적 윤리이론은 그의 『윤리형이상학 정초』에 잘 나타나있다. 한편 『윤리형이상학 정초』가 나온 지 12년 뒤에 출간된 『윤리형이상학』에서 칸트는 의무이론으로서의 윤리학이 덕이론이라고 주장하면서 동시에 의무이자 목적인 덕의무들을 중심으로 덕이론을 제시한다. 따라서 칸트의 덕이론이 그의 의무론적 윤리체계와 어떤 관계에 있는지는 중요한 관심사가 아닐 수 없다. 본 장에서는 칸트의 덕개념이 가지는 성격과 이 덕개념이 칸트의 윤리체계에서 차지하는 의미를 살펴보면서 이러한 관심사의 한 부분을 고찰하고자 한다. 이를 위해서 먼저 덕이 칸트의 의무론적 윤리이론에서 도덕성의 기초가 되는 선의지와 어떤 관계에 있는지 고찰할 것이다. 이러한 고찰에서 흥미로운 점은 칸트의 덕이론에서 덕의 결여인 부덕과 선의지가 양립가능하다고 여겨진다는 점이다. 덕이 의지의 도덕적 강함으로 이해되고 덕의 결여인 부덕이 도덕적 약함 즉 소위 의지의 약함에 해당된다고 할 때,[1] 선의지를 가짐에도 부덕이 발생

* 본 장에서는 기발표된 원문에서 법칙에 대한 존경과 자제에 대한 논의를 포함하는 일부 내용들을 수정하였음을 밝힌다.

1 칸트는 덕의 결여, 즉 부덕을 "도덕적 강함의 결여(道德的 缺陷)", "도덕적 약함"이라고 말한다. 칸트 (2012), VI390, 384. 덕이 의지의 도덕적 강함이라는 점에서 도덕적 약함으로서의 부덕은 소위 의지의 약함에 해당할 수 있다. 여기

하는 요인이 무엇인지 살펴보면서 덕과 부덕의 차이를 파악하고자 한다. 이러한 고찰을 통해 덕의 성격을 규명하고 이러한 성격의 덕이 칸트윤리학에서 가지는 의미를 살펴볼 것이다.

1. 덕과 선의지

『윤리형이상학 정초』에서 칸트는 덕을 "윤리적으로 선한 마음씨"로 설명한다.[2] 덕은 이 책에서 대략 다섯 번 정도 논의되는데, 이러한 제한된 논의에서 칸트가 반복적으로 강조하는 것은 덕이 순수한 실천이성에 근거를 둔다는 점이다. 윤리성이 실례들에서 빌려올 수 없으며 선험적으로 명시되어야만 한다고 주장하는 칸트는 이 세상에서 우리가 참된 덕을 실제로 만나볼 수 있느냐하는 의심과 관련하여 선에 대해 활발한 소망을 가지고 있다고 해서 그것을 덕으로 여기지 말아야 하며, 감각적인 것이나 보상 혹은 자기 사랑 등의 경험적인 것들과 혼합하여 윤리성을 명시할 경우 덕의 참모습을 볼 수 없다고 설명한다.[3] 또한 그는 "윤리를 진정한 원리들 위에 세우고, 그렇게 함으로써 순수한 도덕적 마음씨를 생기게" 해야 한다고 주장하며, 덕이 가격이 아니라 존엄성을 가지는 것은 이성적 존재자로 하여금 보편적인 법칙을 수립하고 그리하여 목적의 나라의 성원이 되게 해주는 점에 있다고 말한다.[4] 이러한 주장들을 통해 칸트는 비

에서 의지의 약함은 무엇을 하는 것이 좋은지 혹은 무엇을 해야 하는지 알지만 이를 행하지 못하는 것을 의미하는 느슨하고 넓은 개념으로 사용한다. 본 장에서는 의지의 도덕적 강함으로서의 덕이 가진 성격을 파악하는 과정에서 칸트의 도덕적 약함이 어떤 성격의 의지의 약함인지를 살펴볼 것이다.

2 칸트 (2014), IV435.

3 칸트 (2014), IV407, 412 참조.

록 윤리적인 마음씨로서의 덕이 마치 경험적인 것처럼 여겨질 수 있지만, 참된 덕은 순수 실천이성에서 비롯되는 것이라는 점을 분명히 밝히고 있다.

한편 『윤리형이상학』에서 우리는 덕에 대한 다양하고도 풍부한 설명들을 만나게 되는데, 이러한 설명들에서 가장 기본적인 것은 덕을 강력한 적에 저항하는 용기나 굳셈, 강함으로 이해하는 것이다. 구체적으로 말해서 윤리적 마음씨가 의무를 수행할 때 방해나 장해물이 되는 자연적 충동이나 경향성들에 직면한다는 점에 주목하고, 윤리적 마음씨에 적이 되는 이러한 자연적 충동이나 경향성들에 저항하는 굳셈 즉 도덕적 용기를 덕으로 보는 것이다.[5] 그리하여 칸트는 덕을 "자기 **의무**를 준수함에 있어서의 **인간** 의지의 도덕적 강함"으로, "확고한 마음씨에 기초한, 의지의 각 의무와의 합치"로 정의한다.[6] 윤리적 마음씨에 기초하여 충동이나 경향성을 극복하고 의무를 자신의 대상으로 삼는 의지의 강함이라는 정의에서도 덕이 순수한 실천이성에서 생겨나는 것이라는 입장은 그대로 견지된다. 칸트는 "덕은, 순수 실천이성의 산물인데, 이 순수 실천이성이 (자유로 인한) 우월성의 의식과 함께 저 경향성들에 대한 지배권을 획득하는 한에서, 순수 실천이성의 산물이다."고 말한다.[7]

윤리적으로 선한 마음씨라는 설명과 의지의 도덕적 강함이라는 설명 모두 덕을 순수 실천이성의 산물로 본다는 공통점을 가지고 있지만, 전자와 달리 후자는 덕의 개념과 관련하여 다른 중요한 의미

4 칸트 (2014), IV412. 덕이 가지는 존엄성의 가치를 위해서는 칸트 (2014), IV435-436 참조.
5 칸트 (2012), VI380 참조.
6 칸트 (2012), VI405, 395.
7 칸트 (2012), VI477.

를 갖는다.[8] 우리는 흔히 충동이나 경향성에 따라 행위의 목적을 취한다. 충동이나 경향성을 물리친다는 것은 이러한 것들이 의사의 대상, 즉 목적이 되지 않고 의무가 목적이 되게 하는 것이다. 그리하여 의지의 도덕적 강함으로서의 덕은 의사의 대상에도 관계하고 이에 따라 덕은 의지를 규정하는 형식적 근거뿐만 아니라 질료적 근거에도 관련된다. 따라서 칸트는 덕의무라는 개념을 "의사의 형식적 규정근거 외에도 하나의 질료적 규정근거를, 즉 감성적 충동들에서 오는 목적에 대립될 수 있는 어떤 목적을 갖도록 구속되어 있다는 것"이라고 설명한다.[9] 덕이 의지규정의 형식적 근거와 함께 질료적 근거에도 관련된다는 점은 칸트의 덕개념을 복잡하게 만든다. 왜냐하면 윤리적 마음씨로서는 하나의 덕이지만 의지의 대상인 의무는 여럿이므로 다수의 덕들이 있게 되기 때문이다. 칸트는 의지의 형식적 규정에만 관계하는 윤리학적 의무에 의해서는 "오직 하나의, 그러나 모든 행위들에 타당한 덕(즉 유덕한 마음씨)만이" 생각되고, 의사의 질료(목적)에 관계하는 윤리학적 의무인 덕의무는 "다수가 있고, (또

8 『윤리형이상학 정초』와 『윤리형이상학』사이에 출간된 『실천이성비판』과 『이성의 한계 안에서의 종교』에서 덕의 설명을 살펴보면, 먼저 『실천이성비판』에서는 "투쟁 중에 있는 도덕적 마음씨"로, 『이성의 한계 안에서의 종교』에서는 "자기의 의무를 정확히 이행하는 확고하게 기초 다져진 마음씨"로 정의된다. 칸트 (2005), V84; 칸트 (2011), VI23. 두 정의 모두 덕을 기본적으로 윤리적 마음씨로 보지만 이러한 마음씨를 의무의 이행 내지 의무의 이행에서의 투쟁과 관련지어 구체적으로 설명한다. 특히 『실천이성비판』에서의 설명은 주관적으로 욕구와 경향성으로부터 완전히 자유로울 수 없는 인간에게 있어서 의무를 준수하게 하는 윤리적 마음씨는 욕구나 경향성과의 투쟁에 있다는 것을 의미하는데, 이러한 정의는 윤리적 마음씨라는 『윤리형이상학 정초』에서의 정의와 의지의 도덕적 강함이라는 『윤리형이상학』에서의 정의를 이어주는 설명이라고 할 수 있다. 투쟁 중에 있는 마음씨에 대한 설명을 위해서는 칸트 (2005), V83-84 참조.

9 칸트 (2012), VI381.

한 여러 가지 덕들도 있다.)"고 설명한다.[10] 결국 『윤리형이상학』에서 제시된, 윤리적 마음씨에 기초한 의지의 도덕적 강함이라는 덕의 설명은 유덕한 마음씨인 형식적 의무로서의 덕과 함께 질료적인 덕의 무들로서의 다수의 덕들이 있음을 보여준다.

칸트의 덕개념이 가지는 성격을 파악함에 있어서 무엇보다도 먼저 살펴볼 필요가 있는 것은 덕과 선의지의 관계이다. 왜냐하면 칸트는 윤리학적 의무이론을 덕이론이라고 주장하고 칸트의 의무이론에서 선의지는 도덕성의 기초이기 때문이다. 무조건적인 선으로서 선의지는 가치의 원천이며, 선의지 없이는 의무의식을 가질 수 없다. 따라서 윤리적으로 선한 마음씨, 그리고 이러한 마음씨에 기초하여 충동이나 경향성을 물리치고 의무를 자신의 대상으로 삼는 의지의 강함인 덕을 갖기 위해서는 선의지를 갖는 것이 필수적이다. 이처럼 선의지와 덕에 대한 칸트의 기본적인 입장을 놓고 볼 때 선의지가 덕의 본질적 요소라는 것을 쉽게 알 수 있다. 이점은 『윤리형이상학』에서 칸트의 주장을 통해서도 직접 확인된다. 비록 『윤리형이상학』의 덕이론에서 선의지는 『윤리형이상학 정초』에서 덕이 언급되는 것보다 더 드물게 언급되기는 하지만, 칸트가 자신에 대한 덕의무인 도덕적 완전성을 위해 도덕적 자기인식이 요구된다고 주장하면서 선의지를 언급하는 대목에서 선의지가 덕의 본질적 요소라는 것이 드러난다. 칸트는 "한 존재자의 의지의 궁극 목적과의 합치에서 성립하는 인간지혜는 인간에게는 무엇보다도 먼저 내부 장해물(자기 안에 둥지 틀고 있고 악한 의지)의 제거가 필요하고, 다음에는 자기 안에 있는 결코 상실할 수 없는 근원적인 선의지의 소질의 발전을 개발할 필요"가 있으므로 "도덕적 자기인식은 모든 인간지혜의 시작"

10 칸트 (2012), VI383.

이라고 주장한다.[11] 이것은 도덕적 완전성이라는 자신에 대한 덕의 무를 위해서 도덕적 자기인식이 요구되고 따라서 장해물로서의 악한 의지를 제거하고 선의지의 소질을 개발할 필요가 있음을 의미한다. 자신의 완전성에 속하는 도덕적 완전성의 의무가 덕을 함양하는 것과 다르지 않다는 점에서 도덕적 완전성과 관련한 선의지에 대한 칸트의 설명은 선의지를 갖는 것이 덕을 갖는데 필수적임을 보여준다.[12]

덕이 선의지를 필수적으로 갖는다고 한다면 의무를 준수하는데 있어서 의지의 도덕적 강함인 덕은 선의지의 강함을 의미하는가? 일반적으로 의지는 약하거나 강할 수 있다. 그러나 선의지가 약하거나 강하다는 것은 선의지의 성격에 맞지 않는다. 선의지는 무조건적인 선으로서 오직 그 의욕함 때문에 그 자체의 선함을 가진다.[13] 만일 약한 선의지와 강한 선의지가 있다면 그 강도에 따라 선함의 정도나 가치의 정도도 달라질 것이다. 그리고 그렇게 될 때 선의지는 무조건적인 가치를 가지는, 그 자체로 선한 것일 수 없을 것이다. (이성적 자연존재자인 인간을 포함하여) 이성적 존재의 선의지 그 자체는 강하거나 약한 정도를 가지는 것이 아니다.

물론 칸트는 선의지와 관련하여 완전한 선의지a perfectly good will 그리고 단적으로 선한 의지an absolutely good will를 말한다. 칸트에 따르면 신적 선의지는 완전한 선의지이지만 충동이나 경향성에 의해 방해를 받는 인간의 선의지는 완전한 선의지가 아니다. 의욕과 법칙이 필연적으로 일치해 있는 신성한 의지는 완전한 선의지이지만, 인

11 칸트 (2012), VI441.

12 도덕적 완전성이 덕을 함양하는 것이라는 점은 도덕적 완전성의 의무를 위해 우리가 개발해야하는 것에 대한 칸트의 설명에 잘 나타나 있다. 이를 위해서는 칸트 (2012), VI387 참조.

13 칸트 (2014), IV394 참조.

간의 선의지는 그 의지의 주관적 불완전성으로 인해 완전한 선의지에 해당되지 않는다.[14] 여기에서 이성적 존재로서 인간이 갖는 선의지가 자연적 존재로서 인간이 갖는 충동이나 경향성에 의해 방해를 받는 것은 선의지 자체와는 별개의 문제이다. 즉 완전한 선의지와 그렇지 못한 선의지의 차이는 선의지가 충동이나 경향성에 의해 방해를 받느냐 받지 않느냐에 따른 것이지 선의지 그 자체에서 비롯되는 것이 아니다. 이런 의미에서 완전한 선의지와 그렇지 못한 선의지의 구분은 선의지 자체의 강약에 근거한 것이 아니다. 한편 칸트는 정언명령을 단적으로 선한 의지의 정식, 즉 "**그 자신을 동시에 보편적 자연법칙들로서 대상으로 가질 수 있는 준칙들에 따라 행위하라.**"로 표현하는데, 단적으로 선한 의지는 이런 저런 상대적인 목적들이 아니라 "모든 가능한 목적들의 주체 자신"을 단지 수단이 아니라 동시에 그 자신의 목적으로 세우는 의지이다.[15] 따라서 단적으로 선한 의지는 이런 저런 목적 달성에 제한되는 상대적으로 선한 의지와 대립되지만 이 두 개념은 강약으로 구분되는 것은 아니다. 동시에 의무이자 목적인 덕의무를 준수하는 유덕한 사람은 단적으로 선한 의지를 가진다고 할 수 있다. 지금까지 살펴본 바와 같이 완전한 선의지와 단적으로 선한 의지는 선의지 자체가 강하거나 약한 정도를 가지는 것임을 함의하지 않는다. 덕이 선의지를 본질적 요소로 한다는 점은 분명하며 유덕한 사람은 선의지를 가진 사람이다. 그러나 의지의 도덕적 강함으로서의 덕이 선의지 자체의 강함을 의미하지 않는다면 유덕한 사람은 선의지 외에 다른 무언가를 갖추어야 할 것이다.

14 칸트 (2014), IV414 참조.
15 칸트 (2014), IV437.

2. 덕의 결여로서의 도덕적 약함의 성격과 원인

유덕한 사람이 되기 위해 무엇을 갖추어야 하는지는 유덕하지 못한 사람이 결여하는 것을 통해 확인될 수 있다. 도덕적 강함으로서의 덕을 설명할 때 칸트는 실재적 대립(대항)으로서 패악이 그리고 논리적 대립(결여)으로서 부덕이 있다고 주장하고, 열정을 지배하지 못할 때 패악이 되며 격정을 억제하지 못할 때 부덕이 된다고 설명한다.[16] 적극적인 악으로서 패악에 선의지가 없다는 것은 분명하다. 그러나 덕의 결여, 즉 도덕적 약함인 부덕과 덕의 차이는 패악과 덕의 차이처럼 선의지의 유무에 있지 않다. 칸트의 덕에 대한 여러 연구들에서 우리는 칸트가 선의지를 가지지만 덕을 결여할 수 있다는 입장을 취했다는 해석들을 발견한다.[17] 이러한 해석들이 공통적으로 제시하는 증거는 부덕이 "심지어는 최선의 의지와도 능히 공존할 수 있"다는 칸트의 주장이다.[18] 선의지와 도덕적 약함으로서의 부덕이 양립가능하다는 것은 유덕하게 되는 것이 선의지를 가지는 것 이상임을 의미한다. 선의지를 가짐에도 불구하고 도덕적 약함으로서의 부덕이 어떻게 발생하는지 살펴보면 유덕하기 위해 선의지 이외에 무엇을 더 갖추어야 하는지 알 수 있다. 부덕이 어떻게 발생하는지에 대한 칸트의 설명을 상세히 들여다보자.

---

16 여기에서 격정은 갑작스럽고 격렬한, 일시적인 감정으로, 열정은 지속적인 경향성인 욕망으로 이해되는데, 예컨대 노여움과 관련해서 보면, 분노로서의 노여움은 격정에, 증오로서의 노여움은 열정에 해당한다. 부덕과 패악의 구분을 위해서는 칸트 (2012), VI384, 격정과 열정에 관련된 논의를 위해서는 칸트 (2012), VI408 참조.

17 이러한 해석들을 위해서는 Denis (2007), p. 514; Baxley (2010), p. 176; Wood (2015), p. 60; Hill (2012), pp. 121-122 참조.

18 칸트 (2012), VI408.

“**격정들**과 **열정[욕정]들**은 본질적으로 서로 구별된다. 전자는 **감정**에 속하는 것으로서, 숙고를 앞질러가서 숙고 자체를 불가능하게 하거나 더욱 어렵게 만드는 것이다. 그래서 격정은 **갑작스럽다** 또는 **급격하다**(突然之心)고 일컬어지며, 이성은 덕의 개념을 통해, 사람들이 마음을 **가라 앉혀야** 한다고 말한다. 그럼에도 사람들의 지성 사용에서의 이러한 약함은, 마음의 동요의 강함과 결합되면, 단지 하나의 **부덕**, 말하자면 어떤 어린애 같고 약한 것일 뿐으로, 그것은 심지어는 최선의 의지와도 능히 공존할 수 있고, 또한 이러한 질풍은 금방 멎는다는 유일하게 좋은 점을 그 자체로 가지고 있기도 하다.”[19]

여기에서 칸트는 덕을 가진 사람은 이성으로 감정을 지배해서 격정을 가라앉히지만, 덕을 결여한 사람은 그렇지 못하다고 본다. 부덕은 격정으로 마음이 갑작스럽고 강하게 동요하는 반면, 이러한 격정을 이성에 의해 잘 가라앉혀 지배하는 지성의 사용이 약할 때 발생한다. 그리고 앞에서 언급한 바와 같이, 칸트는 이러한 부덕이 최선의 의지를 가져도 발생할 수 있다고 말한다. 부덕에 대한 칸트의 이러한 설명으로부터 우리는 선의지를 가짐에도 불구하고 격정에 휩싸이고 훌륭한 지성을 갖추지 못할 때 덕을 결여할 수 있음을 알 수 있다.

---

19 칸트 (2012), VI407-408. 선의지와 부덕의 양립가능성을 주장하는 해석들이 공통적으로 이 부분을 증거로 꼽는다는 점에서 여기에서의 최선의 의지(the best will)는 선의지와 동일한 것으로 여겨짐을 알 수 있다. 그러나 드물기는 하지만 『윤리형이상학』에서 선의지라는 개념을 몇 번 언급함에도 불구하고 여기에서는 왜 선의지 대신 최선의 의지라는 개념을 쓰는지 다소 의아하지 않을 수 없다. 부덕과 공존하는 선의지가 어떤 면에서는 선의지이지만 다른 면에서는 선의지와 구별된다고 생각하고 최선의 의지라는 개념을 사용한 것 아닌가 하는 의문을 가져본다.

제시된 인용구에서 살펴본 바와 같이 칸트는 부덕을 마음의 강한 동요와 지성의 약한 사용으로 묘사한다. 칸트의 덕이론에서 보면 유덕한 사람은 동시에 의무인 것을 자신의 목적으로 채택하고 이러한 목적을 나타내는 행위들의 준칙을 세운다. 그리고 그는 이러한 준칙 내에서 어떤 행위를 취한다. 예컨대 타인의 행복이라는 덕의무를 추구하는 유덕한 사람은 다른 사람의 행복을 자신의 행위의 목적으로 삼고 (이 상황에서) 다른 사람의 행복에 무관심하지 않으려면 무엇을 해야 하는지 숙고하여 행위를 위한 준칙을 세우고 이에 따라 행위한다. 지성을 예리하게 하는데 가장 적합한 윤리학적 교수법으로 제시되는 도덕적 문답법의 한 토막은 이러한 덕의무와 관련한 지성사용을 파악할 수 있는 단서를 준다. 예시된 그 문답법에서 타인들도 행복하도록 자신의 행복을 나누겠다는 학생의 대답에 대해 교사는 착한 심성을 가지고 있음을 보여준다고 말하면서 또한 훌륭한 지성을 가지고 있는지 보자고 하고 "게으른 자에게 부드러운 방석을 마련해 주어 달콤한 무위도식으로 인생을 허송하도록 할 터인가"라는 물음을 포함하여 일련의 질문들을 던진다.[20] 그리고 교사는 "자네가 설령 모든 행복을 수중에 가지고 있고, 게다가 최상의 선의지를 가지고 있다 해도, 자네는 그 행복을 손을 내미는 누구에게나 주저 없이 넘겨주지는 않고, 먼저 각자가 어느 정도까지 행복할 **품격**[자격, 가치]이 있는지를 조사할 터이지."라고 말한다.[21] 지성의 개발을 의도하는 이 도덕적 문답법이 상세한 내용을 담고 있지는 않지만, 교사의 물음과 언급을 통해 덕의 함양에 필요한 훌륭한 지성이 무엇인지 파악해볼 수 있다. 무위도식하는 것은 게으른 자가 그 자신의 방식으로

20 칸트 (2012), VI480-481.
21 칸트 (2012), VI481.

행복하고자 소망하는 것, 즉 경향성의 만족을 추구하는 것이다. 그렇다면 게으른 자에게 무위도식하여 자신의 인생을 허송하도록 해주는 것이 그에 대한 우리의 의무가 되는지, 그가 무위도식으로 행복하고자 소망하는데 먼저 그가 행복을 누릴 자격이 있는지 따져보아야 한다. 다시 말해서 무위도식으로 행복하고자 하는 경향성을 이성을 통해 행복을 누릴 만한 조건에 제한시켜야 한다. 이때 우리는 게으른 자는 자신의 완전성을 추구할 자신에 대한 의무를 행하고 있지 않으며 이성의 지시명령을 따르고 있지 않다는 점에서 행복을 누릴 품격을 갖추고 있지 않고 따라서 그가 무위도식하는 것을 돕는 것은 그의 행복을 촉진할 우리의 의무에 맞지 않는다는 것을 알 수 있다. 이처럼 칸트가 제시하는 도덕적 문답법을 살펴봄으로써 우리는 덕에 필요한 지성은 각자가 자기방식으로 추구하는 경향성의 만족을 이성을 통해 제한해서 의무를 분명하게 인식하는 능력임을 알 수 있다.

도덕법칙에 따른 의무를 인식하는 지성사용을 어렵게 하고 그리하여 선의지를 가짐에도 불구하고 덕을 결여하게 하는 것은 덕에 관련된 선의지가 의무로부터 의무를 행하는 근본적인 헌신이라는 점에서 비롯되는 면이 있다. 선의지가 근본적이고 장기적인 의도를 가지는 것인지 아니면 구체적이고 단기적인 의도를 가지는 것인지에 대해서는 논란의 여지가 많다.[22] 그러나 불완전한 의무로서의 덕의무에 관련하는 선의지는 근본적인 헌신으로서 장기적인 의도의 성격을 갖는다. 윤리학적 의무가 덕의무이며 윤리학이 행위들을 위한 법칙이 아니라 행위들의 준칙을 위한 법칙을 수립한다는 칸트의 주

22 선의지, 그리고 선의지를 가지고 세운 준칙이 가지는 의도의 성격에 대한 논의를 위해서는 Louden (1997), pp. 290-292 참조. 이 논의에서 라우던은 준칙이 장기적인 의도와 단기적인 의도 둘 다의 성격을 가지지만, 덕의무에 관계하는 준칙은 장기적인 의도라고 주장한다.

장을 생각해보면,[23] 유덕한 사람이 선의지를 가지고 보편법칙을 따르는 준칙을 세울 때 이 준칙은 행위들의 준칙으로서 근본적이고 장기적인 의도임을 알 수 있다. 덕의무에 관계하는 준칙은, 목적의 준칙, 즉 "좁게 규정된 행위를 수행하는 준칙이라기보다는, 일반적이고 장기적인 목적을 추구하는 (그러한 목적을 추구하는 많은 다양한 방식을 허용하는) 준칙"이라는 점에서 근본적인 의도와 추구하는 삶의 종류에 분명 관심을 갖는 준칙이다.[24] 따라서 선의지를 가지고 보편법칙에 따르는 행위들의 준칙을 세울 때 선의지가 근본적인 헌신으로서 장기적인 의도이기 때문에 어떤 준칙이 마땅한지 명확하게 알기 어려울 수 있다. 그렇다면 선의지가 보편법칙에 따르는 행위들을 위한 준칙을 세울 때 예리한 지성사용이 필요하다. 그리고 이때 지성사용을 예리하게 하지 못할 경우 덕을 결여하게 될 수 있다.

덕에 관련하는 선의지가 장기적인 의도로서 행위들의 준칙을 세운다는 점은 도덕법칙에 일치하는 준칙을 세우는데 작용하는 지성뿐만 아니라 주어진 특정 상황에 준칙을 적용하는데 관련하는 판단력도 덕의 함양에 중요하다는 것을 함축한다. 윤리적 의무로서 덕의무는 책무성이 넓은, 느슨한 의무이다. 즉 그것은 행위들의 준칙을 위한 법칙을 갖기는 하지만 의무를 수행하는데 어떻게, 또 얼마나 나아가야만 하는지가 명확하게 규정되지 않는 의무이다. 오닐Onora O'Neill은 덕의무의 이러한 성격을 "덕의무의 개방성this openness of duties of virtue"으로 표현한다.[25] 덕의무의 개방성은 판단력, 구체적으

23 칸트 (2012), VI389 참조.

24 Louden (1997), p. 292.

25 O'Neill (1996), p. 88. 덕의무의 개방성과 덕의 원칙이 행위의 준칙이 아니라 목적의 준칙으로서 다양한 방식의 행위로 드러난다는 점은 밀접하게 관련되어 있다. 덕의무의 개방성과 목적의 준칙으로서의 덕의 원칙을 주장할 때 오닐은

로 말해서 "법칙이 구체적으로 규정해 놓지 않은 목적 실현 수단으로서의 행위를 규정"해서 "목적(즉, 덕의무)과 행위에 의한 그 목적의 실현 사이"의 틈을 메우는 판단력을 필요로 한다.[26] 그리고 덕의무에서 목적과 목적 실현을 위한 행동, 즉 준칙과 행위 간의 틈을 메우는 판단력의 역할이 중요하다는 점에서 판단력의 훈련은 덕의 함양에 중요한 부분이 된다.[27]

이러한 논의를 통해 지성사용의 약함과 함께 판단력의 미흡함 역시 덕을 결여하게 하는 요인임이 드러난다. 그러나 앞에서 인용된, 부덕에 대한 설명에서 칸트가 지성사용의 약함을 지적하지만 판단력을 직접 언급하지 않고 있다는 점에서 도덕적 약함의 요인에 판단력의 미흡함을 포함하는 것이 적절한지 의문을 제기할 수도 있다. 칸트의 부덕, 즉 도덕적 약함이 적어도 두 가지 차원을 갖는다고 주장할 때, 힐Thomas E. Hill Jr.은 그 중 하나로 "옳은 것을 하려는 우리의 의지가 그것의 함의와 관련하여 다소 애매하고 상대적으로 불명료하다는" 점을 제시한다.[28] 즉 선의지를 가졌음에도 불구하고 옳은 것을 행한다는 것이 구체적으로 무엇을 의미하는지에 대해 분명하거나 명확하지 않을 경우에 도덕적 약함이 발생한다는 것이다. 힐이

덕의무는 불완전하여 구조적으로 강제하기 부적합하게 만드는 점을 특징으로 하는데, 우리는 행위를 위한 원칙을 필요로 하기 때문에 덕의무의 행위원칙은 특정 행위에 구속될 수 없는 행위원칙이며 이 원칙의 내용은 구체적인 금지나 규정이 아닌 행위의 목적을 강제함으로서 주어진다고 설명한다. 오닐의 설명을 위해서는 O'Neill (1996), pp. 86-88 참조.

26 김수배 (1996), p. 62.

27 덕의 함양과 판단력의 훈련 간의 상보적 관계를 위해서는 김석수 (2013), p. 157 참조. 여기에서 상보성에 대한 주장은 도덕법칙의 정당화와 적용의 두 차원이 분리되지 않고 상호 견제하고 보충하는 관계에 있어야 한다는 입장으로 나아간다. 김석수 (2013), pp. 168-171 참조.

28 Hill (2012), p. 126.

도덕적 약함의 일종으로 제시하는 애매함은 도덕적 결단의 내용에서의 약함인데 이러한 애매함은 어떤 행위들의 준칙을 세워야 하는지에 혹은 어떤 행위가 준칙에 해당되는지에 모두 작용할 수 있다. 따라서 장기적인 의도를 가진 근본적인 헌신으로서 선의지가 가지는 구체적인 함의에서의 애매함이 도덕적 약함의 경우에 해당된다고 할 때, 이 애매함은 지성이 행위들의 준칙을 세우는데 뿐만 아니라 판단력이 준칙에 맞는 행위를 결정하는데도 영향을 미친다고 할 수 있다. 그리고 이러한 해석은 도덕적 약함에는 지성사용의 약함뿐만 아니라 판단력의 미흡함도 관련된다는 것을 함의한다. 이러한 해석이 칸트의 주장에 어긋나지 않는다는 것을 도덕적 인격에 대한 칸트의 설명에서 확인할 수 있다. 칸트는 자신에 대한 양심재판관인 도덕적 인격 안에서 실천적 지성은 법칙에 따른 규칙의 수립에 그리고 판단력은 법칙 아래에 있는 사례, 즉 행위에 작용한다고 설명한다.[29] 도덕적 인격에서 지성과 판단력이 작용한다면, 도덕적 인격으로서 유덕한 사람은 지성과 판단력을 잘 사용하는 사람일 것이고 유덕하지 못한 사람은 이러한 능력들을 제대로 사용하지 못하는 사람일 것이다.

여기에서 우리가 유념해야 할 점이 있다. 덕을 결여한 사람이 선의지의 근본적 헌신에 따라 법칙에 맞는 행위들의 준칙을 세우거나 구체적인 상황에 준칙을 적절하게 적용하지 못하는 것은 단순한 인식론적인 실패나 결함과는 성격이 다르다. 지성사용의 약함이나 판단력의 잘못이 있다는 점에서 도덕적 약함에는 인식론적인 실패나 결함의 측면이 분명 있다. 그러나 의지의 도덕적 약함으로서의 부덕에는 급작스럽고 강한 감정으로 인한 마음의 동요가 작용한다. 앞의

29 칸트 (2012), VI438 참조.

인용구에서 나타난 바와 같이, 칸트는 격정이라는 것이 갑작스럽거나 급격한 감정이어서 숙고를 앞질러감으로써 숙고를 할 수 없거나 하기 어렵게 만든다고 지적한다. 그렇다면 부덕은 갑작스럽거나 급격한 감정으로 인해 숙고된 확고한 결의를 갖지 못하고 심하게 동요하는 마음이라고 할 수 있다. 부덕의 경우에서 격정은 지성사용을 약하게 하는 중요한 요인인 것이다. 요컨대 지성사용의 약함과 판단력의 미흡함이 마음의 동요의 강함과 결합되어 있다는 점에서 도덕적 약함은 단순한 인식론적 실패나 결함과는 구별된다.[30] 여기에서 우리는 칸트의 도덕적 약함이 어떤 성격의 의지의 약함인지 확인할 수 있다. 앞에서 밝힌 바와 같이 넓고 느슨한 의미로 이해할 때 의지의 약함은 무엇이 좋은지 혹은 무엇을 해야 하는지 알지만 이를 행하지 못하는 것으로 볼 수 있다. 의지의 약함을 이렇게 이해할 때 의지의 도덕적 강함으로서의 덕의 결여인 도덕적 약함은 의지의 약함의 일종이라고 할 수 있다. 그리고 살펴본 것처럼 도덕적 약함에는 지성사용의 약함과 판단력의 미흡함 그리고 마음의 동요의 강함이 결합되어 있다는 점에서 도덕적 약함은 온전한 지식을 갖고 있지 못하다는 점과 이성에 대립하는 감정이나 경향성을 갖고 있다는 점이 함께 작용하는 의지의 약함에 해당한다고 할 수 있다.[31]

---

30 사실 칸트는 의무준수에서 인식론적인 면에 결정적인 비중을 두지 않는다. 덕이론의 머리말에서 "중요한 문제는 **무엇을** 행하는 것이 의무인가를 아는 것이 아니라 — 이러한 것은 모든 인간이 자연적으로 가지고 있는 목적들로 인해 쉽게 제시될 수 있으므로 —, 오히려 특히 의지의 내적 원리, 곧 이 의무에 대한 의식이 동시에 행위들의 **동기**가 되는 의지의 내적 원리이기 때문이다."고 말한다. 칸트 (2012), VI376.

31 본 장에서 의지의 약함은 매우 일반적으로 이해되는 것으로서 아크라시아와의 어떤 관계를 전제하고 있지 않다. 아크라시아개념과 의지의 약함개념 간의 관계에 대해서는 김남준 (2010), p. 4 참조. 의지의 약함과 아크라시아 간의 관계나 아크라시아의 가능성, 그리고 아크라시아의 발생원인 등은 매우 중요한 논

부덕으로서의 도덕적 약함에 경향성의 방해에 따른 마음의 강한 동요와 지성사용의 약함이나 판단력의 미흡함이 결합되어 있다고 할 때, 이성이 경향성을 지배하지 못하기 때문에 격정으로 인한 마음의 동요가 강하게 일어날 수 있으며 또한 마음의 동요가 너무 강해서 지성사용의 약함이나 판단력의 미흡함이 발생할 수 있다. 이처럼 지성사용의 약함 (그리고 판단력의 미흡함)과 마음 동요의 강함이 서로 맞물려 있는 면이 있다면 부덕은 간단히 이성의 문제로 간주될 수 없다. 격정이 숙고를 어렵게 하거나 불가능하게 한다는 칸트의 주장이 잘 보여주는 것처럼 감정이나 경향성으로 인한 마음의 강한 동요는 부덕의 발생에서 중요한 부분을 차지한다. 다음의 경우를 살펴보자.

> 지영씨는 평상시에 도움을 필요로 하는 사람들을 헌신적으로 꾸준히 잘 도와왔다. 얼마 전에 하나뿐인 10살 아들이 사고로 갑작스럽게 죽게 되어 그녀는 큰 슬픔에 빠졌다. 자신의 슬픔으로 매우 힘들지만 그녀는 다른 사람들을 도와야만 할 경우 이전처럼 그들을 돕고자 애썼다. 그러던 어느 날 그녀는 버스가 전복한 교통사고 현장을 목격하고 다른 사람들과 함께 부상당한 사람들을 구조하는데 힘을 보태려고 했다. 그러나 그녀는 부상자들 중에서 자기 아들 또래의 부상자를 보자 사고 당시의 아들 모습이 떠오르고 아들에 대한 그리움과 슬픔에 휩싸여 도무지 어찌할 수 없었다. 결국 그녀는 부상당한 사람들을 돕지 못하고 그 자리를 떠나고 말았다.

쟁들이지만 본 장의 범위를 벗어나기 때문에 다루지 않는다. 대신 아크라시아의 발생 원인을 파악하는 것이 아크라시아를 이해하는데 중요하다는 점을 참조하여 칸트의 도덕적 약함이 발생하는 원인을 통해 이러한 도덕적 약함이 어떤 성격의 의지의 약함인지를 살펴보는데 그친다.

이 예에서 지영씨는 슬픔에 빠진 박애가였지만 급작스럽고 격렬한 슬픔의 감정에 결국 도움을 필요로 하는 사람을 돕지 못하게 된다. 그녀는 격정에 휩쓸려 도덕적으로 약한 사람이 된 것이다. 이 예는 행위자가 선의지를 가지고 있음에도 불구하고 그가 이겨내기에는 너무 강한 감정 혹은 그에게 특히 취약한 감정일 때 격정에 휩싸이게 될 수 있음을 보여준다. 이러한 해석을 뒷받침하는 증거는 동시에 의무인 것을 목적으로 채택하는 도덕적 마음씨로서의 덕은 하나이지만 목적들이 다름에 따라 다양한 덕들이 존재하고, 따라서 선의지를 가지고 있음에도 불구하고 실제에 있어서 감성적 충동의 작용으로 특정의 어떤 덕을 결여할 수 있다는 칸트의 주장에서 찾아볼 수 있다.[32]

선의지를 가지고 여러 덕들을 가지지만 특정의 어떤 덕을 결여하는 경우는 그것과 관련된 충동이 너무 강하거나 그 행위자에게 특히 취약하여 그러한 충동이 의무를 목적으로 채택하는데 강한 방해나 장해물이 된다는 점과 밀접한 관련이 있을 것이다. 앞에서 소개된 지영씨의 예나 매우 정직하고 공정한 사람이 자신의 승진을 결정할 상사가 잘못된 결정을 내렸다는 것을 앎에도 불구하고 상사에게 인정받고 싶은 충동에 그만 그 결정에 대한 잘못을 말하지 못하고 만 경우가 여기에 해당한다. 앞에서 우리는 힐이 제시하는, 선의지를 가짐에도 불구하고 그것의 구체적인 함의에 대한 애매함으로 인해 발생하는 도덕적 약함을 살펴보았다. 힐은 이러한 차원의 도덕적 약함 이외에 선의지의 구체적인 함의에 대해 분명한 이해를 갖고 있음에도 불구하고 그것을 단호하게 의욕하지 못하는 약함, 즉 얼마나 단호하게 결의하느냐에서의 약함이 있다고 주장한다.[33] 힐은 이러한

32 칸트 (2012), VI447.

경우가 왜 발생하는지에 대해 구체적인 설명을 제시하지 않지만, 너무 강한 충동이나 행위자에게 특히 취약한 충동은 실제에 있어서 우리가 단호하게 결의하지 못하게 하는 주된 요인일 수 있음을 짐작할 수 있다. 이러한 감성적 충동으로 인해 우리는 선의지를 가지고 무엇이 옳은 행동인지 인식함에도 불구하고 온 마음을 다해 확고하게 의욕하지 못하고 주저하거나 오락가락 할 수 있다. 결국 선의지를 가지고 지성을 예리하게 사용할 뿐만 아니라 격정에 휩싸이지 않을 때 도덕적으로 강한, 유덕한 사람이 될 수 있다.

3. 덕의 성격과 의미

덕과 선의지의 관계와 도덕적 약함의 발생에 대한 고찰을 통해 드러난 덕의 성격에서 무엇보다도 눈여겨볼 부분은 바로 적절한 감정을 갖는 것이 덕에 요구되는 의지의 도덕적 강함에 중요하다는 점이다. 덕과 악덕의 가장 기본적인 차이는 선의지의 유무이다. 그러나 유덕하다는 것은 선의지를 가지는 것 이상이다. 지성과 판단력의 약한 사용이 마음의 강한 동요와 결합되면 선의지를 가짐에도 불구하고 덕을 결여하고 도덕적으로 약한 사람이 될 수 있다. 따라서 선의지를 가진 사람이 유덕한 사람이 되는 데에는 선의지가 잘 표현될 수 있도록 적절한 감정을 갖는 것이 중요하다.[34] 전통적으로 칸트윤

33 Hill (2012), p. 122 참조.

34 손병석은 아리스토텔레스가 아크라시아에 무지가 포함되어 있음을 부정하지 않지만 무지로 이끈 욕구를 아크라시아의 원인으로 본다고 해석하면서 이는 아리스토텔레스가 이성이외에 욕구가 인간행동을 규정하는 중요한 다른 한 축임을 강조하는 것이라고 주장한다. 손병석 (2002), p. 149 참조. 아크라시아의 원인을 욕구로 보는 것이 욕구가 인간행동의 규정에 중요한 요인임을 강조하

리학은 감정의 역할을 소홀히 여겼다고 이해되어왔기 때문에 유덕한 사람의 감정이 어떤 것인지에 대해서는 세심한 고찰이 필요하다. 이와 관련해서 주목할 필요가 있는 칸트의 주장은 다음과 같다.

> "덕의무가 법의무와 본질적으로 차이나는 것은, 후자는 외적 강제가 도덕적으로-가능한 반면에, 전자는 오로지 자유로운 자기강제에 의거한다는 점이다. ―유한한, (의무를 훼손하도록 결코 유혹당할 수 없는) **신성한** 존재자들에게는 덕이론이란 없고, 한갓 윤리이론만이 있다. 후자는 실천이성의 자율이고, 반면에 전자는 동시에 실천이성의 자치**[자기통치]**, 다시 말해 비록 직접적으로 지각된 것은 아닐지라도, 그럼에도 윤리적 정언 명령으로부터 올바르게 추론되는, 법칙에 반항하는 자기의 경향성들을 통제하는, **능력**에 대한 의식을 함유한다. 그래서 인간의 도덕성은 그 최고의 단계에서도 덕 이상의 것이 아니다."[35]

이 인용구에서 칸트는 윤리이론이 기본적으로 실천이성의 자율인 반면, 덕이론은 실천이성의 자율이면서 동시에 실천이성의 자치라고 주장한다. 칸트는 실천이성의 자율과 자치를 구분하고 실천이성의 자치를 도덕법칙에 방해가 되는 경향성을 통제하는 것으로 보지만, 자율과 자치가 어떻게 구분될 수 있는지는 분명치 않다. 이러한 구분의 의미를 파악할 수 있는 단서는 덕이 감정이나 경향성에 지배받지 말라는 금지명령에 덧붙여 그것들을 이성의 지배력 아래 놓으라

는 것이라는 주장처럼, 칸트가 도덕적 약함의 발생에 지성사용의 약함과 함께 마음동요의 강함이 결합되어 있다고 보는 것은 그가 이성과 함께 감정이나 경향성을 의무의 '수행' 차원에 작용하는 요인으로 보고 있는 것이라고 해석할 수 있다.

35 칸트 (2012), VI383.

는, 즉 자기 자신을 지배하라는 긍정적인 지시명령을 함유한다는 칸트의 주장에서 발견된다.[36] 실천이성의 자율은 (금지명령에 따라) 이성이 감정이나 경향성의 지배를 받지 않고 그 자신에 의해 지배되는 것을, 그리고 실천이성의 자치는 이러한 자율에 덧붙여 (긍정적인 지시명령에 따라) 감정과 경향성들을 자신의 지배 아래 놓는 것으로 이해할 수 있다. 선의지를 갖는 것은 감정이나 경향성으로부터 벗어나서 이성에 의해 스스로 법칙을 세우는 것이다. 즉 실천이성의 자율이다. 그러나 자율과 자치를 구분할 경우 선의지를 갖는 것이 감정이나 경향성을 지배하는 것과 전적으로 동일한 것은 아니다. 칸트가 의지wille와 의사willkür를 구분한 점에서도 알 수 있듯이, 우리가 선의지를 갖고 의무로부터 행위하고자 할 때 감정이나 경향성에 따라 의사가 결정될 수도 있기 때문이다. 이러한 경우 우리는 도덕적 약함을 갖고 덕을 결여한다. 따라서 감정이나 경향성에 따라 목적이 채택되어 의사가 결정되지 않도록 감정이나 경향성에 저항하고 법칙에 따라 목적이 채택되어 의사가 결정될 때 덕을 갖는다. 그리고 이것이 실천이성의 자치이다.

이렇게 볼 때 칸트의 덕개념은 자제의 모습을 일정 정도 포함할 수 있다. 칸트가 신이 아닌 자연적 존재로서 인간은 선의지를 실행하고자 할 때 끊임없이 감정과 경향성의 방해에 직면할 수밖에 없기 때문에 아무리 개발되고 훈련된다 할지라도 조절된 감정이나 경향성이 우리의 성격 안에 안정적으로 자리 잡기는 어렵다고 여긴다는 점도 이를 뒷받침해준다. 그러나 칸트의 덕개념은 단순히 감정이나 경향성을 억제하는 것에 불과하거나 억제하는데 그치지 않는다. 칸트가 스토아적 덕개념에 머물지 않는다는 것을 보여주는 몇몇 입장

36 칸트 (2012), VI408.

들에서 이를 확인할 수 있다. 먼저 칸트는 덕을 위해 요구되는 강함을 무정념과 구별하여 도덕적 무정념이라고 하는데 이때 무정념은 주관적 무관심으로 그리고 도덕적 무정념은 무격정으로 이해된다.[37] 도덕적 무정념을 주관적 무관심과 구분하는 것은 칸트에게 있어서 감정을 지배하는 것이 감정을 모두 없애는 것이 아님을 보여준다. 또한 우리는 칸트가 경향적 감정인 동정의 감각을 간접적인 의무라고 주장하는 부분에 주목할 수 있다. 칸트는 스토아적 현자가 함께 고통을 나누는 것을 거절한다는 점을 언급한 후에 경향적 감정인 동정의 감각 그 자체가 의무는 아니지만 간접적인 의무라고 주장한다.[38] 여기에서 칸트는 스토아적 입장과 달리 동정을 "의무 표상 그것만으로는 이루지 못할 것을 하기 위해 자연이 우리 안에 넣어 둔 충동"으로 여긴다.[39] 감정과 관련하여 칸트가 스토아적 덕개념에 머물지 않는다는 것을 보여주는 또 다른 입장은 윤리학적 수행법이 "의무의 수행에서 완강하고 유쾌한 마음"을 겨냥한다고 주장하는 부분이다.[40] 칸트는 스토아적으로 완강한 마음을 갖는 것이 도덕적 건강을 보존하는 것이기는 하지만 이러한 소극적인 안녕에서 나아가 "유덕한 에피쿠로스의 이념 중에 있는 유쾌한 심정"이 덧붙여지지 않으면 안 된다고 말하면서 덕에 수반하는 유쾌함을 중시한다.[41]

결국 덕의 함양은 감성적 충동에 휩싸이지 않고 의무를 준수하는 완강한 마음부터 의무준수를 의식하면서 느끼는 도덕적 행복까지 겨냥한다. 그리고 덕에는 도덕법칙이 감성에 영향을 미쳐서 생겨나

37 칸트 (2012), VI408 참조.
38 칸트 (2012), VI456 참조.
39 칸트 (2012), VI457.
40 칸트 (2012), VI484.
41 칸트 (2012), VI485.

는 도덕감정 뿐만 아니라 동정처럼 경향성에 속하지만 의무수행에 중요한 감정도 작용할 수 있다.[42] 의지의 도덕적 강함으로 이해되는 칸트의 덕은 자제의 모습을 보이기도 하지만 자제에 불과하지는 않다. 이러한 점을 타인의 행복을 추구할 덕의무에 속하는, 도움을 필요로 하는 사람을 돕는 경우를 가지고 살펴보자. 먼저 악의를 가지고 돕지 않는 사람은 패악한 사람이다. 그리고 앞에서 논의한 지영씨의 경우가 보여주는 것처럼 옳기 때문에 도와야 한다는 것을 의식하지만 분노나 슬픔 등 격정으로 인해 돕지 못하는 사람은 도덕적으로 약한, 부덕한 사람일 것이다. 반면에 (자신의 슬픔으로 내키지 않지만 옳기 때문에 남을 돕는) 슬픔에 찬 박애가나 (냉정한 기질을 가져서 타인의 고통에 무관심하지만 옳기 때문에 남을 돕는) 냉담한 박애가는 선의지를 가지고 의무로부터 의무를 행하는 사람이며 이들은 자신들의 감정이나 경향성을 지배한다는 점에서는 유덕한 사람일 수 있다. 칸트의 덕이론에서의 표현을 사용하면 이들은 '완강한' 박애가라고 할 수 있다. 한편 옳기 때문에 남을 돕는 의무의 준수에서 마음이 암울하거나 투덜대지 않고 유쾌할 때 그는 도덕적 행복을 느끼는 유덕한 사람인데 칸트의 덕이론에서의 표현에 따르면 '유쾌한' 박애가라고 할 수 있다. 여기에서 완강한 박애가나 유쾌한 박애가는 도움을 필요로 하는 사람과 함께 괴로워하는 동정의 감각을 개발하려고 애써야 한다. 그러나 이들이 동정의 감정을 가진다해도 이들은 동정심이 행위의 동기가 되어 남을 돕는, 소위 행복한 박애가와는

42 여기에서 칸트가 말하는 도덕 감정이 이성을 앞지르거나 이성적 판단 없이도 존재하는 그런 것이 아니라는 점은 매우 중요한 부분이다. 칸트윤리학에 관계하는 감정에 대해 맹주만은 도덕적 감정, 긍정적인 비도덕적 감정, 부정적인 비도덕적 감정의 셋으로 분류하고 이러한 감정들이 도덕에 어떻게 작용하는지 논의한다. 이에 대한 상세 논의는 맹주만 (2014), pp. 199-200 참조.

구별된다.

선의지와 덕 그리고 도덕적 약함에 대한 논의를 통해 드러난 덕의 성격에서 고찰할 필요가 있는 또 다른 점은 전형적인 덕윤리적 관점과의 비교에서 칸트의 덕개념을 살펴보는 것이다. 전형적으로 볼 때 덕윤리는 행위자중심윤리이며 덕은 품성상태나 인격특질로서 지속적이고 안정적인 성향으로 간주된다. 그리고 선의지는 칸트윤리학을 덕윤리적으로 읽고자 할 때 일반적으로 가장 많이 주목하는 부분이다.[43] 선의지는 도덕적 행위자의 특징을 나타내는 행위자중심적인 개념이며 선의지가 무조건적인 선으로서 도덕성의 기초라는 점에서 칸트윤리학이 근본적으로 중요시하는 것은 행위가 아니라 행위자라고 해석할 수 있기 때문이다. 실제로 칸트는 선의지를 성품이나 인격과 관련지어 이해한다. 예컨대 『윤리형이상학 정초』에서 선의지의 존재를 확인해주는 의무로부터의 행위를 설명하면서 칸트는 냉담한 박애가가 선의지를 가지고 의무로부터 남을 돕는다는 점에서 도덕적이며 최고의 가치인 성품의 가치를 갖는다고 말한다.[44] 또한 『윤리형이상학』에서 칸트는 우애를 사랑과 존경에 의한 두 인격의 하나됨이라고 설명하고 이를 다시 도덕적 선의지에 의해 하나되어 복리를 함께 나누는 모습으로 묘사한다.[45] 이러한 주장들은 선의지가 유덕한 사람의 핵심적 특징이며 선의지와 덕이 도덕적 행위자의 특징

43 선의지는 굳이 덕윤리적 관점이라고 제한하지 않더라도 의무론으로 이해되는 칸트의 윤리이론을 유연한 관점에서 보고자 할 때 가장 주목하는 개념이다. 예컨대 페이튼(H. J. Paton)은 칸트가 의무의 주창자로 지나치게 간주되고 있지만, 칸트의 출발점은 선의지의 무조건적인 선함에 있으며, 칸트의 윤리학에 대한 올바른 시각을 얻으려면 칸트에게 있어서 "선이 기본적이라는 사실을 잊어서는 안 된다."고 강조한다. 페이튼 (1990), p. 160.

44 칸트 (2014), IV398-399 참조.

45 칸트 (2012), VI469 참조.

임을 보여준다.

그러나 칸트의 덕에 대한 설명들은 선의지와 덕의 성격을 복잡하게 만드는 입장들을 포함하고 있다. 부덕과 선의지의 양립가능성 그리고 부덕의 발생에 대한 논의에서 살펴본 바와 같이, 유덕한 사람은 충동과 경향성을 지배해야 하는데 선의지를 갖는 것은 감성적 충동을 지배하는 것과 전적으로 같지는 않다. 다시 말해서 선의지를 본질적 요소로 가질 뿐만 아니라 감성적 충동을 지배해야 덕을 갖게 된다. 여기에서 격정을 억제하고 열정을 지배하는, "이 두 상태에서의 **성품**(性品)은 **고상**(高尙)하나, 반대의 경우에는 비천(卑賤한, 鄙陋한 性品)하다."는 칸트의 주장이 보여주는 것처럼,[46] 충동과 경향성을 지배하는 것은 유덕한 성품의 중요한 부분이다. 따라서 선의지는 의무를 준수하는 유덕한 행위자의 성품을 포괄하기에 부족하다.

선의지와 덕을 행위자중심적인 개념으로만 보기 어렵게 만드는 좀 더 심각한 요인이 남아있다. 윤리적 마음씨로서의 덕은 행위자의 성격에 자리 잡은 성향이라고 할 수 있다. 이때 덕은 행위자중심적인 개념의 특징을 갖는다. 그러나 이미 논의한 바와 같이 덕을 의지의 도덕적 강함으로 설명할 때 칸트는 윤리적 마음씨를 형식적 의무로서의 덕으로 보고 질료적인 덕의무들로서의 다수의 덕을 주장한다. 그리고 그는 이러한 다수의 덕들이 서로 다르다고 보고 윤리적 마음씨를 가지고 여러 덕들을 갖지만 어떤 특정 덕을 결여할 수 있다고 주장한다.[47] 이러한 주장들은 다수의 덕들이 의무인 특정 행위

46 칸트 (2012), VI407.

47 여기에서 다수의 덕들이 서로 다르다는 점은 칸트의 덕개념에서 중요한 특징에 속한다. 칸트는 덕이론을 다루는 윤리 형이상학의 3가지 일반 원칙 중 하나로 "'한' 의무에 대해서 단 하나의 의무 지움의 근거만이 발견될 수 있다."는 점을 꼽고, 이에 따라 "단지 하나의 덕과 단지 하나의 패악이 있다."는 고대의

들의 준칙의 성격을 갖는다는 것을 보여준다. 이런 맥락에서 칸트는 덕을 "인간의 의무 수행에서 그의 준칙의 강함"으로 그리고 다수인 덕의무를 "목적의 준칙에 대한 책무"로 정의한다.[48] 이러한 입장은 전형적인 행위자중심적인 덕개념과 구별되는 것으로서 칸트가 원칙을 세우고 원칙에 따라 행위를 수행하는 규칙윤리적 맥락에서 덕을 이해하고 있음을 보여준다. 그리고 덕이 이러한 맥락에서 이해된다면 덕의 본질적 요소인 선의지 역시 도덕법칙에 따라 준칙을 세우고 행위하는 것으로서의 특징을 가질 것이다. 어떤 면에서 선의지와 부덕의 양립가능성은 선의지가 가지는 이러한 특징을 뒷받침해준다고 할 수도 있다. 결국 칸트윤리학에서 선의지와 덕은 행위자의 도덕적 특징이지만 또한 행위의 도덕적 특징이기도 하다.

동시에 의무이자 목적인 덕의무가 잘 보여주는 것처럼, 칸트의 덕이론에서 덕은 그 의미를 명확하게 파악하기가 쉽지 않고 여러 해석의 여지를 가지는 복잡한 개념이다. 그럼에도 불구하고 선의지와 덕 그리고 도덕적 약함의 관계에 대한 검토는 칸트의 윤리학적 체계에서 덕이 가지는 성격을 파악하는데 도움이 된다. 이러한 검토를 통해 우리는 선의지가 덕의 본질적 요소이지만 선의지를 갖고도 덕을 결여하고 도덕적으로 약한 사람이 될 수 있다는 점, 도덕적 약함에는 지성사용의 약함이 마음동요의 강함과 결합되어 있기 때문에 덕을 갖기 위해서는 격정에 휩싸이지 않고 적절한 감정을 갖는 것이 중요하다는 점, 그리고 덕은 행위자의 도덕적 특징일 뿐만 아니라 행위의 도덕적 특징이기도 하다는 점을 알 수 있다. 덕의 이러한 특

입장에 반대한다고 주장한다. 칸트 (2012), VI403, 405.

48 칸트 (2012), VI394, 395. 덕이론의 최상의 원리를 제시하는 점도 이러한 맥락에 해당되는 것이다. 이를 위해서는 칸트 (2012), VI395 참조.

징들은 칸트의 덕이론을 이해하고자 할 때 앞으로 어떤 점들이 검토되어야 하는지를 제시해준다. 예컨대 유덕한 사람이 되기 위해서는 선의지를 가질 뿐만 아니라 이러한 선의지가 잘 표현될 수 있도록 적절한 감정을 가져야 한다고 할 때 유덕하게 되는데 감정이 구체적으로 어떤 역할을 하는지, 유덕한 사람에게 있어서 이성과 감정이 구체적으로 어떻게 작용하는지 고찰되어야 한다. 또한 덕이 도덕적 행위자의 특징이면서 도덕적 행위의 특징이라고 할 때 이 두 특징이 어떻게 공존하는지 그리고 이러한 공존방식은 칸트의 덕이론의 성격을 어떻게 규정하는지가 논의될 필요가 있다. 이러한 논의들을 통해 칸트의 덕이론이 그의 윤리학적 체계 내에서 어떤 의미를 가지는지 그리고 여타의 덕윤리들과 어떤 관계를 갖는지 파악할 수 있을 것이다.

제6장 도덕적 목적이론으로서 칸트의 덕론

대표적인 의무론자인 칸트는 『도덕형이상학』에서 순수 이성의 목적은 인간에게 의무로 표상된다고 보고 이 의무인 동시에 목적인 것을 덕의무라고 한다. 그리고 그는 덕의무를 다루는 덕론을 실용적 목적이론과 구별하여 도덕적 목적이론으로 칭한다. 칸트의 덕론에서 윤리학이 의무들의 체계일 뿐만 아니라 목적들의 체계로 정의될 때, 도덕적 목적이론으로서의 덕론이 그의 윤리학 전체 체계에서 어떻게 이해되는지를 살펴보는 것은 중요한 문제가 아닐 수 없다. 본 장에서는 『도덕형이상학』에서의 주장을 중심으로 해서 도덕적 목적이론으로서의 덕론에서 목적이 어떤 역할을 하고 도덕적 목적이론이 어떤 성격을 갖는지 고찰하면서 칸트의 덕론을 이해하고자 한다. 이를 위해 먼저 덕의 개념을 살펴보면서 덕이 도덕적 목적을 선택하고 추구하는 결의와 능력임을 보이고 이러한 목적의 가능성과 작용을 살펴본다. 그리고 목적과 동기의 관련성을 살펴보면서 목적의 실천적인 역할을 규명하고 이로서 드러나는 도덕적 목적이론으로서의 덕론의 성격과 의의를 제시한다. 나아가서 목적이 동기뿐만 아니라 가치에도 관련되고 실천적 역할뿐만 아니라 이론적 역할도 한다는 점을 밝히고 이를 통해 드러나는 도덕적 목적이론으로서의 덕론이 가지는 성격과 의의를 고찰한다. 도덕적 목적이론으로서의 덕론의 성격과 의의는 덕론 자체에 대한 이해와 함께 칸트윤리학에서 덕론이 가지는 의미를 파악하는 데 도움을 줄 것이다.

1. 의무, 목적, 그리고 덕

칸트는 언제 어디서나 무조건적으로 선한 것은 선의지뿐이며 이러한 선의지는 의무로부터의 행위에서 드러난다고 본다. 칸트가 도덕적으로 선하다고 보는 의무로부터의 행위는 단지 도덕법칙에 따르는 행위가 아니라 도덕법칙 때문에 일어난 행위, 즉 도덕법칙에 대한 존경으로부터 일어난 행위이다. 의무로부터의 행위의 이러한 성격은 책무의 근거가 되는 도덕법칙이 절대적 필연성과 함께 순수성과 진정성을 가져야 한다는 칸트의 입장을 잘 보여준다.[1] 그리고 자연적 충동이나 경향성은 칸트가 주장하는 도덕법칙의 이러한 특징들을 충족시킬 수 없다는 점에서, 도덕법칙이 행위의 규칙일 뿐만 아니라 행위의 동기가 되는 의무로부터의 행위는 순수 이성에 근거함을 알 수 있다. 그러나 도덕법칙이 적용되는 인간은 이성과 함께 자연적 충동이나 경향성을 함께 지닌, 이성적 자연존재이다. 이점은 자연적 충동이나 경향성이 의무의 준수를 방해하는 장해물이 될 수 있다는 것을 의미한다. 따라서 우리가 의무를 준수하기 위해서는 도덕법칙의 권위를 인정하고 자연적 충동이나 경향성에 따른 방해를 이겨내는 의지의 도덕적 강함이나 굳셈이 필요하다. 칸트는 이러한 강함이나 굳셈, 즉 의무 준수를 방해하는 충동이나 경향성을 극복하는 능력과 결의를 덕이라고 본다.[2]

의무의 준수에서 자연적 충동이나 경향성에 따른 방해를 이겨내는 강함을 덕이라고 할 때 이 강함이 구체적으로 어떤 능력과 결의

1 도덕법칙의 절대적 필연성과 순수성, 진정성에 대한 논의는 칸트 (2014), IV389-390 참조.

2 칸트 (2018a), VI380 참조.

인지, 어떻게 자연적 충동이나 경향성에 따른 방해를 이겨낸다는 것인지 알아보기 위해 칸트의 다음 주장을 살펴보자.

> "법론은 외적 자유의 그저 **형식적** 조건(외적 자유의 준칙이 보편적 법칙이 되었을 경우, 이 외적 자유가 자기 자신과 합치하는지)에만, 다시 말해 **법**에만 관여했다. 이에 반해 윤리학은 한 걸음 더 나아가 **실질**(자유로운 자의의 대상)을, 즉 순수 이성의 **목적**을 제공한다. 그런데 이 목적은 객관적이면서 동시에 필연적인 목적으로, 다시 말해 인간에게 의무로서 표상된다. 감성적 경향들이 의무와 대립할 수 있는 목적들을 (자의의 실질로) 가지고 현혹할 경우, 입법하는 이성은 그것들에 대립하는 도덕적 목적, 즉 경향과는 무관하게 아프리오리하게 주어져 있어야 하는 목적을 통해서만 자기 영향력을 지킬 수 있기 때문이다."[3]

여기에서 주목할 점은 감성적 경향에 따르는 목적들과 순수 이성의 목적이다. 우리가 자연적 경향성에 따라 행위한다는 것은 자연적 경향성을 좇아 목적을 세우고 이 목적을 추구한다는 것이다. 또 자연적 경향성이 의무의 준수를 방해하는 적이라는 것은 자연적 경향성이 의무에 어긋날 수 있는 목적들로 우리를 유혹한다는 것을 함의한다. 칸트는 경향성이 의무준수의 장해물이 될 때 그것은 의무에 어긋날 수 있는 목적들로 우리를 유혹하며 이성적 존재는 순수 이성에 의해 제공된 목적을 통해서 경향성에 따른 목적들을 물리쳐야 한다고 주장한다. 여기에서 순수 이성의 목적은 우리에게 의무로 표상된 것으로서 경향성에 따른 주관적인 목적들과 달리 객관적이고 필연적인 목적이다.[4] 이성적 자연존재로서 우리는 충동이나 경향성에

3 칸트 (2018a), VI381.

의해서 주관적인 목적을 세울 수 있지만 또한 순수 이성에 의해 의무로 인식되는 객관적인 목적을 세울 수도 있다. 동시에 의무인 이러한 목적을 칸트는 덕의무라고 말하고 이 덕의무를 "실천이성의 개념 안에 놓여 있는 어떤 것을 목적으로 삼도록," 다시 말해 "감성적 충동들과 대립할 수 있는 목적을 갖도록 구속되어" 있는 것이라고 설명한다.[5] 덕의무를 행하는 것은 경향성을 좇아 세운 목적들 대신 이성에 따라 의무로 인식하는 바를 우리 자신의 목적으로 세워 추구하는 것이다. 윤리적 의무로서의 덕의무에 대한 칸트의 설명은 덕이 이성에 따라 의무로 인식하는 바를 자신의 목적으로 선택하고 추구하는 결의와 능력임을 보여준다. 덕은 이성에 의해 규정되는 무조건적인 목적, 즉 도덕적 목적을 선택하고 추구하는 것이다.

칸트의 덕개념의 핵심이 목적이라는 점은 그의 덕론에서 쉽게 확인된다. 예컨대 칸트가 덕의무에는 "순수한 실천이성이 자신 안에 가지는" 목적 개념이 보태진다고 보는 점이나,[6] 덕론의 최상 원리를 "어떠한 목적들을 가지는 것이 누구에게나 하나의 보편 법칙일 수 있는 **목적들**의 준칙에 따라서 행동하라"로 제시하는 점을 들 수 있다.[7] 덕은 의무로 표상되는 목적을 선택하고 추구하는 것이고 덕의무는 의무적인 목적obligatory ends이라는 점에서 덕의무의 이론인 덕론은 도덕적 목적이론이 된다.

도덕적 목적이론으로서의 칸트의 덕론을 이해하기 위해서는 순수 이성의 목적이라는 칸트의 주장을 조금 더 들여다 볼 필요가 있다.

---

4 칸트가 "의무는 원하지 않는 목적을 **강요**하는 것이다."라고 말한 바와 같이, 의무의 관점에서 보면, 어떤 것을 의무라고 인식하는 것은 내가 그것을 나의 목적으로 삼아야한다는 인식에 다름 아니다. 칸트 (2018a), VI 386.

5 칸트 (2018a), VI381.

6 칸트 (2018a), VI396.

7 칸트 (2018a), VI395.

우리의 목적이 흔히 욕구나 감정에 의해 세워진다는 점에서 먼저 이러한 성격의 목적이 어떻게 가능한지 궁금하지 않을 수 없다. 칸트는 "만일 목적들에 무관심하다고 한다면 실천이성은 (행위는 언제나 목적을 포함하므로) 행위를 위한 준칙을 규정하지 않는 셈이 되고 결국 실천이성이 아닌 셈이 되고" 만다고 설명한다.[8] 그리고 그는 "자유로운 행위가 존재함으로써 그 행위가 대상으로서 지향하는 목적들 또한 틀림없이 존재하기 때문"에 순수 이성의 목적과 그러한 목적에 대응하는 정언 명령이 있을 수밖에 없다고 생각한다.[9] 칸트는 순수 이성이 우리에게 작용하려면 목적에 관심을 갖지 않을 수 없기 때문에 순수 실천이성은 목적에 대한 능력이며, 자유로운 행위가 있다는 점에서 순수 이성의 목적이 있을 수밖에 없다고 주장한다.

순수 이성의 목적과 관련한 또 다른 궁금함은 그러한 목적이 어떻게 작용하는가 하는 점이다. 『윤리형이상학 정초』에서 칸트는 보편법칙의 정식과 인간성의 정식이 동일한 원칙의 정식이라는 동등성 주장을 개진한다.[10] 이 동등성 주장에 따라 어떤 사람의 인간성을 무조건적인 목적으로 선택하는 것은 그 사람에 관하여 보편법칙이 의욕될 수 있는 준칙에 따라서 행위하는 것이다. 인간성의 정식에서 무조건적인 목적인 인간성은 합리적 본성을 의미하며 이것은 바로 순수 이성의 목적이다. 따라서 목적 그 자체로서의 인간성의 작용을 보면 순수 이성의 목적이 어떻게 작용하는지 알 수 있다. 칸트에 따르면 나와 다른 사람의 인간성은 목적 그 자체로서 적극적으로 산출되어야 하는 목적이 아니라 거슬러 행위해서는 안 되는 소극적 목적

8 칸트 (2018a), VI395.
9 칸트 (2018a), VI385.
10 칸트 (2014), IV436 참조.

이며 이 목적은 여타의 주관적, 질료적 목적들이 침해해서는 안 되는 최상의 제한 조건을 형성한다.[11] 인간성이라는 객관적인 목적이 경향성에 따른 주관적 목적들을 제한하는 최상의 조건이라는 것은 주관적인 목적들이 합리적인 숙고와 선택에 근거해서 달성되어야 한다는 것, 이성에 의해 그것의 충족이 허용되는 경향성이 추구되어야 한다는 것을 의미한다. 그리고 이성에 의해 그것의 충족이 허용되는 경향성이 추구될 경우, 주관적 목적이 달성될 뿐만 아니라 객관적 목적 역시 달성되게 된다.

이제 순수 이성의 목적인 도덕적 목적을 선택하고 추구하는 것인 덕은 인간의 합리적 본성이 주관적인 목적들을 제한하여 목적을 세우는 것으로 이해될 수 있다. 이 작용은 여러 대상들을 가지는 덕의무들을 수행하면서 이루어진다. 칸트는 "다수의 덕을 생각한다는 것은 (이는 불가피한데) 다양한 도덕적 대상을 생각하는 것과 마찬가지다. [하지만 어쨌든] 이때 의지를 그 대상에게 안내하는 것은 덕의 유일한 원리다."라고 말한다.[12] 우리가 유덕한 심정, 즉 법칙에 대한 존경으로부터 행위하는 심정을 가지고 특정의 대상이 문제되는 상황에서 행위하고자 할 경우 우리는 그 상황에서 순수 이성에 의해 가지도록 규정되는 특정의 대상을 우리의 목적으로 세워 행위하게 된다. 또한 이 목적은 주관적인 목적들을 제한하는 최상의 조건으로 작용하게 되고 이 목적을 거스르지 않는 주관적 목적들의 달성이 허용되게 된다.

곤경에 처한 사람의 행복을 위해 어떤 대가를 바라지 않고 그 사람을 돕는 경우를 예로 들어 보자. 도덕법칙에 대한 존경으로부터

11 칸트 (2014), IV437-438 참조.
12 칸트 (2018a), VI406.

행위하는 심정을 가진 나는 곤경에 처한 사람이 도움을 필요로 하는 상황에서 어떤 대가를 바라지 않고 그를 돕는 행위를 선택한다. 이것은 자선의 의무가 관련된 상황에서 타인의 행복을 목적으로 삼아 돕는 행위를 선택한 것이다. 여기에서 타인의 행복을 목적으로 삼는 것은 그의 인간성을 목적 그 자체로 존중하는 것에 속하고, 이로써 나는 타인의 행복에 속하는 자선이라는 덕의무를 수행하는 것이다. 한편 곤경에 처한 사람을 돕다가 번거로운 일에 휘말릴까봐 그냥 지나치고 싶었지만, 그래서는 안 된다고 생각하고 돕는 경우를 생각해 보자. 여기에서 번거로운 일에 휘말릴까봐 그냥 지나치고자 하는 것은 주관적인 목적에 해당한다. 또 번거로운 일에 휘말리지 않기 위해 돕지 않고 그냥 지나쳐서는 안 된다고 판단한 것은 곤경에 처한 사람을 목적 그 자체로 존중하는 것, 이 경우에 그의 행복을 목적으로 삼는 것이고, 번거로운 일에 휘말리지 않으려는 주관적인 목적이 이러한 목적에 거스르기 때문에 목적으로 선택하지 않는 것이다. 번거로운 일에 휘말리고 싶지 않았음에도 불구하고 어떤 대가를 바라지 않고 곤경에 처한 사람을 돕는 경우에서 나는 타인의 행복을 나의 목적으로 삼는, 자선의 덕의무를 수행한 것이다.

2. 목적과 동기의 관련성과 덕론의 성격

덕이 의무적인 목적을 세우는 능력과 결의이며 이에 따라 덕론은 도덕적 목적이론이라는 점에서, 목적이 어떤 역할을 하고 도덕적 목적이론이 어떤 성격을 갖는지 살펴보는 것은 칸트의 덕론을 이해하는 데 중요하다. 널리 알려진 바와 같이 『윤리형이상학 정초』에서 칸트는 도덕법칙을 확립하면서 의무이론으로서의 윤리이론을 제시한다. 그러나 앞 절에서 살펴본 바와 같이 『도덕형이상학』에서 칸트는 도덕법칙을 이성적 자연 존재인 인간에게 적용함에 있어서 의무의 준수를 방해하는 경향성을 극복하는 도덕적 강함으로서의 덕이 요구된다고 주장한다. 이 주장은 칸트의 덕이 도덕법칙을 인간에게 적용하는 차원, 인간이 의무를 준수하는 차원에서 작용함을 보여준다. 이러한 덕의 작용을 이해할 때 무엇보다 중요한 것은 칸트가 덕론에서 제시하는 Wille와 Willkür의 구분, 그리고 Willkür의 작용에서 드러나는 목적의 역할이다. 칸트가 Wille와 Willkür를 공식적으로 구분하게 된 것은 『도덕형이상학』의 서론에서이다.[13] 칸트는 Wille와 Willkür를 구분하면서 Wille에서 법칙이, 그리고 Willkür에서 준칙이 유래한다고 본다.[14] Wille와 Willkür는 여러 방식으로 설명되는데, Wille, 즉 의지는 도덕법칙을 제시하는 입법적 기능으로, 그리고 Willkür, 즉 자의는 준칙을 세워 선택하는 실행적 기능으로 볼 수 있다.[15] Wille와 Willkür, 즉 의지와 자의는 인간의 의지가

---

13 Allison (1990), pp. 129-130 참조.

14 칸트 (2018a), VI226 참조.

15 『도덕형이상학』의 영역본에서 그레거(Mary Gregor)는 Wille를 will로, Willkür를 choice로 번역한다. 예컨대 Kant (1991), p. 42 참조. 본 장에서는 사용하는 『도덕형이상학』 한글 번역본에 따라 Wille는 의지로, Willkür는 자의로 번역한다. 본 장에서 Wille를 도덕법칙을 제시하는 입법적 기능으로, Willkür를 준칙을 세워 선택하는 실행적 기능으로 설명하는 것은 두 개념에 대한 여러 설명에 근거한 것이다. 먼저 벡(L.W. Beck)은 Wille와 Willkür를 의지(will)의 두 의미라고 보고, Wille를 "실천이성(practical reason), 입법적 기능(the legislative function)"으로 그리고 Willkür를 "실행능력(executive faculty)"으로 구분한다. Beck, (1960), p. 202. 앨리슨(Henry E. Allison)은 "칸트가 Wille와 Willkür의 용어를 volition의 통합된 능력의 입법적 기능과 실행적 기능으로 각각 특징 짓는데 사용한다."고 말한다. Allison (1990), p. 129. 가이어(Paul Guyer)는 Wille를 우리에게 도덕 법칙을 제시하는 "순수 실천이성과 동일한, 본질적으로 인지적인 능력(cognitive faculty)"으로, Willkür를 "선택의 능력(faculty of choice) 혹은 도덕법칙과 자기애 사이에 선택을 내리는 실천적 능력으로서의 "선택 의지

가지는 두 가지 능력인데,[16] 칸트가 이 두 능력을 구분하는 이유는 이성적 자연존재로서의 인간이 가진 자의의 특징에서 찾을 수 있다. 칸트는 "우리의 자의는 감성적으로 촉발되기 때문에 순수한 의지에 저절로 합치하지 않으며 종종 그것에 저항한다."고 지적한다.[17] 자의와 의지의 두 개념에서 드러나는 것처럼 자의가 의지에 합치한다는 것은 의지가 제시하는 도덕법칙을 자의에 따라 합리적 존재가 자신의 준칙으로 삼는 것을 의미한다. 자의가 의지에 합치할 경우 우리는 행위가 문제되는 구체적인 상황에서 도덕법칙에 따라 선택하고 의무로부터 행위하며,[18] 이때 객관적 필연성과 주관적 필연성 간의 간극은 존재하지 않는다. 그러나 칸트는 이성적 자연존재로서 인간의 자의는 충동이나 경향성에 의해 촉발될 수 있기 때문에 자의는 의지에 합치하지 않을 수 있고 그래서 의지와 자의는 구분될 필요가 있다고 여긴다. 자의가 의지에 합치하지 않을 경우 행위자가 도덕법칙에 대한 표상을 가져도 그의 선택은 도덕법칙에 의해 결정되지 않는다.

칸트에 따르면, 인간의 자의는 감성적 충동에 의해 촉발된다는 점

(elective will)""라고 설명한다. Guyer (2016), p. 220. 힐 (Thomas E. Hill)은 Wille를 "합리적인 입법적 의지 (rational legislative will)", "법칙을 주는 실천이성"으로, Willkür를 "선택능력 (a power of choice)", "준칙에 따라 행동할 선택"으로 설명한다. Hill (2012), p. 5, 9.

16 앨리슨에 따르면, Wille는 의지능력의 한 가지 기능을 함축하는 좁은 의미와 전체로서 의지의 능력, 즉 의지의 통합된 능력을 함축하는 넓은 의미의 두 가지 의미를 가진다. 본문에서 전자의 의지는 좁은 의미를, 후자의 의지는 넓은 의미를 뜻한다. Allison (1990), p. 129 참조.

17 칸트 (2018a), VI221.

18 힐은 도덕적 성향 즉 "합리적 원칙에 의해 자신을 지배하는 합리적 성향"이 "구체적인 경우들에서 도덕적으로 올바른 선택을 보장하지 않는다."는 점이 의지의 두 면을 구별하게 하는 주된 요인이 된다고 설명한다. Hill (2012), p. 124. 힐의 주장에서 우리는 자의가 구체적인 상황에서 행위의 선택과 관련됨을 알 수 있다.

이외에 매우 중요한 또 하나의 특징을 가진다. 칸트는 "인간의 자의는 충동으로 **촉발**되기는 하지만 **규정**되지는 않는 자의이며, 따라서 (이성에 따라 획득된 능숙함 없이) 그 자체로 순수한 것은 아니지만 그럼에도 순수한 의지에서 유래하는 행위로 규정될 수 있다."고 말한다.[19] 칸트는 경향성으로만 규정될 수 있는 동물의 자의와 달리 인간의 자의는 순수 이성으로 규정될 수 있는 자의라고 보고 이 자의를 자유로운 자의라고 부른다.[20] 인간의 자의가 감성적 충동에 의해 촉발되지만 자유로운 자의일 수 있다고 할 때, 이 자유로운 자의란 자의가 의지에 합치하는 것과 다름없다.[21] 자유로운 자의가 순수 이성으로 규정된다는 점에서 자유로운 자의는 자의가 의지의 규정인 도덕법칙에 합치하는 준칙을 세우는 것을 의미하기 때문이다. 자의와 의지의 합치로서의 자유로운 자의의 의미는 자의의 대상과 관련하여 볼 때 보다 구체적으로 드러난다. 자의의 대상은 실질로서의 목적이다. 자의가 준칙을 세워 선택하는 실행적 기능이라고 할 때 준칙은 목적을 그 내용으로 한다. 그리고 자유로운 자의는 순수 이성으로 규정된다는 점에서 자유로운 자의의 대상은 순수 이성의 목적, 즉 의무로 표상되는 객관적이고 필연적인 목적이다. 따라서 자유로운 자

19 칸트 (2018a), VI213.

20 칸트 (2018a), VI213-214 참조.

21 여기에서 자유로운 자의와 관련해서 유의할 점이 있다. 칸트는 "(도덕 법칙으로 비로소 우리에게 알려지는) 자유를 우리는 오직 우리 안에 있는 **부정적** 특성, 즉 '감성적 규정 근거들은 행위를 **강제하지** 않는다'는 특성에 의해서만 깨닫기 때문"에 "자의의 자유를 선택 능력, 즉 법칙에 맞는 행위나 어긋나는 행위를 선택하는 능력(중립적 자유)으로 정의해서는 안 된다."고 말한다. 칸트, 『도덕형이상학』, VI226. 또 칸트는 "비록 경험이 아무리 증거를 제시한다 할지라도 자유는 결코 '이성적 주체는 자신의 (입법적) 이성에 상충하는 선택 역시 결정할 수 있다(이와 같은 가능성을 우리는 결코 이해할 수 없다)'는 사실과 동일시될 수 없다."고 말한다. 칸트 (2018a), VI226.

의는 의무적인 목적을 내용으로 가지는 준칙을 세우는 것이다.

자의의 자유가 의무적인 목적을 내용으로 하는 준칙을 세우는 것이라는 점은 실천적으로 중요한 함의를 가진다. 칸트에 따르면 "**목적**은 (이성적 존재가 지닌) 자의의 대상인데, 자의는 이 대상을 표상함으로써 이를 산출하는 행위를 하도록 규정된다."[22] 목적에 대한 표상이 자의를 행위로 나아가도록 규정한다는 칸트의 주장은 의지의 결정에서 행위로의 전이에 목적이 작용함을 의미한다. 자의가 목적을 내용으로 하는 준칙을 세우고 목적은 동기와 관련되는, 그것의 실천적 역할을 통해 우리를 행위로 나아가게 하는 것이다. 자유로운 자의에서도 마찬가지이다. 자유로운 자의는 법칙에 합치하는 준칙을 통해 의무를 목적으로 세워 행위를 규정하는 것이고, 이 과정에서 의무적인 목적은 동기에 관련되는, 실천적 역할을 하게 된다. 칸트는 "의지는 (자의처럼) 행위와 관련된 한에서 욕구능력이 아니라 자의를 규정하여 행위하도록 만드는 근거와 관련된 한에서 욕구능력이다."라고 주장한다.[23] 칸트가 의지를 행위의 근거와 관련된 욕구능력으로 보는 반면 자의를 행위와 관련된 욕구능력으로 보는 이유는 자의의 대상인 목적이 하는 실천적 역할과 밀접히 관련되어 있다.

앞 절에서 살펴본 것처럼 덕은 경향성을 좇아 세운 목적 대신 동시에 의무인 목적을 세우는 것이다. 그렇다면 의무적인 목적을 내용으로 하는 준칙을 세우는 자유로운 자의를 갖는 것은 바로 덕을 갖는 것이다. 이제 자유로운 자의가 덕이고 자의에 작용하는 목적이 동기에 관련되는 실천적 역할을 한다는 점에서 덕은 의무를 목적으로 세워 행위의 동인을 규정하는 것이다. 우리는 자유로운 자의와

---

22 칸트 (2018a), VI381.
23 칸트 (2018a), VI213.

목적의 실천적 역할을 통해 덕이 도덕적 동기에 관련된다는 것을 알 수 있다. 이점은 칸트의 덕이 가진 분명한 특징이다. 동시대의 칸트주의자인 가이어Paul Guyer는 우리가 가질 의무가 있는 덕의 심정은 "무엇이 행해져야 하는지가 아니라 소위 말해서 그것이 어떻게 행해져야 하는지에, 좀 더 구체적인 윤리적 의무들이 이행되어야 하는 동기의 일종에 관련된다."고 말한다.[24] 우드Allen Wood 역시 칸트가 "덕이 도덕법칙에 의해 동기지워지고 있다는 것뿐만 아니라 덕이 모든 인간에게 있어서 그렇게 동기지워지는 것에 방해가 될 수 있는 자연적 경향성의 존재 하에서 그렇게 동기지워지는 강함이라는 것을" 확실히 한다고 말한다.[25] 칸트의 덕이 가지는 이러한 성격을 통해 우리는 그의 덕론이 도덕적 동기이론, 구체적으로 도덕적 동기를 다루는 실행이론executive theory에 해당된다는 것을 알 수 있다.

여기에서 도덕적 목적이론으로서의 덕론이 제시하는 도덕적 동기에 대한 설명을 살펴보자. 이성적 존재의 자의의 자유는 감성적으로 촉발되는 것이 아니라 도덕법칙에 따른 의지의 결정이고 이것은 본체적 자아의 모습이다. 이런 의미에서 덕론이 제시하는 도덕적 동기에 대한 설명에는 기본적으로 본체적인 성격이 존재한다. 한편 행위는 현상적인 것이다. 따라서 본체적인 의지에서 현상적인 행위로의 전이가 어떻게 이루어지는지 궁금할 수 있다. 이와 관련하여 가이어는 "어쨌든 도덕법칙을 준수할 지 말 지의 의지의 본체적 결정과 특정 행위를 의욕하는 현상적 과정 간의 관계, 즉 예지적 성격과 경험

24 Guyer (2016), p. 217. 칸트는 자신의 완전성이라는 자신에 대한 덕의무를 설명할 때 "의지가 계발됨으로써 가장 순수한 덕의 심정에 이르게" 되는데 "이때 법칙은 의무에 합치하는 자기 행위의 동기가 된다."고 말한다. 칸트 (2018a), VI387.

25 Wood (1999), p. 222.

적 성격 간의 관계는 불가해한 것으로 되어있으며", "우리는 의욕하는 것의 본체적 토대에 대해서 실천적 의도를 위해 엄격하게 요구되는 것 이상의 어떤 것을 상정하지 않기로 되어 있다."고 말한다.[26]

그러나 의지의 본체적 결정에서 행위를 의욕하는 현상적 과정으로의 전이가 불가해한 것이라 해도 우리는 이러한 전이를 짐작해볼 단서를 찾을 수 있다. 그것은 바로 목적과 감정의 관련성이다. 칸트의 동등성 주장에 따라 규범적 의미에서 인간성의 정식은 보편법칙의 정식과 동등하다. 인간성의 정식이 제시하는 요구나 허용은 보편법칙의 정식이 제시하는 요구나 허용과 다르지 않다. 그러나 『윤리형이상학 정초』에서 칸트는 보편법칙의 정식, 인간성의 정식, 그리고 목적의 나라의 정식이 동일한 원칙의 세 가지 정식일 따름이라고 언급한 후 "그럼에도 그것들에는 차이가 있는데, 그것은 객관적-실천적인 것이라기보다는 오히려 주관적인 것이다. 곧, 이성의 이념을 (일종의 유비에 의해서) 직관에 근접시키고, 그렇게 함으로써 감정에 근접시키기 위한 것이다."라고 주장한다.[27] 이성의 이념이 감정에 근접하게 되는, 행위자의 주관적 차원 때문에 목적의 개념이 도입된다는 칸트의 주장은 목적이 감정에 근접함으로써 하게 되는 실천적 역할을 암시한다. 보편법칙의 정식과 달리 인간성의 정식은 목적을 통해 감정에 근접하는 실천적 역할을 하는 것이다. 코스가드Christine M. Korsgaard는 칸트가 보편법칙의 정식을 제시한 이후에 인간성의 정식을 도입한 이유를 이점과 관련지어 설명한다. 코스가드에 따르면, 칸트는 "유한한 감성적인 본성의 결과"로서 인간은 항상 목적을 위해서 행위하기 때문에 도덕법칙의 객관적 필연성을 제시하는 순수 실

---

26 Guyer (2016), p. 237.
27 칸트 (2014), IV436.

천이성은 목적을 통해 인간의 내부에 접근하지 않을 수 없다고 주장한다.[28] 칸트를 이렇게 해석한 후 그녀는 "보편법칙의 정식은 도덕적 행위의 객관적 필연성을 설명하지만 주관적 필연성을 설명하지는 않"기 때문에 "인간성과 그것으로부터 도출될 수 있는 다른 목표들을 우리의 목적으로 삼을 것을 지시"하는 인간성의 정식을 도입하는 것은 필연적이라고 말한다.[29]

목적으로 표현되는 인간성의 정식을 통해 이성의 이념을 감정에 근접시켜 주관적 필연성을 설명하려는 칸트의 입장은 덕론에서 자의와 감정을 관련짓는 부분에서도 드러난다.[30] 덕론에서 의무 개념을 통해 촉발되는 마음의 본성적 소질들 중 하나인 도덕적 감정을 설명할 때 칸트는 자의와 감정의 작용을 언급한다. 칸트는 "자의가 행하는 모든 규정은 가능한 행위에 대한 표상**에서** 시작하여 그 행위나 행위의 결과에 관심을 가지는 쾌나 불쾌 감정을 거쳐 행동으로 나아간다."고 말하며 "이때 (내감의 촉발로 생겨난) **감성적** 상태"가 법칙에 대한 표상에 앞설 때는 정념적 감정이고 오로지 그 표상에 뒤이어 나올 때는 도덕적 감정이라고 본다.[31] 또한 칸트는 우리가 갖고 있는 것은 도덕적 선과 악에 대한 감각 능력이 아니라 도덕적 감정, 즉 "실천적 순수 이성(과 그 법칙)을 통해 자유로운 자의가 움직일 때 그 움직임에 대한 자의 자신의 **감수성**"이라고 말한다.[32] 이처

28 코스가드 (2007), p. 280.

29 코스가드 (2007), p. 281.

30 코스가드는 칸트가 덕론을 통해 윤리학을 도덕적 목적이론으로 설명하는 것은 인간의 본성 속에 있는 "우리로 하여금 목적을 필요로 하게 만드는 수동적·감각적·표상적인 요소"가 우리를 유혹에 영향 받기 쉽게 만든다는 점 때문이라고 본다. 코스가드 (2007), p. 282. 그녀는 기본적으로 목적지향적인 것이 인간의 감성적 본성의 결과라는 점에서 목적의 필요성에 대한 『윤리형이상학 정초』와 덕론에서의 두 설명이 다르지 않다고 본다.

31 칸트 (2018a), VI399.

럼 자의와 감정이 관련되고 자유로운 자의의 작용으로 도덕적 감정이 촉발되는 것은 자의가 목적을 내용으로 하는 준칙을 세우는 것과 관련이 깊다.

목적을 대상으로 하는 자의와 감정의 근접을 통해 본체적인 의지에서 현상적인 행위로의 전이가 짐작될 수 있다는 점은 칸트 도덕철학체계에서 도덕적 동기이론으로서 덕론이 가지는 의의를 보여준다. 도덕적 의무의 행위 구속력에 대한 칸트의 견해는 "의지를 규정하는 도덕적 동기의 작용에서 의지와 감정 간의 밀접한 결합에 주목하지 못했다."고 평가된다.[33] 목적을 통한 감정에의 근접은 의지와 질료적 감정이 연관되도록 매개함으로써 이러한 약점을 보완하는 면을 가진다. 칸트가 보편법칙의 정식과 함께 인간성의 정식을 제시하고, 의무론에서 나아가 목적이론으로서의 덕론을 제시할 때, 이 덕론은 본체적인 의지의 작용에서 목적이 세워지고 이러한 목적이 감정과 관련되고 현상적 차원으로 나아가는 동기적 과정을 다소 파악할 수 있게 해준다.[34]

도덕적 동기이론으로서 칸트의 덕론이 가지는 또 다른 의의는 그

---

32 칸트 (2018a), VI400.

33 맹주만 (2017), p. 53.

34 여기에서 한 가지 덧붙여둘 점이 있다. 목적과 감정의 관련성을 통해 의지의 본체적 결정에서 행위로의 현상적 전이 과정을 짐작할 수 있다고 하더라도 목적개념이 행위의 수행에 요구되는 감성적 차원을 모두 설명하는 것은 아니다. 목적은 행위자 자신이 스스로 세우는 것으로서 목적의 선택은 행위자의 주관적인 서술인데 여기에는 감성적 감정이 관여한다. 이와 관련하여 칸트는 이성의 분별을 목적으로 세우기 위해서는 감수성이 전제되어야 한다고 보며, 덕의무의 실천을 위해 감성적 감정들을 계발하는 것은 그 자체로 의무는 아닐지라도 간접적 의무라고 말하고, 또 덕의 훈련을 위해 활기차고 즐거운 마음을 겨냥하는 수양법을 주장한다. 칸트 (2018a), VI398, 457, 484 참조. 그러나 칸트는 도덕형이상학에 관한 주관적 서술인 도덕의 감성론은 도덕형이상학의 일부분이 아니라고 말한다. 칸트 (2018a), VI406 참조.

것이 의무로부터의 행위가 도덕법칙에 대한 맹목적인 복종이 아니라 이성적 존재의 자유로운 자의에서 수행된다는 것을 보여준다는 점이다. 이점은 덕론을 도덕적 목적이론으로 제시할 때 칸트가 무엇보다도 중요하게 기대하거나 의도하는 바일 것이다. 윤리학이 기본적으로 의무이론이라고 여기는 칸트는 의무의 준수를 다루는 덕론을 목적이론으로 제시함으로써 의무의 준수가 합리적인 존재의 자유로운 결정으로 수행됨을 보여주고자 한 것이다.

3. 목적과 가치의 관련성과 덕론의 성격

책무에 근거하는 칸트의 윤리체계에서 규범의 정당화는 무엇보다도 먼저 우선되는 관심사이고 칸트는 이러한 정당화를 도덕법칙을 확립함으로써 수행한다.[35] 그러나 순수 이성에 의해 도덕법칙을 확립하는 것과 이성적 자연존재인 인간이 이 도덕법칙을 준수하는 것은 다른 문제이다. 따라서 도덕법칙의 확립과 도덕법칙의 적용을 구별하는 것은 칸트의 윤리체계를 이해하는 데 중요하다.[36] 그리고 칸

35 코스가드는 아리스토텔레스에게서처럼 고대의 덕, 즉 형상인 본질의 실현을 잘 해나가는 탁월성이 "자연적인 데 반해", 책무는 "형상의 강제적 힘"이며 "인위적인 것"이라는 점에서 탁월성과 중요한 의미에서 다르다고 말한다. 인위적이고 강제적인 성격을 갖는 책무에 근거하는 윤리체계에서는 가치의 정당화가 가장 큰 문제가 아닐 수 없다. 코스가드 (2011), p. 21. 고대와 기독교시대 이후 세계 내에 가치가 존재하는 방식을 탁월성과 책무로 설명하는 코스가드의 상세 논의를 위해서는 코스가드 (2011), pp. 21-22 참조.

36 예컨대 이원봉은 도덕성의 근거와 달리 도덕성의 실천에서 경향성과 감정이 배척되지 않는다고 언급하면서 "칸트의 윤리학은 도덕성의 선험적 근거를 찾는 것과 이렇게 해서 발견된 도덕의 최고법칙을 경험적 존재인 유한한 행위자에게 응용하는 것을 구별할 때, 올바로 이해될 수 있다."고 지적한다. 이원봉 (2007), p. 191.

트의 덕론이 도덕법칙의 적용차원을 다루는 실행이론의 성격을 강하게 갖는다고 이해하는 것은 적절하다. 그러나 칸트의 덕론을 도덕적 동기를 다루는 실행이론에 제한하는 것은 덕론에서 목적이 하는 역할을 제대로 반영한 것이 아니다. 비록 보편법칙의 정식이 준칙의 형식에 초점을 두고 인간성의 정식이 준칙의 질료인 목적에 초점을 두기는 하지만 두 정식이 동일한 원칙의 정식이라는 점에서 인간성의 정식은 보편법칙의 정식처럼 도덕법칙을 확립하는 역할을 한다. 그리고 인간성의 정식이 제시하는 목적 그 자체로서의 합리적 본성은 도덕적 가치의 근원이다. 이와 관련하여 허만Barbara Herman은 "인간이 선택을 만드는 한, 그녀가 합리적이고 활동적인 한, 그녀는 자신, 자신의 합리적 본성을 그녀의 행위를 위한 궁극적 권위-즉, 목적 그 자체로 표상하는 것"이고, "목적 그 자체로서 합리적 본성은 최고의 실천적 원칙의 (객관적) 토대"라고 설명한다.[37] 목적 그 자체로서의 합리적 본성이 실천적 판단의 최종 근원으로 간주된다는 것은 목적이 도덕적 가치를 다루는 이론적 역할을 한다는 것을 의미한다. 허만은 "만일 우리가 『윤리형이상학 정초』의 전반적인 주장에서 목적 그 자체로서의 합리적 본성의 *이론적* 역할을 먼저 파악하지 않으면 인간성의 정식을 잘못 이해하는" 것이라고 주장한다.[38]

허만이 주장하는 것처럼, 목적은 도덕적 가치를 제시하는 이론적 역할을 하고 목적의 이러한 역할은 덕론에서도 확인된다. 실질적인 부분에 관한 한 덕론이 목적론으로도 세워져야 한다고 주장할 때 칸트는 "그렇게 함으로써 인간이 자기 자신뿐 아니라 모든 타인을 자기 목적으로 생각하도록 구속되어 있다는 사실이 드러나야 한다."고

37 Herman (2011), pp. 106-107, 109.

38 Herman (2011), p. 96.

말한다.[39] 또한 칸트는 덕론의 최상 원리에 따르면, "인간은 자기 자신에 대해서뿐만 아니라 타인에 대해서도 목적이" 되므로 "인간 일반을 자기 목적으로 삼는 것 자체가 인간의 의무다."라고 설명한다.[40] 이러한 주장들은 덕론이 모든 인간을 목적으로 삼아야 한다는, 도덕적 가치를 제시하는 정당화이론임을 의미한다.[41]

도덕적 가치이론으로서 덕론의 의의는 무엇인가? 칸트가 ""덕의무"라는 개념을 일종의 중재 용어로 확립하여, 덕윤리 또는 결과론적 윤리 대(對) 의무론적 윤리라는 대결구도를 극복하려는 것처럼 보인다."는 해석에서 드러나는 것처럼, 의무를 목적으로 세우는 칸트의 덕론은 흔히 형식주의에 대한 비판에 대응하여 실질주의를 도입한 것으로 이해된다.[42] 그렇다면 덕론의 실질주의는 어떻게 이해되어야 하는가? 먼저 덕론 자체가 결과주의가 아니라는 것은 분명하다. 칸트는 자연적 충동이나 경향에 따라 정하는 목적들에 관한 이론을 기술적, 주관적, 실용적 목적이론이라고 본 반면에 목적으로 삼아야 하는 것들에 관한 이론을 도덕적, 객관적 목적이론이라고 한다.[43] 여기에서 목적으로 삼아야 하는 것은 무조건적인 것, 즉 수단이 아니라 목적 자체로서 필연적인 목적이며 이는 우리에게 의무로 표상되는 것이다. 따라서 칸트의 덕론은 의무론에 근간을 둔 가치이

---

39 칸트 (2018a), VI410. 법론과 덕론을 구별할 때 칸트는 형식적인 부분에 관한 덕론의 성격을 의무와 관련하여 설명하고, 실질적인 부분에 관한 한 덕론은 의무론일 뿐만 아니라 목적론으로도 세워진다고 설명한다. 칸트 (2018a), VI410 참조.

40 칸트 (2018a), VI395.

41 여기에서 정당화이론은, 앞 절에서 논의된 실행이론의 개념과 구별될 수 있는데, 실천적 판단의 토대 내지 근원을 제시해서 규범성을 정당화하는 이론을 의미한다.

42 김수배 (2016), p. 63. 이외에도 김석수 (2013), pp. 155-156 참조.

43 칸트 (2018a), VI385 참조.

론이다.

그리고 의무론에 근간을 둔 가치이론으로서 칸트의 덕론에서 덕이나 덕의무는 결과와 관계없이 가치를 갖는 것으로 여겨진다.[44] 칸트에 따르면, 인간의 여타 목적들과 비교할 때 "자기 자신이 목적인 덕 자체가 지니는 가치는 그 덕이 어쨌든 자기 결과로서 가져올 수 있을 모든 유용함과 경험적 목적의 가치와 이익을 훨씬 능가한다."[45] 구체적으로 덕의무들에 대한 설명에서도 덕이 결과와 무관하게 가치를 갖는다는 것이 드러난다. 타인에 대한 덕의무에서 사랑의 의무를 논할 때, 칸트는 감사의 의무와 관련하여 물리적 결과 없이 진정한 호의만으로도 덕의무의 이름을 얻을 만 하다고 하고,[46] 또 인간애는 이득에 대한 계산 없이 도덕적 전체로서의 완전한 세계를 그리려고 할 때 요구된다고 한다.[47]

칸트의 덕론 자체가 결과주의가 아니라고 할 때 덕론이 가지는 실질주의적 성격을 이해하는 다른 방법은 근본 도덕원칙과 일상적인 숙고를 구분하고 전자는 의무론에 토대를 두지만 후자는 결과주의적이라고 보는 것이다. 이러한 방법은 우드에게서 발견된다. 우드는 『도덕형이상학』의 덕론에서 윤리적 의무의 전체 조직과 덕의무개념이 목적론적이고 이에 따라 칸트가 행위 할 의무를 목적의 증진에 근거 짓는다는 점에서 칸트는 의무론적이라기보다는 결과론적이라고 해석하지만, 칸트가 윤리학을 근본원칙에 근거 짓는다는 점에서는 결과론적이지 않다는 점을 분명하게 덧붙인다.[48] 우드는 이러한

44 칸트의 의무론에서 도덕적 가치는 기본적으로 결과나 유용성에 관계없이 결정된다. 의지의 규정 근거로서 도덕법칙이 행위의 동기가 될 때 그 행위는 도덕적 가치를 갖는다.

45 칸트 (2018a), VI397.

46 칸트 (2018a), VI455.

47 칸트 (2018a), VI458.

점은 "윤리이론의 근본 원칙과 일상적인 숙고에서 그것이 추천하는 추론 양식을 구분하는 것의 중요성"을 지적한다고 주장하고, 칸트를 "도덕성에 대한 결과주의적 토대를 수락하지 않으면서 도덕적 숙고에서 결과주의적 추론을 옹호"하는 것으로 해석한다.[49]

우드가 해석하는 대로 근본원칙과 일상적 추론을 구분하는 것은 칸트윤리학이 도덕성의 확립과 도덕성의 적용을 구별할 때 제대로 이해될 수 있다는 점을 떠올리면 일견 적절한 듯하다. 그러나 도덕성의 확립과 적용의 구별은 둘의 분리를 의미하지는 않는다. 보다 정확하게 말하면 문제의 구별은 도덕성의 확립이 도덕성의 적용에 우선해야 한다는 것을 의미한다. 이런 우선성의 관계에서 도덕성은 그것의 적용과정에 지속적으로 작용한다. 따라서 의무의 체계인 근본 원칙은 일상적인 숙고와 추론에 작용하고 이에 따라 일상적인 숙고와 추론은 기본적으로 의무론적 맥락에서 이루어진다. 또한 목적의 증진으로 의무를 근거 짓는다는 점에서 결과주의적이라는 우드의 해석 역시 칸트의 목적개념을 충분히 반영했다고 보기 어렵다. 의무를 근거 짓는 목적은 근본적으로 행위의 결과가 되는 주관적인 목적들과 달리 객관적이고 필연적인 목적이다. 그리고 이 목적은 주관적인 목적들을 제한하는 조건으로 작용하면서 일상적인 숙고와 추론에 영향을 미친다. 따라서 목적의 증진으로 의무를 근거 짓는다는 점에서 결과주의적이라고 해석하는 것은 지나치다. 우드는 "윤리적 의무의 체계 내에서(이것은 중대한 제한이다), 칸트는 (이 용어들의 현재 일반적으로 수락된 의미에서) '의무론자'가 아니라 '결과론자'이다"라고 말한다.[50] 그러나 의무의 체계 내에서 일상적인 추론이 결과

48 Wood (2002), p. 14 참조.

49 Wood (2002), p. 14.

주의적이라는 우드의 해석은 근본 도덕원칙과 일상적인 추론의 관계, 그리고 목적의 성격과 역할을 제대로 반영하지 못한 채 칸트의 덕론을 너무 결과주의적으로 끌고 간 것이다.

우리는 덕론 자체는 결과주의가 아닐 뿐만 아니라 덕론에서 제시되는 일상적인 숙고와 선택도 결과주의가 아니라는 점을 확인했다. 그렇다고 해서 덕론을 의무론에 근간을 둔 가치이론으로 제시할 때 칸트가 결과에 관심이 없는 것은 물론 아니다. 덕론을 도덕적 목적이론으로 제시할 때 칸트는 목적은 행위를 통해 산출하고자 하는 것이고 인간의 모든 행위는 목적을 포함한다고 봄으로써 인간이 행위의 결과를 고려한다는 점을 인정한다. 준칙을 세우는 자의의 대상을 목적으로 보는 점, 구체적으로 주관적인 실천 원리로서의 준칙이 목적을 내용으로 하고 준칙을 세움으로써 목적을 산출하는 행위로 나아가게 된다고 보는 점 역시 마찬가지로 이해할 수 있다.

의무론에 근거한 가치이론으로서의 덕론에서 결과가 고려될 때 그 방식은 목적 그 자체로서의 인간성이 소극적 목적으로서 주관적 목적들을 제한하는 최상의 조건으로 작용한다는 칸트의 주장에서 찾을 수 있다. 객관적인 목적인 목적 그 자체는 정언적인 명령의 근거로서 절대적 가치를 가지고 결과에 대한 고려가 없는 반면에, 주관적인 목적들은 이성적 존재자가 자신의 행위의 결과로서 앞에 세우는 목적들을 의미하며 상대적인 목적들이고 가언적인 명령들의 근거이다.[51] 객관적인 목적이 제한조건으로 작용하면서 주관적 목적이 객관적 목적 아래 종속되고, 객관적 목적이 허용하는 주관적 목적만이 충족될

50 Wood (1999), p. 327. 물론 우드는 칸트의 목적이론이 대부분의 결과주의이론이 하는 방식으로 의무적인 목적의 추구를 인식하지는 않는다고 본다. Wood (1999), p. 327 참조.

51 칸트 (2014), IV428 참조.

수 있다. 주관적 목적들은 결과적인 고려가 반영된 목적이라는 점에서 이것은 결과의 고려가 의무론적 맥락에 의해 제한된다는 것을 의미한다. 의무론적인 근본 원칙에 따르는 구체적인 추론에서 결과의 고려가 반영되는 것이다. 따라서 일상적인 추론 역시 기본적으로 의무론적이며 의무론적 숙고와 선택이 허용하는 결과의 고려만이 일상적인 추론에 반영된다. 칸트의 덕론을 『윤리형이상학 정초』의 근간을 이루는 주장들과 통합하여 이해할 때, 그의 덕론을 그의 도덕철학체계에 포괄하여 볼 때,[52] 칸트의 덕론에 도입된 실질주의를 지나치게 결과주의 쪽으로 끌고 가는 대신 논의된 방식으로 이해하는 것은 문제의 통합이나 포괄을 보다 수월하게 할 수 있다.

지금까지 논의한 바에서 알 수 있듯이 도덕적 목적이론으로서 덕론이 가지는 성격을 이해하는 데 인간성의 정식에서 목적이 가지는 의미와 역할이 중요한 몫을 한다. 덕론에 대한 이러한 이해는 『윤리형이상학 정초』의 목적개념과 덕론의 목적개념이 적어도 충돌하지 않는다는 전제 하에 의미를 갖는다. 『윤리형이상학 정초』에서 칸트는 목적을 "의지에게서 그것의 자기규정의 객관적 근거로 쓰이는 것"이라고 설명하면서 주관적인 목적과 객관적인 목적을 구별한다.[53] 여기에서 목적 그 자체로서의 인간성은 객관적인 목적에 해당한다. 한편 『도덕형이상학』의 덕론에서 칸트는 반복적으로 목적을 자의의 실질

52 이러한 통합 내지 포괄과 관련하여, 예컨대 김수배는 "덕론은 원리 중심의 윤리이론이 인간적 생활세계를 고려하는 맥락 중심의 도덕론과 반드시 대립하거나, 어느 하나가 다른 하나를 배제할 필요가 없다는 사실을 잘 조명해준다."는 결론을 내린다. 김수배 (2016), p. 84. 또 이원석과 김태경은 "칸트 도덕철학에서 『도덕형이상학』의 위상을 칸트가 구상하고 제시한 포괄적 의미의 체계를 따라 고찰할 수 있을"것으로 본다. 이원석, 김태경 (2017), p. 38. 그리하여 그들은 "칸트의 도덕철학은 비판기 뿐만 아니라 비판기 이외의 저술들을 포함하여 넓은 의미의 포괄적 체계로 보아야 한다."고 주장한다. 이원석, 김태경 (2017), p. 44.

53 칸트 (2014), IV427.

로 정의하면서 논의한다.[54] 『윤리형이상학 정초』와 덕론에서의 목적을 비교할 때 덕론에서 제시되는 실질로서의 목적이라는 개념이 『윤리형이상학 정초』에서 칸트가 주장하는 객관적인 목적에도 해당될 수 있는지 살펴볼 필요가 있다. 목적에 대한 논의가 본격적으로 이루어지는 덕론을 보면 『윤리형이상학 정초』에서의 목적의 구분과 객관적 목적에 대한 논의가 유사하게 발견된다. 목적 그 자체, 동시에 의무인 목적과 이러한 목적에 상응하는 정언적 명령이 존재할 수 밖에 없다고 말하면서 칸트는 "자유로운 행위가 존재함으로써 그 행위가 대상으로서 지향하는 목적들 또한 틀림없이 존재하기 때문이다. 그런데 **이 목적들 가운데에는** 동시에 (즉 그 개념상) 의무이기도 한 것들이 존재해야만 한다."고 주장한다(강조 덧붙임).[55] 그리고 그는 감성적 충동을 좇아 정하는 목적과 그 자체가 의무이기도 한 목적, 즉 덕의무를 구분한다. 여기에서 덕의무가 관계하는 목적은 "자연적 욕구나 형이상학적 욕구에 관련된 '주관적 목적'이 아니고, 옳아서 모두가 마땅히 지켜야 할 가치를 지닌 목적, 이른바 '객관적 목적'"이다.[56] 또한 1절의 인용된 구절에서 칸트는 순수 이성의 목적이 자의의 대상인 실질이며 이 목적이 객관적이고 필연적인 목적, 도덕적 목적이라고 밝히고 있다. 한편 『윤리형이상학 정초』에서 목적 그 자체로서의 객관적인 목적이 실질인지 아닌지가 모호한 것은 사실이다. 그러나 『윤리형이상학 정초』에서 실질로서의 목적이 객관적인 목적을 배제한다고 볼 분명한 근거를 찾기는 어렵다. 그리고 준칙이 갖는 요소들을 설명할 때 칸트는 질료가 곧 목적이고 그래서 정식은

54 예컨대 칸트 (2018a), VI375, 383, 389 참조.
55 칸트 (2018a), VI385.
56 김석수 (2013), p. 155.

목적 그 자체가 상대적인 목적들의 제한 조건이 되어야 한다는 것이라고 설명한다.[57] 이런 점들을 고려할 때 주관적 목적과 객관적 목적을 구분하고 덕의무가 객관적 목적에 관계하며 이 객관적 목적이 자의의 대상인 실질이라고 보는 덕론의 목적개념이 『윤리형이상학 정초』의 목적개념과 충돌하지 않는다고 볼 수 있을 것이다.

인간성의 정식에서 목적이 이론적 역할과 실천적 역할을 갖는 것처럼 도덕적 목적이론으로서의 덕론에서도 목적이 이론적, 실천적 역할을 갖는다고 보고 이러한 역할에 따라 덕론의 성격을 확인하는 것은 칸트의 덕론을 『윤리형이상학 정초』의 기본 주장들과 통합하여 이해하는 것이다. 이렇게 칸트 도덕철학체계에 포괄하여 이해할 때, 도덕적 목적이론으로서 칸트의 덕론은 경향성이나 충동이 유혹하는 상황에서 우리가 어떻게 합리적 숙고와 선택에 따라 행위하게 되는지를 보여주는 의미를 갖는다. 덕론은 도덕적 인식과 도덕적 행위 간의 간극이 실재하는 경험 세계에서 이루어지는 도덕적 실행을 설명해주는 것이다. 또한 덕론은 구체적인 상황에서 우리 자신과 다른 사람들의 합리적 선택과 숙고를 존중하면서 우리의 경향성을 충족하는 선택이 무엇인지를 제시해준다. 덕론은 의무론적 맥락에서 결과가 반영되는 숙고와 선택을 설명해주는 것이다. 따라서 도덕적 목적이론으로 제시되는 덕론은 이성적 자연존재의 도덕성을 다루는, 도덕적 동기이론이자 도덕적 가치이론으로서의 역할을 한다. 본 장에서는 목적의 역할에 초점을 맞추어 제한적으로 고찰하였지만 여러 관점에서 덕론의 성격을 살펴보고 이러한 성격이 덕론 이전에 제기된 칸트의 주장들과 통합적으로 이해될 수 있는지 검토함으로써 덕론과 칸트윤리학에 대한 이해를 재고할 수 있을 것이다.

57 칸트 (2014), IV436 참조.

제7장 덕론의 윤리학적 방법론: 윤리학적 교수법을 중심으로

칸트의 『도덕형이상학』 덕론 편은 서론, 윤리학적 요소론, 그리고 윤리학적 방법론으로 구성되어 있다. 이 중에서 윤리학적 방법론은 도덕적 문답법moral catechism과 대화법the method of dialogue을 포함하는 윤리학적 교수법teaching ethics, 그리고 윤리학적 수양법ethical ascetics의 두 부분으로 나뉜다. 칸트윤리학적 관점에서 볼 때 윤리학적 교수법은 윤리학적 방법론의 핵심이다. 이 교수법은 도덕법칙에 대한 의식이 우리의 마음에 작용한 결과로 생기는, 법칙에 대한 존경으로부터 행위 하는 것을 도덕적 행위로 간주하는 칸트윤리학의 기본 입장에 충실한 도덕교육 방법이기 때문이다. 그러나 윤리학적 교수법에 대한 칸트의 설명들은 생략되거나 애매한 부분들을 포함하고 있어서 명확히 파악하기 쉽지 않을 뿐만 아니라 오해나 상반되는 해석을 야기하기도 한다. 본 장에서는 윤리학적 교수법을 중심으로 덕론의 윤리학적 방법론을 면밀히 검토하면서 윤리학적 교수법의 성격을 명확히 규명하고 이 방법론이 갖는 실천적 의의를 고찰하고자 한다. 먼저 윤리학적 방법론에 대한 칸트의 기본 입장을 검토하면서 덕을 획득할 필요성과 윤리학적 방법론의 체계를 탐색할 것이다. 다음으로 목표와 내용, 그리고 방법이라는 교육의 세 차원으로 나누어 윤리학적 교수법을 세부적으로 검토하고 관련되는 모호하거나 논쟁적인 부분들을 따져보면서 윤리학적 교수법의 성격을 체계적으로 제시할 것이다. 그러고 나서 윤리학적 교수법이 목표에 도달하는데 얼마나 효과적인 방법인지, 또 감정교육에 어떻게 관련하는지를 논의하면서 윤리학적 교수법의 실천적 의의를 살펴볼 것이다.

1. 덕의 획득과 윤리학적 방법론

덕론의 윤리학적 방법론 편 서두의 두 문단은 윤리학적 방법론에 대한 칸트의 기본 입장을 담고 있는데, 그 내용을 정리하면 다음과 같다[1] :

(1) 인간의 도덕적 능력이 경향과 투쟁하는데 필요한 결의의 강함으로 산출된 것이 덕이다.

(2) 이러한 덕개념 안에 덕이 타고나는 것이 아니라 획득되어야만 한다는 사실이 놓여 있다.

(3) 덕이 타고나는 것이 아니라는 사실에서 덕이 가르쳐질 수 있고 가르쳐져야만 한다는 사실이 도출된다.

(4) 따라서 덕론은 가르쳐질 수 있는 것, 즉 하나의 교설이다.

(5) 그러나 덕개념에 합당하기 위해서 어떻게 행동해야 하는지에 관한 가르침만으로는 규칙을 실천하는 힘이 아직은 획득되지 않는다.

(6) 사람들은 미리 자신들의 힘을 시험해보고 훈련시켜 놓지 않으면 의욕하는 모든 것을 즉각 행할 수 없기 때문이다.

---

1 칸트 (2018a), VI477.

(7) 따라서 덕은 인간 내면에 있는 적과 싸워 이기려는 시도를 통해 수양적으로 계발되고 훈련될 수 있다.

(1)~(7)은 덕이 획득되는, 일종의 후천적인 도덕성((1)~(2))이며 덕의 획득을 위해서는 가르침((3)~(4))과 수양적 훈련((5)~(7))이 필요하다는 세 주장을 담고 있다. 먼저 (1)과 (2)의 첫 번째 주장, 즉 덕이 획득되어야만 한다는 점을 살펴보자. (1)의 덕개념을 이해하기 위해서는 먼저 덕에 대한 칸트의 몇 가지 입장을 고려해야한다. 칸트는 기본적으로 덕을 의무 수행을 방해하는 적들과 맞서 투쟁하는 마음씨, 대립하는 장애물들을 물리치고 의무를 준수할 때 인간의 의지가 지닌 도덕적 강함으로 정의한다.[2] 이러한 정의에는 덕이 적을 전제하는 개념으로서 적에 저항하는 용기나 힘을 의미한다는 이해가 깔려있다.[3] 칸트가 덕을 이렇게 이해하는 것은 덕을 통해 도달하게 되는 도덕적으로 선한 사람은 우리 안에 있는 선의 싹을 발전시킬 뿐만 아니라 대립적으로 작용하는 악의 원인을 물리쳐야하기 때문이다.[4] 칸트의 이러한 입장들로부터 (1)을 다시 보자. 이성적 존재로서 우리는 자유롭고 이러한 자유로 말미암아 선의지를 갖는다. 선의지는 이성적 존재가 가진 도덕적 능력이다. 도덕적으로 선한 사람이 되기 위해 선의 싹을 발전시킨다는 것은 인간지성에 내재해 있는 선의지와 선에 대한 근원적인 소질로서 인간이 갖는 법칙에 대한 존경을 계발하는 것이다. 한편 유한한 자연존재인 인간은 경험적 차원에서 인과법칙의 지배를 받고 이런 저런 감정의 영향 아래 있다. 그

2 칸트 (2005), V84; 칸트 (2018a), VI405.
3 칸트 (2018a), VI380. 칸트는 덕에 대한 이러한 이해를 스토아학자들에게서 찾을 수 있다고 본다. 칸트 (2011), VI57.
4 칸트 (2011), VI57.

리하여 인간은 선의지와 법칙에 대한 존경을 갖고 있음에도 불구하고 의무 수행을 방해하는 장애물들에 저항하는 강함을 결여할 수도 있다. 의무와 대립하는 자연적 충동이나 경향을 지배하지 못할 수 있기 때문이다. 따라서 의무를 준수하기 위해서는 도덕법칙의 표상에 따른 감정인 법칙에 대한 존경이 자연적 충동이나 경향을 물리칠 만큼 고양되어야 한다. 구체적으로 도덕적 감정, 인간사랑, 양심, 자기 존경 등 마음의 도덕적 소질들을 계발, 강화해서 감정과 경향에 지배당하지 않는 도덕적 무정념에, 나아가서 감정과 경향을 통제하는 실천이성의 자기 지배autocracy에 이르러야 한다.[5] 이때 비로소 우리는 악의 원인을 물리치고 도덕적 강함으로서의 덕을 갖게 된다. 덕에 대한 이러한 설명들은 (2), 즉 이성능력에 근거하는, 경향에 대한 지배력으로서의 덕이 생래적이지 않음을 보여준다. 자유로 말미암아 갖게 되는 선의지에 근거한다는 점에서 덕은 전제될 수 있고 전제되어야만 한다.[6] 그러나 이성적 존재로서 우리가 도덕적 능력을 가져도 충동이나 경향을 물리칠 만큼 우리의 도덕적 소질을 계발, 강화하지 못한다면 강함으로서의 덕을 획득할 수 없다. 이처럼 감성적 충동이나 경향과 투쟁하는 결의의 강함이라는 덕개념은 우리가 덕을 갖지 못할 수도 있는 실질적인 가능성을 내포한다는 점에서 덕이 타고나는 것이 아니라 획득되어야만 하는 것임을 함의한다.[7]

덕이 타고나는 것이 아니라는 (1)~(2)의 주장에 근거하여 칸트는

---

5 칸트 (2018a), VI408, 383.

6 칸트 (2018a), VI397.

7 뿐만 아니라 문제의 덕개념은 덕이 획득해야 할 뿐만 아니라 지속적으로 획득하고자 노력해야 하는 것임을 보여준다. 인간 본성의 허약성으로 인해 인간은 의무에 어긋나는 충동이나 경향들에 지속적으로 직면하게 되고 근절하는 것이 불가능한 이 충동이나 경향들을 극복하고자 끊임없이 애써야 하기 때문이다.

(3)~(4)의 두 번째 주장, 즉 덕은 가르쳐질 수 있는 것이고 따라서 덕론은 교설이라는 주장을 펼친다. 그러나 덕이 타고나는 것이 아니라는 사실에서 덕의 가르침에 대한 가능성과 필요성을 도출하는 것은 지나친 비약이 아닌가하는 생각이 들 수 있다. (5)에서 알 수 있듯이 문제의 가르침은 덕개념에 합당하기 위해 어떻게 행동해야만 하는지에 관한 가르침이다. 그리고 (7)의 주장을 하면서 칸트는 "의무에 대한 한갓 표상이나 경고로는 (교훈적으로) 가르쳐질 수 없"다고 생각한 스토아학자들을 언급한다.[8] 이러한 점들을 통해 볼 때 칸트가 덕이 가르쳐질 수 있다고 주장할 때 이 가르침은 이론적으로 가르치는 것을 의미한다. 그러나 우리는 왜 다른 방법이 아닌, 이런 이론적 가르침이 필요한지에 대해 의문을 제기할 수 있다. 혹자는 아리스토텔레스처럼 덕은 이론적 가르침이 아니라 습관화에 의해 획득되어야 한다고 말할 수도 있다.[9]

이론적 가르침에 대한 칸트의 주장을 제대로 이해하기 위해 이러한 주장의 근거인 첫 번째 주장으로 되돌아가보자. 칸트에게 덕은 인간의 도덕적 능력으로부터 만들어 내지는 것, 즉 순수 실천이성의 산물이다. (1)과 (2)에 이어서 칸트는 순수 실천이성이 자유에 의거하여 경향에 대한 우월성을 의식하고 경향에 대한 지배력을 획득하는 한에서, 덕은 순수 실천이성의 산물이라고 주장한다.[10] 그렇다면 순수 실천이성의 산물인 덕을 획득하기 위해서는 먼저 이성능력을

---

8 칸트 (2018a), VI477.

9 칸트는 강제적인 행위를 반복하는 습관화로는 자율적으로 행위하는 덕의 심정이 함양될 수 없다고 본다. 그러나 여기에서는 습관화가 방법이 될 수 없는 이유가 아닌 이론적인 가르침이 방법이어야 하는 이유에 초점을 맞춰 논의를 제한한다.

10 칸트 (2018a), VI477.

계발해야 하고, 계발의 내용이 이성능력이라는 점에서 덕은 이론적 가르침의 대상이 될 수 있다. 그러나 이 점만으로는 덕이 이론적으로 가르쳐져야만 한다는 것을 뒷받침하기에 부족하다. 선의지는 순수 실천이성의 산물 그 자체인데 칸트는 선의지라는 개념은 자연적인 건전한 지성에 내재해 있으므로 가르칠 필요가 없고 계발하면 된다고 주장하기 때문이다.[11] 우리는 선의지개념은 가르쳐질 필요가 없는 반면, 선의지에서 만들어져 나오는 덕개념은 가르쳐져야만 하는 이유를 찾아야 한다. 이성적 존재가 갖는 도덕적 능력으로서 인간지성 안에 내재해 있는 선의지와 달리 덕은 이성적 자연존재가 선의지를 계발해서 갖게 되는 도덕적 심정, 구체적으로 경향으로 인한 장애물들을 극복하고 현실에서 선의지를 실현할 수 있는 심정이다. 선의지는 실천이성의 자율autonomy로서 예지적 차원에 해당하지만 자율뿐만 아니라 자기 지배에 이르러야 획득되는 덕의 강함은 현상적 차원에서 작용하는 도덕적 감정과 그 외의 다른 감정들에 관련한다. 덕은 예지적 차원뿐만 아니라 현상적 차원에도 관련하는 개념이고 우리는 이러한 덕개념에 대한 생래적인 이해를 갖고 있지 않다. 따라서 덕은 순수 실천이성의 산물이라는 점에서 그리고 우리가 그 개념에 대한 이해를 가지고 태어나지 않는다는 점에서 이론적 가르침의 대상이다.

덕이 가르쳐져야 하고 가르쳐질 수 있다는 주장에 따라 칸트는 도덕적 문답법과 대화법을 포함하는 윤리학적 교수법을 제시한다.[12] 그러나 (5)~(7)에서 칸트는 이론적 가르침만으로는 규칙을 실천하

11 칸트 (2014), IV397.

12 칸트가 별도의 설명을 하지는 않지만 기본적으로 이 필요성과 가능성은 당위는 가능성을 함축한다는 칸트의 원칙에 근거한다고 이해할 수 있다.

는 힘이 아직은 획득되지 않는다고 본다. 덕은 도덕법칙에 따라 실천하는 힘, 의무에 어긋나는 경향들의 방해를 물리치고 의무로부터 의무를 실행하는 힘이라는 점에서 덕의 획득을 위한 윤리학적 방법론은 이론적 가르침인 윤리학적 교수법만으로는 충분하지 않다. (6)~(7)에서 알 수 있는 바와 같이, 칸트는 규칙을 실행할 수 있도록, 즉 의욕하는 것을 즉각 행할 수 있도록 사전에 경향과 맞서 싸우는 내면의 힘을 시험해보고 훈련시키는 수양이 필요하다고 주장한다. 그리고 윤리학적 수련ethical gymnastics을 통한 윤리학적 수양법을 윤리학적 방법론에 포함한다.[13]

윤리학적 방법론 안에서 윤리학적 교수법은 윤리학적 수양법에 앞서 수행되어야한다. 칸트는 (1)~(7)의 주장에 이어 수양으로 계발, 훈련되어 실천하는 힘을 얻기 위해서는 "당연히 결심을 단번에 완벽하게 해야만 한다."고 덧붙인다.[14] 덕을 산출하기 위해 요구되는 결심은 도덕법칙만을 의사규정의 충분한 동기로 준칙 안에 채용하려는 다짐이다. 이러한 결심을 단번에 완벽하게 한다는 것은 점차적으로가 아니라 단 한 번에 그리고 바뀌어 달라지지 않도록 완전하게 전환하는 것을 의미한다. 칸트가 덕을 위해 우선적으로 요구하는 문제의 결심은 우리의 원리와 사유방식이 혁명적으로 변해야 가능한데,[15] 이러한 사유방식에서의 혁명은 기본적으로 윤리학적 교수법에 따라 성취되는 부분이다. 따라서 윤리학적 방법론에서 윤리학적 교수법은 윤리학적 수양법에 우선해야 하며 윤리학적 수양법은 윤리학적 교수법을 통해 성취한 결심을 바탕으로 수행되어야 한다. 이런

13 칸트 (2018a), VI485. 본 장의 범위를 넘어서는 윤리학적 수양법은 여기에서 상세히 다루지 않는다.

14 칸트 (2018a), VI477.

15 칸트 (2011), VI47.

점에서 볼 때 윤리학적 교수법은 윤리학적 방법론의 핵심적인 부분이다.

2. 윤리학적 교수법의 성격: 목표, 내용, 그리고 방법

칸트는 덕을 위한 학문적 가르침인 윤리학적 교수법으로 강술식 대신 질문식을 택하고, 질문식 교수법으로 선생과 학생이 서로 묻고 대답하는 대화법과 학생은 묻지 않고 선생만 묻는 도덕적 문답법을 소개한다.[16] 이 중에서 도덕적 문답법은 "덕론이 사용할 수 있는 최초의 필수적인 학설적 도구"로서 도덕교육의 도입단계에서 처음 사용해야만 하는 교수법이다.[17] 칸트가 첫 번째 기초교육으로 도덕적 문답법을 택하는 이유는 아직 물을 수 있을 정도의 사전 지식을 가지고 있지 않아서 어떻게 질문해야 하는지조차 모르는 학생들에게는 대화법이 허용되지 않는다고 보기 때문이다.[18] 묻는다는 것이 어떤 선이해가 있어야 가능한 활동인데 우리가 덕개념이나 도덕원칙 등에 대한 생래적 이해를 갖지 않는다는 점에서 도덕적 문답법을 도덕교육의 출발점으로 삼는 칸트의 주장은 이해할만하다. 도덕교육의 토대를 제공하는 첫 번째의 필수적인 교수법인 도덕적 문답법의 내용을 살펴보면, 도덕적 문답법이 덕의무의 기초적 가르침이라는 칸

16 칸트는 마치 윤리학적 교수법에는 도덕적 문답법만 있다고 여길 정도로 대화법에 대해서는 간략히 정의를 내리는 정도에 그치고 있기 때문에 대화법에 대한 논의는 도덕적 문답법에 대한 칸트의 설명에 의존하여 제한적으로 이루어지지 않을 수 없다. 우리는 논의를 전개해감에 따라 칸트가 이렇게 하는 이유를 짐작하게 될 것이다.

17 칸트 (2018a), VI478.

18 칸트 (2018a), VI479.

트의 주장으로부터 이 교수법에서 무엇을 가르치는지 추론할 수 있다.[19] 덕의무는 도덕원칙과 덕규칙에 의해 규정되며 도덕원칙과 덕규칙은 의무개념과 덕개념에 근거한다는 점에서 덕의무의 기초적 가르침인 도덕적 문답법은 의무와 덕이 무엇인지 그리고 이에 근거하는 도덕원칙과 다양한 덕규칙들은 무엇을 요구하는지를 다룰 것이다.

칸트는 문답법이 도덕교육의 출발점이 되어야 한다는 점만 밝힐 뿐 대화법의 사용 시점에 대해서는 어떤 언급도 하지 않는다. 하지만 학생이 대화에 참여하여 스스로 물을 수 있으려면 미리 알아야 한다는 점에서 대화법은 도덕적 문답법을 통해 도덕원칙과 덕규칙에 대한 사전 지식을 갖게 된 학생들에게 적합할 것이다. 칸트는 대화법에서 선생은 질문을 던지면서 학생으로 하여금 특정 개념들에 대한 소질을 주어진 경우들을 통해 계발하게 함으로써 학생의 사고과정을 이끈다고 말한다.[20] 또한 학생은 애매한 것이나 인용된 명제에 대한 의문점을 반문한다고 설명한다.[21] 이러한 설명들로 볼 때 대화법에서 학생은 자신이 알고 있는 개념들을 제시된 사례들에 적용해 보면서 인식능력을 심화시키거나 질문을 통해 자신의 도덕적 지식을 명확하게 만들어나간다. 요컨대 대화법은 학생들이 묻고 대답하면서 대화에 참여하기 전에 이미 가지고 있던 도덕적 지식을 개선하고 정교하게 만들어 나가도록 해준다. 윤리학적 교수법은 도덕적 문답법으로 시작해서 학생들이 도덕적 지식을 획득함에 따라 대화법으로 나아갈 것이다. 물론 도덕적 문답법이 도덕원칙과 덕규칙

19 칸트 (2018a), VI479.
20 칸트 (2018a), VI478.
21 칸트 (2018a), VI478.

에 대한 지식을 획득하게 해주고 대화법이 도덕적 문답법을 통해 획득한 도덕적 지식을 정교하게 만들어준다는 점에서 윤리학적 교수법의 필수적이고 핵심적인 부분은 도덕적 문답법이다.

도덕적 문답법과 대화법의 내용을 통해 볼 때 윤리학적 교수법은 의무개념과 덕개념 그리고 이에 근거한 도덕원칙과 덕규칙들의 이해를 목표로 삼는다. 그러나 윤리학적 교수법의 목표를 이러한 이해에 한정하는 것은 윤리학적 교수법을 제대로 파악한 것이 아니다.[22] 칸트에 따르면 도덕적 문답법은 우리가 자신 안의 근원적인 소질들을 경탄하면서 자신을 바라볼 수 있고 그 긍정적인 인상이 소진되지 않는 위치에 자신을 세우는 일로 마무리되어야만 한다.[23] 도덕적 문답법의 마무리에 대한 칸트의 설명을 검토해볼 때,[24] 이 마무리는 법칙에 대한 표상을 통해 충동과 경향들을 극복하는, 우리 안의 힘인 법칙의 존엄성을 숙고하는 것이며 이러한 숙고는 의무를 신성시하도록 영혼을 고양시킨다. 도덕적 문답법에 도덕법칙의 존엄성에

22 예컨대 서프리넌트(Chris W. Surprenant)는 도덕적 문답법으로 대표되는 윤리학적 교수법은 도덕적 요구의 이해를, 그리고 윤리학적 수양법은 이러한 요구를 실행하도록 해주는 도덕적 심정, 즉 덕의 획득을 목표로 한다고 주장한다. Surprenant (2016), p. 83.

23 칸트 (2018a), VI483.

24 칸트의 복잡하고 추상적인 설명을 단계적으로 상세화하면 다음과 같이 정리될 수 있다: ① 선생은 교육을 마치면서 학생의 의무들을 다시 한 번 차례로 요약해서 개괄해준다; ② 학생은 그 의무들 각각의 경우에서 충실하게 의무를 돌볼 때 그 자신이 자신에게 닥칠 수 있는 삶의 해악이나 곤경, 괴로움, 심지어 죽음의 위협 등을 넘어서고 지배한다는 의식을 자신에게서 빼앗을 수 없다는 사실을 주목하게 된다; ③ 이때 자신 안의 무엇이 자신 안의 본성의 힘들과 투쟁하게 하고 그 힘들이 도덕적 원칙들과 충돌할 경우 그것들을 물리치게 하는가하는 물음이 학생의 마음속에 저절로 생겨나게 된다; ④ 그 답이 사변이성의 능력을 전적으로 넘어서 있는 이러한 물음을 학생이 깊이 생각하게 되면, 자기인식에서의 이러한 불가해성은 영혼이 공격당하면 당할수록 그만큼 더 강하게 자기의무를 신성시하도록 활력을 고취시키게 된다. 칸트 (2018a), VI483.

대한 숙고를 포함하는 것은 윤리학적 방법론에 대한 칸트의 기본 입장에 부합한다. 칸트는 덕을 획득하는 방법은 우리 안에 있는 순수한 이성 법칙의 존엄성을 숙고하고 또 훈련함으로써 도덕적 동기를 고양시키는 것이라고 주장하는데,[25] 여기에서 덕을 획득하는 방법인 숙고는 윤리학적 교수법에 해당하기 때문이다.

도덕법칙의 존엄성에 대한 숙고는 영혼에 활력을 고취시켜 의무를 준수하려는 도덕적 결심으로 이어진다는 점에서,[26] 윤리학적 교수법은 이해, 숙고, 결단의 과정, 즉 의무와 덕개념 그리고 이에 근거한 도덕원칙들과 덕규칙들을 이해하는 것, 이러한 이해에 따라 의무에 어긋나는 경향을 극복하는 우리 안의 힘이 가져오는 존엄성을 숙고하는 것, 그리고 이러한 숙고에 따라 의무를 의무로부터 준수하겠다고 스스로 결단을 내리는 것의 과정이다. 윤리학적 교수법의 1차적인 목표는 학생들이 도덕적 요구를 이해하도록 하는 것이지만, 궁극적 목표는 이러한 이해에 근거하여 의무를 준수하려는 결의를 갖도록 하는 것이다. 1절에서 살펴본 바와 같이 칸트는 윤리학적 교수법의 이론적 가르침만으로는 규칙을 실천하는 힘이 아직 획득되지 않는다고 주장한다. 이것은 윤리학적 교수법이 규칙을 실천하는 힘을 획득하는데 어떤 역할도 하지 않는다는 것을 뜻하지 않는다. 윤리학적 교수법을 통해 칸트는 덕개념과 덕규칙들의 인식뿐만 아니라 덕규칙을 실천하는 힘의 획득으로 나아갈 것을 의도한다. 이해와 숙고가 우리의 의지에 영향을 미쳐 내려지는 결단은 덕에 대한 능력과 의지를 계발하게하기 때문이다. 윤리학적 교수법을 통해 덕과 덕규칙에 대한 이해에 도달하고 이에 근거하여 실천하는 힘을 획

25 칸트 (2018a), VI397.

26 이에 대한 논의는 Timmons (2021), p. 272 참조.

득하는 방향으로 나아가는 것은 덕을 획득하는 윤리학적 방법론의 필수적인 과정이다.

윤리학적 교수법의 내용과 목표를 명확하게 이해하는 것 못지않게 방법을 제대로 파악하는 것도 중요하다. 특히 방법과 관련해서는 논쟁적인 부분들을 규명할 필요가 있다. 가장 논란이 되는 점들 중 하나는 도덕적 문답법이 강제적이거나 독단적인 성격을 갖느냐의 여부이다. 도덕적 문답법에서 선생의 역할은 어떤 반응들이 도덕법칙의 요구에 일치하는지를 학생이 인식하도록 강제하는 것이라는 주장이나 도덕적 문답법은 강제적 훈련이라는 주장, 또는 도덕적 문답법은 질문하는 것과 함께 강의하는 것을 포함한다는 주장 등이 도덕적 문답법의 강제적이거나 독단적인 성격을 인정하는 입장에 해당한다.[27] 도덕적 문답법이 강제적이거나 독단적이라면 윤리학적 방법론에서 도덕적 문답법은 제한적인 역할을 하지 않을 수 없다.[28] 도덕성과 도덕교육에서 자율성을 중시하는 칸트의 기본 입장과 상충할 여지가 있기 때문이다. 도덕적 문답법의 방식을 파악하면서 도덕적 문답법이 강제적이거나 독단적인지의 문제를 들여다보자. 칸트에 따르면 도덕적 문답법의 방식은 학생의 "기억에 묻는 것", 즉 "그 학생에게 가르쳐준 것을 단순히 기억에서 끄집어내는 것"이다.[29] 도

27 Surprenant (2010), p. 171; Morris (2021), p. 992; Peck (2007), p. 209. 이러한 주장들의 근거로는 도덕적 문답법에서 학생은 대화법에서와 달리 묻지 못한다는 점, 교리문답법에서처럼 선생은 학생이 암기해서 갖게 된 기억에 묻는다는 점, 그리고 칸트가 제공하는 단편사례를 보면 강술식 교수법에서처럼 선생이 많은 것들을 직접 말한다는 점 등을 꼽을 수 있다.

28 예컨대 서프리넌트에 따르면, 도덕적 문답법이 지닌 강제적이거나 독단적인 면에 주목할 경우 도덕적 문답법의 목표를 자율성에 근거하는 덕에 아주 가깝게 규정하지 못하고 도덕성의 이해에 초점을 맞춰 제한적으로 규정하게 된다. Surprenant (2010), pp. 172-174.

29 칸트 (2018a), VI478, 411.

덕적 문답법이 강술식 교수법이 아닌 질문식 교수법이기 때문에 학생의 기억에 있도록 가르치는 것은 교사가 직접 말해주는 것과는 다를 것이다. 이 다름의 단서는 바로 "교사가 생도의 이성으로부터 방법적으로 끌어내는 대답은 일정한, 쉽게 변경될 수 없는 표현으로 작성되어 보존되고, 그러니까 생도의 기억에 맡겨져야만 한다."는 칸트의 설명에서 발견된다.[30] 이 설명은 학생이 가진 기억의 내용은 선생이 직접 말해준 것이 아니라 문답의 과정에서 학생의 이성으로부터 끌어낸 대답이 보존된 것임을 밝히고 있다.

도덕적 문답법에서 학생의 이성으로부터 방법적으로 대답을 끌어낸다는 것의 의미는 칸트가 도덕적 문답법의 단편 사례를 제시하면서 먼저 밝힌, 일종의 지침에서 확인된다. 이 지침에 따르면, 선생은 학생에게 가르치고자 하는 것을 "그 학생의 이성에 캐어묻되," 학생이 질문에 어떻게 대답해야 할지 모를 경우, "(학생의 이성을 안내하면서) 그 학생이 대답하게 한다."[31] 학생의 이성을 안내하면서 대답하게 하는 것이 구체적으로 어떻게 하는 것인지에 대한 칸트의 직접적인 설명을 찾기는 어렵다. 하지만 가르치고자 하는 바를 캐물어서 밝혀내는 도덕적 문답법의 성격상 선생이 학생의 이성을 안내하는 방법은 질문을 통해서 이루어질 것이다. 칸트가 제시하는 단편 사례를 보면, 선생은 대답을 직접 제시하기보다는 긴 설명을 주면서 질문을 함으로써 학생이 대답에 도달하도록 이끈다. 그렇다면 학생이 대답을 못할 때 질문을 구체적으로 설명하거나 예시를 들어줌으로써 혹은 질문을 세분화함으로써 학생이 질문을 제대로 이해하게 하는 것이 학생이 대답하도록 학생의 이성을 인도하는 것이 될 수 있다.

---

30 칸트 (2012), VI479.
31 칸트 (2018a), VI480.

칸트가 제시하는 도덕적 문답법의 지침을 이렇게 이해하면 도덕적 문답법은 학생이 선생이 제기한 질문을 자신의 이성에 따라 이해함으로써 대답에 도달하고 도덕적 이해를 획득하게 되는 교수법이다.

도덕적 문답법에서 질문을 이해하는 것이 가진 의미와 관련하여 모리스Courtney Morris는 하고자 하는 행위가 의무에 어긋나는지 아닌지 스스로 자문하고 그 행위의 준칙이 보편법칙이 될 수 있는지 탐구하면서 의무를 인식하게 되는 것처럼 도덕적 문답법에서 질문을 제대로 이해하는 것은 의무를 인식하게 하는 탐구를 야기한다고 주장한다.[32] 도덕적 문답법에서 선생의 질문을 제대로 이해하는 학생이 자신의 이성에 따라 선생이 가르치고자 하는 바로 그것을 대답하게 되는 이유는 무엇인가? 그것은 도덕적 문답법이 다루는 내용과 관련이 있을 것이다. 칸트에게 있어서 도덕성은 이성에 근거하며 도덕적인 행위는 보편 법칙에 일치하는 준칙으로부터 행위하는 것이라는 점에서 도덕원칙과 덕규칙을 다루는 도덕적 문답법의 내용은 이성에 근거하는 객관적인 것이며 따라서 질문의 대답은 사전에 정해져 있다고도 볼 수 있다. 이런 점에서 도덕성에 대한 질문을 이성에 따라 제대로 이해하는 것은 대답, 즉 이성에 근거한 도덕성의 이해에 도달하는 길이 된다. 이성에 근거하는 도덕성의 이해를 도모하는 도덕적 문답법에서는 이성에 따라 질문을 제대로 이해하는 것이 바로 대답을 찾는 길인 것이다. 칸트가 도덕적 문답법의 지침으로 제시한, 이성을 안내하면서 대답하게 한다는 주장은 선생이 질문을 잘 표현하여 설명함으로써 학생이 정해져 있는 대답을 자신의 이성으로 도출해내도록 학생을 이끈다는 의미로 보는 것이 적절하다.[33]

32 Morris (2021), p. 995.

33 이렇게 볼 때 학생이 이해하고 대답하도록 질문을 상세히 혹은 예를 들거나

이제 도덕적 문답법에서 선생이 묻고 학생이 대답하는 부분을 다음과 같이 구성해볼 수 있다: (ㄱ) 선생은 학생에게 질문을 하고 학생은 자신의 기억에 있는 내용을 통해 대답한다; (ㄴ) 선생은 학생의 대답이 맞으면 명료하게 표현해서 확인해준다; (ㄷ) 만일 학생이 어떻게 대답해야할지 모르면 선생은 질문을 예를 들어 구체화하거나 혹은 세부적으로 설명함으로써 학생이 질문을 제대로 이해해서 자신의 이성으로 대답을 도출하도록 인도한다; (ㄹ) 선생은 학생의 대답을 확정된 표현으로 만들어 확인해준다; (ㅁ) 학생은 질문과 대답을 암기하여 기억 안에 담는다. 도덕적 문답법은 이러한 과정을 반복하면서 진행될 것이다. 이러한 질의응답의 과정을 통해 볼 때 도덕적 문답법은 강제적이라거나 독단적이라고 보기 어렵다. 강술식 교수법에서 선생은 가르치고자하는 바를 학생에게 직접 말하고 학생은 그저 청강자에 불과하지만, 도덕적 문답법에서 학생은 선생의 질문을 이해해서 자신의 이성에 근거하여 대답을 도출한다는 점에서 강술식 교수법에서와 달리 주체적이고 능동적으로 활동한다.

물론 선생만 묻는 도덕적 문답법에서 학생의 활동은 대화법에 비해 제한적일 것이다. 그러나 도덕교육의 도입단계에서 사전에 정해져 있다고 할 수 있는 객관적인 내용을 가르칠 때에는 도덕적 문답법이 허용하는 정도의 능동성이 적합할 수 있다. 선생과 학생이 서로 묻는 과정에서 대화의 내용이 반박될 수 있는 대화법을 도덕교육

세분화하여 설명하는 것은 어떤 의미에서 답을 제시하는 것과 다르지 않다고 볼 수도 있다. 도덕적 문답법의 지침부분에 대해 두 한글 번역본 모두 이성을 안내하면서 학생이 대답하게 한다고 번역되어 있지만, 해당 부분의 독일어 원문인 “so legt er sie ihm (seine Vernunft leitend) in den Mund.”를 영역본에서는 “the teacher, guiding his reason, suggests the answer to him.”라고 번역한 것도 이런 점을 염두에 두었기 때문일 듯하다. Kant (2016), p. 252; Kant (1991), p. 269.

의 첫 번째 교수법으로 사용할 경우 아직 도덕성에 대한 확고한 이해를 갖지 못한 학생에게 객관적인 도덕성에 대한 회의적 입장을 허용할 위험이 있다. 학생이 물을 수 있다는 것은 학생이 가르침의 내용에 이의를 제기할 가능성을 열어놓는 것이기 때문이다. 반면에 선생만 묻는 도덕적 문답법은 이러한 변증법적 과정 내지 논박의 과정을 제외함으로써 문제의 가능성을 배제한다. 도덕적 문답법은 강술적 교수법과 대화법적 교수법 모두와 구별되는, 두 교수법의 중간쯤 되는 방법이다. 도덕적 문답법에서 학생들은 강술식에서보다는 더 주체적이고 능동적이지만 대화식에서보다는 덜 그러할 것이다. 이런 성격을 가진 도덕적 문답법은 도덕교육의 도입단계에서 학생이 능동적으로 활동하면서 객관적인 내용을 명확하게 인식하도록 가르치기에 적합한 교수법이다.

도덕적 문답법을 제시할 때 칸트는 루터의 교리문답법과 유사한 것을 염두에 두었다고 한다.[34] 사실 도덕적 문답법은 형식적 측면에서 선생만 묻는다는 점과 학생의 암기된 기억에 묻는다는 점, 그리고 내용상 미리 정해져 있는 답을 다룬다는 점에서 종교적 교리문답법과 비슷하다. 그러나 이러한 유사점들이 도덕적 문답법의 강제성 내지 독단성을 뒷받침하지는 않는다. 먼저 도덕적 문답법은 매뉴얼에 제시된 답이나 선생이 직접 말해준 답을 암기하고 그 기억으로부터 대답하게 하는 교리문답법과는 다르다. 앞에서 살펴본 (ㄱ)~(ㅁ)의 과정이 보여주는 것처럼 도덕적 문답법은 가르치길 원하는 것을 질문을 통해 학생의 이성으로부터 끌어내기 때문이다. 학생은 매뉴얼로 혹은 구두로 직접 제시된 대답이 아니라, 미리 정해져 있는 객관적인 것이기는 하지만 자신의 이성을 통해 스스로 도달하게 된 대

34 Surprenant (2016), p. 81.

답을 암기해서 그 기억으로부터 대답한다. 이점이 교리문답법과의 결정적 차이점이고 도덕적 문답법을 강제적이거나 독단적이라고 보기 어렵게 하는 부분이다. 칸트가 도덕적 문답법이 종교적 문답법에 앞서야 한다는 점을 강조하는 부분에서도 도덕적 문답법에서는 대답이 주입되어서는 안 된다고 생각했음을 알아볼 수 있다.[35]

또한 도덕적 문답법에서 대답이 미리 정해져 있다는 사실 자체가 도덕적 문답법을 독단적이게 만들지는 않는다. 칸트는 도덕적 문답법을 내용적으로 보면 평범한 이성에서 전개되어 나올 수 있는 것이라고 말한다.[36] 이 주장은 평범한 인간지성이 가진 실천적 가치판단 능력을 인정하는 칸트의 기본 입장을 반영한다. 학생이 문답의 과정에서 배우는 것은 자신의 이성을 통해 파악하는 또는 파악할 수 있는 것이다. 학생이 암기하여 기억에 담는 것은 선생이 직접 말해준 대답이 아니라 자신의 이성에서 끄집어낸 혹은 끄집어낼 수 있는 대답이다. 따라서 도덕적 문답법에서 미리 정해진 대답이라는 것은 보통의 이성을 가진 존재라면 누구나 자신의 이성으로 도출할 수 있는 것이라는 점에서 그리고 문답의 과정에서 그것을 학생 자신이 스스로 도출한다는 점에서 강제적이거나 독단적이라고 볼 수 없다. 학생의 능동적 활동을 강술식 교수법이나 교리문답법보다는 많이, 그러나 대화법보다는 적게 존중하는 도덕적 문답법은 도덕교육의 도입 단계에서 도덕성의 객관적 토대를 확립하기 위한 불가피한 방식이라고 할 수 있다.

도덕적 문답법의 방식과 관련된 또 다른 문제는 도덕적 문답법이 소크라테스식 방법이라는 주장과 아니라는 주장이 공존한다는 점이

35 칸트 (2018a), VI478.
36 칸트 (2018a), VI479.

다.[37] 덕론을 둘러보면 이 문제와 관련한 칸트의 입장 역시 애매한 면이 있다. 도덕적 문답법과 대화법을 구분하여 설명할 때 칸트는 "(소크라테스적) **대화식** 방법"이나 "소크라테스적·**대화법적** 교수법"이라고 표현함으로써 소크라테스적이라는 수식어를 대화법에 한정하여 적용하고 도덕적 문답법은 소크라테스식 방법에 해당하지 않는 듯한 인상을 준다.[38] 그러나 그는 덕론에서 비록 한번이기는 하지만 "소크라테스적 문답법"이라는 표현을 사용하기도 한다.[39] 도덕적 문답법이 소크라테스적인 방법이 아니라는 주장들은 도덕적 문답법이 강제적이거나 독단적이라는 점에 주목하거나 소크라테스적 방법을 특정한 형태로 이해하고 도덕적 문답법이 그러한 형태를 취하지 않는다고 지적한다. 전자와 관련해서는 이미 도덕적 문답법이 강술식 교수법이나 교리문답법처럼 강제적이거나 독단적이지 않다는 점을 논의했기 때문에 여기에서는 후자의 경우를 살펴보자. 예컨대 도덕적 문답법이 소크라테스적 방법이 아닌 이유로 소크라테스적 대화법에서 선생과 학생은 모두 질문을 한다는 점, 교사는 아직 대답을 모른다는 점, 그리고 질문자는 학습자이므로 선생과 학생 모두 배운다는 점이 지목된다.[40] 소크라테스적 방법의 특징을 이렇게 규정한다면 도덕적 문답법은 소크라테스적 방법이 아니다. 그러나 소크라테스적 방법은 이러한 점들로만 특정되지는 않는다. 만일 소크라테

37 대화법은 소크라테스적 방법이지만 도덕적 문답법은 아니라고 보는 입장을 위해서는 Peck (2007), p. 210; Morris (2021), p. 994 참조. 도덕적 문답법을 소크라테스적 방법에 포함하는 입장을 위해서는 Timmons (2021), p. 268 참조. 국내의 연구들을 보면 대체로 도덕적 문답법을 소크라테스적 방법이라고 간주하고 있다. 예컨대 이두연 (2015), p. 122; 이원봉 (2011), p. 195; 김덕수 (2020), pp. 4-7 참조.

38 칸트 (2018a), VI411, 479.

39 칸트 (2018a), VI376.

40 Morris (2021), p. 994.

스적 방법을 산파술로 이해한다면 도덕적 문답법은 소크라테스적 방법이 될 수 있다. 앞에서 논의한 도덕적 문답법의 질의응답과정에서 드러나듯이 도덕적 문답법에서 선생은 학생의 이성을 안내하면서 학생이 도덕성에 대한 이해를 획득하도록 한다는 점에서 일정 정도 지식의 산파가 될 수 있기 때문이다. 그 내용이 평범한 이성에서 전개되는 도덕적 문답법은 무엇이 옳은 행위인지 전혀 모르는 학생들이 아니라 자신들이 하고 싶은 행위들이 도덕적으로 의심스럽다는 것을 이미 인식하고 있는 학생들에게 의무개념과 도덕원칙을 명확하게 인식해서 도덕적으로 행위하려는 결의를 갖게 하는 것이다. 『윤리형이상학 정초』에서 평범한 인간지성이 가진 실천적 가치판단 능력을 인정할 때 칸트는 "사람들이 소크라테스가 그랬듯이, 평범한 인간이성에게 단지 그 자신의 원리에 주목하도록 하기만 한다면, 평범한 인간이성이 이 나침반을 손에 들고서 등장하는 경우들마다, 무엇이 선하고, 무엇이 악하며, 무엇이 의무에 맞고 의무에 어긋나는가를 구별하는 일에 얼마나 잘 정통해 있는가는 여기서 쉽게 볼 수 있다."고 주장한다.[41] 도덕적 문답법은 칸트의 이 주장에 해당하는 교수법에 속한다. 선생은 소크라테스가 하는 것처럼 지식의 산파가 되어 평범한 이성을 가진 학생에게 질문을 던지면서 학생이 자신의 원리에 주목하게 하여 자신의 지성에 따라 무엇이 의무이고 도덕원칙인지 스스로 확고히 이해하게끔 돕는다.

도덕적 문답법의 방식은 선생이 지식의 산파역할을 할 수 있음을 알려주지만, 아쉽게도 이점이 덕론에서 직접적으로 뒷받침되지는 않는다. 칸트는 대화법에서 선생은 학생들의 사고과정을 안내하여 학생들이 자신들의 소질을 스스로 계발하도록 하는 산파라고 설명하

41 칸트 (2014), IV404.

지만 도덕적 문답법에서의 선생에 대해서는 언급하고 있지 않기 때문이다.[42] 그럼에도 불구하고 칸트의 교육학적 입장을 고려할 때 도덕적 문답법에서 교사는 지식의 산파역할을 해야 한다. 『교육학』에서 칸트는 기계적-문답의 방법과 소크라테스식 문답의 방법을 구분하고 아이들에게 의무의 근거를 알게끔 할 때 이성 인식들을 주입할 것이 아니라 아이들이 자기 안에서 끄집어내도록 해야 한다고 설명하면서 소크라테스적 방법이 도덕적 문답법을 위한 규칙이 되어야 한다고 주장한다.[43] 여기에서 칸트가 의미하는 소크라테스식 방법은 선생이 지식의 산파가 되어 아이들이 자신의 이성으로부터 앎을 이끌어내도록 돕는 것이다.[44] 칸트의 이러한 입장을 고려할 때 만일 도덕적 문답법에서 교사가 산파역할을 하지 않는다면 이 방법은 기계적 문답법이 될 것이고 학생은 강술식 방법에서처럼 수동적이게 될 것이다. 이러한 도덕적 문답법은 인간을 자유롭게 행위하는 존재로 살도록 도야시키는 실천적 교육인 도덕교육의 방법일 수 없을 것이다.[45] 도덕적 문답법이 도덕교육의 방식으로서 학생의 자율성을 존중하는 가운데 도덕성의 토대를 제공하기 위해서는 소크라테스식 산파술이 일정 정도 적용되어야만 한다. 결국 도덕적 문답법의 방식에서 밝혀진 교사의 역할을 고려하고 칸트의 교육학적 입장을 반영할 때 도덕적 문답법은 산파술의 성격을 일정 정도 갖고 이런 의미에서 소크라테스적 방법에 해당한다.[46] 도덕적 문답법이 소크라테스

42 칸트 (2018a), VI478.

43 칸트 (2018b), IX477.

44 칸트 (2018b), IX477.

45 실천적 교육에 대한 논의는 칸트 (2018b), IX455 참조.

46 소크라테스적 문답법을 산파술(midwifery), 논박술(elenchus), 변증술(dialectics)로 세분화해서 볼 때, 대화법은 이 세 양식을 모두 가질 수 있다. 반면에 도덕적 문답법은 산파술의 양식을 가질 수 있지만, 아직은 미숙한 학생들을 대상으

적 방법의 형태를 전적으로 도입한 것은 아니지만 산파술이라는 소크라테스적 방법의 한 형태를 어느 정도 도입한 교수법이라고 할 수 있고 또 그래야만 한다.

지금까지 도덕적 문답법과 관련한 두 가지 쟁점을 중심으로 도덕적 문답법의 방식을 고찰했다. 이제 도덕적 문답법과 함께 윤리학적 교수법에 속하는 대화법의 방식을 보자. 칸트는 도덕적 문답법이 기억에 묻는 것이라면, 대화법은 학생의 "이성에 물어서 무언가를 밝혀내"는 것이라고 설명한다.[47] 이성에 묻는 대화법은 "학생의 이성 안에 자연스럽게 포함되어 있어서 단지 개발할 필요만 있다고 전제"하는 것이다.[48] 대화법에서 선생은 학생이 자신의 이성 안에 포함되어 있는 것으로부터, 다시 말해서 학생이 이미 가지고 있는 도덕원칙에 대한 사전 지식으로부터 대답하게 한다. 물론 이러한 지식은 도덕적 문답법을 거치면서 획득한 것이고 학생은 그러한 지식을 가지고 대화에 참여하면서 자신의 지식을 정교하게 다듬어 나간다. 대화법과 대조하면서 칸트는 도덕적 문답법을 기억에 묻는 것이라고 설명하지만, 앞에서 살펴본 바와 같이 도덕적 문답법은 이성을 안내해서 대답을 산출하게 하고 그 내용을 기억에 담고 이 기억으로부터 다시 대답하게 하는 것이다. 여기에서 도덕적 문답법도 이성에 묻는 것 아닌가 하는 의문이 든다. 도덕적 문답법과 대화법 모두에서 학생이 대답할 때 이성이 작용한다는 점에서 이러한 의문은 어느 정도

로 하며 선생만 묻고 학생은 그 질문에 대답하는 형식적 특징상 논박술이나 변증술이 적용되기는 쉽지 않을 것이다. 도덕적 문답법은 산파술의 양식을 가진다는 점에서 소크라테스적 방법을 따르지만 논박술과 변증술의 양식에서 보면 소크라테스적 방법이 아니라고 할 수 있다. 소크라테스적 방법의 세 양식에 대한 논의는 김선희 (2015), p. 169 참조.

47 칸트 (2018a), VI478.

48 칸트 (2018a), VI411.

타당한 면이 있다. 대화법과 도덕적 문답법, 즉 이성에 묻는 것과 기억에 묻는 것이라는 칸트의 구분은 이 둘의 차이가 이성의 사용유무가 아니라 도덕원칙에 대한 사전 지식의 유무에 있다고 해석할 때 설득력을 가진다. 대화법은 이성적으로 정립된 지식을 가진 학생의 이성에 물어서 그의 이성으로부터 대답하게 하는 것이고, 학생의 기억에 묻는 도덕적 문답법은 이성으로부터 산출해서 대답하게 하고 그것을 기억에 담게 하는 것이다. 결국 대화법과 도덕적 문답법의 본질적인 차이는 서로 묻느냐 선생만 묻느냐와 학생이 도덕원칙에 대한 사전 지식을 갖고 있느냐 갖고 있지 않느냐에 있다. 그 밖의 차이는 이 두 차이에 기인하거나 아니면 정도의 차이일 것이다.[49] 세부적으로 살펴보면 학생도 묻고 선생과 학생이 함께 배운다는 점에서 대화법에는 변증법적인 형태가 적용될 수 있고 대화의 과정에서 학생은 자신의 인식을 검토, 반성해보는 계기를 더 많이 가질 수 있을 것이다. 또한 결의론적 물음의 해결이나 사례에 담긴 도덕 판단의 분석이 더 많이 사용될 수 있을 것이다.

3. 윤리학적 교수법의 실천적 의의

도덕교육의 방법으로서 윤리학적 교수법이 갖는 실천적 의의는 이 방법이 목표를 얼마나 잘 달성하는지에 상당 부분 의존한다. 그리고 목표의 달성에서는 이론적 가르침인 윤리학적 교수법이 학생들로 하여금 도덕적 요구에 대한 이해에 머물지 않고 의무를 준수하

49 칸트가 도덕적 문답법과 달리 대화법에 대해 상대적으로 매우 적은 설명에 그치는 이유가 여기에 있다고 생각한다.

려는 결단으로 나아가게 하는데 얼마나 효과적인지가 관건이 된다. 도덕적 문답법과 대화법이 비록 형태와 정도는 상이하지만 둘 다 소크라테스적 방법에 해당한다는 점은 이해에서 숙고 그리고 결단으로 이어지는, 윤리학적 교수법의 목표에 도달하는데 중요한 요인이 된다. 소크라테스적 문답법이 단순한 학습을 넘어서서 학생을 내적으로 변화시키는 효과를 갖는다는 것은 인지치료의 일환으로 소크라테스적 문답법이 사용된다는 점에서도 잘 나타나는데, 이러한 효과는 정원을 가꾸는 일이 단지 과일을 얻기 위한 것이 아니라 정원사의 손과 발에 근력을 부여하고 정원사의 가슴에 즐거움을 주는 이치에 비유된다.[50] 소크라테스적인 방법이 적용되는 도덕적 문답법과 대화법도 이런 효과를 가질 수 있다. 도덕적 문답법에서 선생은 지식의 산파로서 학생의 이성을 인도하면서 학생이 스스로 대답을 찾도록 조력하고 이 과정에서 학생은 능동적으로 학습하게 된다. 이러한 학습은 도덕성에 대한 탐구의 과정, 그리고 자기인식과 자기개선의 과정이 된다. 선생의 질문에 대답을 찾아가는 과정에서 학생은 자신의 이성을 통해 도덕원칙과 덕규칙을 이해하면서 어떤 행위를 어떤 근거에서 해야 하는지 스스로 명확하게 인식하게 된다. 또한 이러한 탐구를 거치면서 자신을 돌아보고 이성적 존재로서 자신이 가진 도덕적 능력과 의지를 인식하게 될 뿐만 아니라 자신이 스스로 파악한 도덕적 요구에 관심을 갖고 존중하면서 따르고자하는 변화를 경험하게 된다. 대화법에서 이러한 효과는 훨씬 더 클 수 있다. 학생들이 도덕적인 사전 지식을 갖고 있는 대화법에서는 산파술 뿐만 아니라 논박술이나 변증술이 사용될 수 있고 자기인식과 자기개선의 과정이 더 많은 비중을 차지할 것이기 때문이다.[51]

50 김선희 (2015), p. 165.

윤리학적 교수법이 칸트의 교육에서 도덕화 단계에 해당되는 방법이라는 점도 이해-숙고-결단의 진행을 돕는 요인이 된다. 도덕화 단계는 훈육, 문화화, 문명화를 포함하는 이전 교육단계들의 발전적 진행을 전제한다. 윤리학적 교수법은 이러한 이전 단계들을 거친 학생들에게 시행된다. 도덕적 문답법에서 학생은 이전의 교육들을 통해 자신이 속한 공동체의 전통과 제도 안에 이미 들어와 있다는 점에서 아무런 사전 지식 없이 덕을 배워야만 하는 사람이 아니라 사회적 토대를 이미 가진 상태에서 배우는 사람이다.[52] 도덕적 문답법 이전 단계들에서 행해진 교육들이 도덕적 문답법 전반에 영향을 미치겠지만, 이해와 숙고를 통해 결단에 이르는 것과 관련해서 특히 훈육단계에서 이루어지는 습관형성에 주목할 만하다. 훈육은 야만스럽게 분별없이 행동하는 것을 제한하는 교육으로서 조기에 이루어지는 훈육은 인간이 지시 규정되는 바를 준수하는 습관을 갖도록 해준다.[53] 이러한 습관은 후에 도덕화의 단계에서 도덕원칙을 명확히 인식할 때 이러한 원칙을 따르게 되는데 도움이 된다. 어린 시절의 훈육을 통해서 감정에 직면하여 자신을 통제하고 이성의 지시규정에 복속하는 습관을 들인 학생은 의무를 인식할 때 의무에 어긋나는

51 소크라테스적인 방법이 도덕교육적 관점에서 갖는 중요한 의미로는 주체적으로 진리를 탐구하는 학습, 마음을 움직이는 학습, 감정을 자극해서 변화를 유발하는 학습, 자기반성, 자기인식, 그리고 도덕적 자기개선을 초래하는 학습 등이 논의된다. 그러나 이러한 효과에 대한 주장들은 논박술의 형태에 초점을 맞춰 논의되는 경우가 많다는 점에서 논박술이 적용될 수 있는 대화법에서 소크라테스적 방법의 효과가 더 포괄적이고 클 것이다. 소크라테스적 방법의 도덕교육적 의미에 대한 논의를 위해서는 김동광 (2007), pp. 4-11; 박규철 (2010), pp. 7-16 참조.

52 Okshevsky (2000), p. 95.

53 칸트 (2018b), IX441-442. 칸트는 훈육이 조기에 이루어지지 못한다면 나중에 인간을 변화시키는 것은 어렵다고 본다. 칸트 (2018b), IX442.

충동이나 경향에도 불구하고 의무를 준수하려는 마음을 갖기가 상대적으로 수월할 것이기 때문이다.

윤리학적 교수법이 도덕교육의 방법으로서 갖는 실천적 의의와 관련해서 살펴볼 또 다른 문제는 감정교육과의 관련성이다. 칸트에게 있어서 도덕적으로 선한 사람이 되는 것은 기본적으로 어떤 감정이나 경향을 갖느냐의 문제가 아니라 어떤 감정이나 경향에 직면하여 우리가 어떤 선택을 내리느냐의 문제이다. 도덕적 선택의 근거가 되는 이해와 결의를 함양하고자 하는 윤리학적 교수법은 칸트의 이러한 입장에 충실한 방법론이다. 윤리학적 교수법에서 기본적으로 덕은 임의적이고 가변적인 그래서 운의 영향을 받기도 하는 감정을 가짐으로써가 아니라 평범한 인간지성의 인식능력을 증진함으로써 획득된다. 이 점은 자연적 지성을 건전하게 발휘할 수 있는 보통 사람이라면 누구나 자신의 노력으로 덕을 획득해나갈 수 있음을 함의하며, 윤리학적 교수법의 이러한 성격은 모든 사람이 그가 가진 자연적 경향이나 감정에도 불구하고 도덕적으로 선하게 될 수 있고 덕을 향한 진보를 만들 수 있다는 칸트 덕론의 특징이자 장점을 잘 보여준다.[54]

그러나 의무에 어긋나는 경향이나 충동에도 불구하고 의무를 준수하기 위해서는, 다시 말해서 객관적으로 실천적인 이성이 주관적으로도 실천적이기 위해서는 감정이 작용해야한다. 주관적 측면에서 볼 때 도덕적 심정으로서의 덕은 도덕적 감정, 인간사랑, 양심, 자기존경 등 마음의 도덕적 소질들이 계발, 강화될 때 획득된다. 윤리학적 방법론은 감정계발에 관련하지 않을 수 없는 것이다. 일단 윤리학적 방법론에서 감정계발에 관련하는 것은 활기차고 즐거운 마음

54 Cureton & Hill (2015), p. 91.

을 지향하는 윤리학적 수양법이라고 할 수 있다. 그러나 칸트가 주장하는 도덕적 감정의 성격은 윤리학적 교수법도 감정교육적 효과를 갖는다는 것을 보여준다. 칸트에 따르면 의무개념에 대한 감수성의 주관적 조건들은 모든 사람에게 천성적으로 주어져 있으며 의무개념을 통해 촉발되기 때문에, 도덕법칙에 대한 의식이 우리의 마음에 작용하면 그 결과 도덕적 감정이 계발된다.[55] 이러한 도덕적 감정은 정념적 감정과 분명하게 구별된다. 덕론에서 칸트는 정념적 감정을 "법칙에 대한 표상에 앞서는 감정"으로, 도덕적 감정을 "오로지 그 표상에 뒤이어 나올 수 있는 감정"으로 정의한다.[56] 도덕적 감정이 객관적인 도덕법칙의 주관적인 작용결과로서 법칙에 대한 표상을 통해서만 일어난다는 것은 여러 저서에서 일관되게 나타나는 칸트의 기본 입장이다.[57] 이 입장에 따른다면 우리가 도덕적 감정을 갖게 되는 길은 도덕법칙에 대한 표상을 갖는 것, 즉 순수 실천이성에 의해 의무를 인식하는 것이다. 이것은 바로 윤리학적 교수법의 목표에 속하는, 의무개념과 덕개념을 익히고 도덕원칙과 덕규칙을 인식하는 것에 다름 아니다.

실제로 도덕적 문답법에 대한 칸트의 설명에서 윤리학적 교수법이 간접적으로 감정교육적 효과를 의도하고 있음을 발견할 수 있다. 칸트는 도덕적 문답법에서 학생들에게 결의론적 물음을 해결해보도록 하는 것은 인간을 도덕적으로 만드는 대단히 유용한 방식이라고 생각한다. 그는 이러한 방법은 학생들의 지성을 시험해보도록 해서 지성을 예리하게 개발해줄 뿐만 아니라 인간은 자신이 노동을 가해

55 칸트 (2018a), VI399.
56 칸트 (2018a), VI399.
57 칸트 (2018a), VI400; 칸트 (2014), IV460, 401-402; 칸트 (2005), V156-157.

서 잘 알게 되고 "학문 수준에까지 도달하게 된 것을 아끼는 본성이 있기 때문에, 그러한 훈련을 받는 제자는 부지불식간에 도덕성에 관심을 갖게 된다."고 말한다.[58] 도덕적 관심은 이성을 실천적이게끔, 다시 말해 이성이 의지를 규정하는 원인이 되게끔 하며 우리가 도덕 감정이라고 부르는 것은 도덕적 관심에 대한 우리 안에 있는 토대이다.[59] 따라서 도덕적 문답법에서 결의론적인 물음들을 다루면서 도덕성에 대한 관심과 도덕 감정이 계발되기 시작할 수 있다. 결의론적 문제에 대한 판단이 날카로울수록 그 문제의 주제를 더 사랑하게 될 것이며 도덕적 주제의 문제일 때 도덕적인 행위와 성품을 가진 사람이 되는 것에 대한 관심을 불러일으킬 것이다.[60]

도덕법칙에 대한 의식으로부터 동기가 나오고 이 의식과 동기가 불가분 결합되어 있다는 칸트윤리학적 입장에 충실한 도덕교육방식이 바로 윤리학적 교수법이다. 기본적으로 인지적 접근을 취하는 윤리학적 교수법은 도덕원칙과 덕규칙에 대한 이해에 근거하여 숙고와 결단으로 그리고 규칙을 실천하는 힘의 계발로 나아갈 것을 의도하기 때문이다. 법칙에 대한 존경을 통한 결단이 의무에 어긋나는 경향이나 충동을 언제나 지배하지는 못한다는 점에서 의무로부터 의무를 실행하기 위해서는 이성을 실천적으로 훈련하는 윤리학적 수양법이 요구되지만, 이성을 이론적으로 훈련하는 윤리학적 교수법은 실천적인 힘을 계발하는데 필수적인 부분이다. 이와 함께 윤리학적 교수법이 덕을 획득하는 우선적인 방법이라는 것도 간과해서는 안 되는 중요한 점이다. 윤리학적 방법론은 윤리학적 교수법의 가르

58 칸트 (2018a), VI484.
59 칸트 (2014), IV459-460.
60 Timmons (2021), p. 271.

침에서 시작하여 규칙을 실천하는 힘을 획득하는 방향으로 나아가야 하며 이 과정에 윤리학적 수양법이 덧붙여진다고 할 수 있다. 따라서 윤리학적 교수법은 윤리학적 수양법에 이런 저런 방식으로 작용할 것이다. 향후 윤리학적 교수법이 윤리학적 수양법에 어떤 영향을 미치는지, 두 방법은 어떤 관계에 있고 또 어떤 차이를 갖는지 등이 윤리학적 방법론, 특히 윤리학적 수양법의 논의에서 고찰될 필요가 있다.

제8장 덕론의 윤리학적 방법론: 윤리학적 수행법을 중심으로

칸트 덕론의 윤리학적 방법론은 윤리학적 교수법과 윤리학적 수행법ethical ascetics의 두 부분으로 나뉜다. 이 중에서 완강하고 유쾌한valiant and cheerful 마음상태를 목표로 하는 윤리학적 수행법은 의무와 달리 덕이 갖는 미감적aesthetic 성질[1], 말하자면 덕의 기질이 무엇이며 어떤 역할을 하는지 그리고 칸트가 감정교육에 대해 어떤 입장을 취하는지를 파악하는데 유용하다. 그러나 윤리학적 수행법에 대한 칸트의 설명이 너무 간략해서 이 방법이 구체적으로 무엇인지 확인하기가 매우 어렵다. 윤리학적 방법론에 해당되는 『윤리형이상학』 VI477-485의 논의에서 수행법은 단지 VI484-485까지로 매우 적은 분량을 차지한다. 윤리학적 수행법에 대한 칸트의 설명을 읽다 보면 몇 가지 키워드만 주어진 퍼즐을 마주하고 있는 느낌이 든다. 본 장에서는 칸트가 던져준 키워드를 파악하는데 도움이 되는 단서들을 덕론과 칸트의 다른 저서들에서 찾아보면서 윤리학적 수행법을 이해하고 구체화할 방법을 모색하고자 한다. 이를 위해서 먼저 윤리학적 교수법 이외에 윤리학적 수행법이 왜 필요하며 윤리학적

1 여기에서 '미감적'이라는 용어는 독일어 ästhetisch를 번역한 것으로써 흔히 '감성적'이라고 번역되는 sinnlich와 구별되며 일반적으로 쾌나 불쾌의 감정에 관한 것을 의미한다. 사카베 메구미 외 (2009), p. 10.

수행법이 목표로 하는 완강함과 유쾌함이 어떤 마음상태인지를 살펴볼 것이다. 다음으로 이러한 목표를 추구하는 윤리학적 수행법은 어떤 성격을 갖는지 그리고 이에 따라 어떤 내용들이 이 방법에 포함될 수 있는지를 탐색할 것이다. 이러한 과정을 거쳐 목표와 성격 그리고 내용의 차원에서 윤리학적 수행법을 구체화한 후에 이 방법이 덕과 덕교육의 차원에서 갖는 의의, 구체적으로 덕의 기질이 갖는 의미와 역할 그리고 감정교육의 성격 등을 고찰할 것이다.

1. 윤리학적 수행법의 목표

도덕적 문답법과 대화법을 포함하는 윤리학적 교수법이 덕개념과 덕규칙을 통해 어떻게 행동해야만 하는가를 가르치는 것이라면, 윤리학적 수행법은 수행적인 개발과 훈련을 통해 덕규칙을 실행할 힘을 취득하게 하는 것이다. 교수법과 함께 수행법이 필요하다고 주장하는 칸트는 덕개념에 합치하기 위해 어떻게 행동해야만 하는가를 가르친다고 실행할 힘이 아직 취득되는 것은 아니라고 말한다.[2] 칸트의 의무윤리적 기본 입장에서 볼 때 이러한 주장의 근거는 인간이 이성적 자연존재라는 점에서 찾아진다. 실행력은 의욕하는 것을 행할 수 있는 힘인데 이성적 자연존재로서 인간은 의욕하는 것과 실행하는 것 사이의 필연적 연관성을 갖고 있지 못하다. 자연적 충동이나 경향이 인간의 의지에 영향을 미치고 의무에 어긋나는 자연적 충동이나 경향은 의욕하는 바대로 실행하는 것을 방해할 수 있기 때문이다. 따라서 의무를 이행하려는 결의는 의무에 어긋나는 자연적 충

2 칸트 (2012), VI477.

동이나 경향으로 인한 장애물을 극복할 정도로 강할 때 실행될 수 있다. 그리고 이성적 자연존재에게 객관적인 실천이성이 주관적으로도 실천적이려면 심정이 작용해야 한다. 이러한 점에서, 자연적인 충동이나 경향으로 인한 장애물을 물리치고 의무를 수행할 정도로 결의가 강하기 위해서는 마음의 도덕적 소질들이 계발, 강화되어야 한다. 이렇게 볼 때 윤리학적 수행법은 숙고된 결의가 실행되게끔 하는 도덕적 강함에 도달하기 위한 심정의 훈련에 해당하며 이러한 훈련은 교훈적으로 가르칠 수 있는 것이 아니다. 칸트에 따르면 이러한 수행법은 미리 우리 내부에 있는 적을 무찔러 내려는 수행적 시도들을 통해 우리의 힘을 시험해보고 훈련 시켜 놓아서 의욕하는 것을 곧바로 행할 수 있게 하는 교육방법이다.[3] 또한 이 방법은 덕개념들을 가르치는 윤리학적 교수법과 달리 덕의 개념뿐만 아니라 덕의 능력과 덕으로의 의지를 수련하고 개발하는 훈련이다.[4]

윤리학적 교수법과 윤리학적 수행법으로 구성된 윤리학적 방법론은 칸트의 덕개념이 가르쳐질 수 있는 요소와 가르쳐질 수 없는 요소를 둘 다 갖고 있고 윤리학적 교수법은 전자에, 윤리학적 수행법은 후자에 해당하는 교육방법이라는 것을 보여준다. 이 두 방법을 소개할 때 칸트는 덕을 위한 순정한 마음씨를 확보하기 위해서 결단은 단번에 완벽하게 이루어져야 한다고 주장한다.[5] 이 주장은 의무개념을 이해하고 숙고해서 도덕법칙만을 준칙들의 최상의 근거로 삼겠다는 결심을 바탕에 두지 않는 한 아무리 수행적으로 개발, 훈련된다 해도 도덕법칙의 필연성과 순수성에 근거하는 덕을 산출할

3 칸트 (2012), VI477.
4 칸트 (2012), VI412.
5 칸트 (2012), VI477.

수 없음을 의미한다. 덕을 위한 결단은 수행적 훈련이 아니라 교수법적 가르침을 통해 이루어져야 하는 것이다. 따라서 덕을 획득하기 위해서는 먼저 교수법을 통해 이해와 숙고를 거쳐 결단에 도달한 후 수행법을 통해 이러한 결단을 실행할 힘을 취득해야 한다. 수행법은 교수법을 뒤따르거나 교수법에 근거하여 이루어지는 교육방법으로서 교수법을 통해 갖게 된 결의를 훈련과 연습을 통해 점차적으로 강화하는 것이다.

윤리학적 수행법에 대한 설명을 시작하면서 칸트는 덕에서 훈련의 규칙들이 "의무의 수행에서 **완강하고 유쾌한 마음**" 상태를 겨냥한다고 말하는데,[6] 여기에서 윤리학적 수행법이 추구하는 결의의 강함이 완강하고 유쾌한 마음에 존재한다는 것을, 즉 윤리학적 수행법이 완강하고 유쾌한 마음상태를 목표로 한다는 것을 알 수 있다. 이 목표에서 완강한 마음은 의무를 수행하는데 있어서 장애물들을 물리칠 수 있도록 힘을 모아주는 마음이다. 이 마음상태의 구체적인 내용은 도덕적 무정념을 통해 확인된다. 칸트가 완강한 마음상태를 도덕적 건강함으로 설명하는데 도덕적 건강상태에 해당하는 것이 바로 도덕적 무정념이기 때문이다.[7] 도덕적 무정념은 격정이 없는 상태, 다시 말해 법칙에 대한 존경의 감정이 감각 인상들에서 생긴 감정들보다 강력해짐으로써 감각 인상에서 생긴 감정들이 도덕 감정에 대한 영향력을 잃게 된 상태이다.[8] 도덕적 무정념은 격정이 없는

6 칸트 (2012), VI484.

7 칸트 (2012), VI485, 409. 완강한 마음은 직접적으로 도덕적 무정념에 해당하지만, 뒤따르는 논의에서 드러나는 것처럼, 완강한 마음과 유쾌한 마음이 밀접하게 연결되어 있다는 점에서 넓게 보면 완강하고 유쾌한 마음은 도덕적 무정념의 상태이다.

8 칸트 (2012), VI408.

상태이지만 법칙에 대한 존경의 감정이 강력해짐으로써 도달된다는 점에서 도덕적인 것을 의사의 대상으로 삼으려는 관심을 갖고 있는 상태이다. 도덕적 무정념은 무격정이지만, 의사의 대상들이 무엇이건 상관없다고 여기는 주관적 무관심은 아닌 것이다.[9]

도덕적 무정념이 도덕적 대상에 대한 관심을 가진다고 할 때 이 관심은 정념적 감정에 따른 일시적인 현상과는 근본적으로 다르다. 도덕적 대상으로 말미암아 일어나는 격정이 있을 수 있지만 격정은 감성에 속하기 때문에 도덕적 무정념에 자리할 수 없다. 그리하여 칸트는 도덕적 무정념을 전제로 하는 덕의 강함은 "숙고된 확고한 결의를 가지고서 그 법칙을 실행에 옮기려는 **부동의 마음[부동심]**"이라고 설명한다.[10] 도덕적 무정념은 법칙에 대한 숙고를 통해 갖게 된 확고한 결의를 바탕으로 하는 흔들리지 않는 침착한 마음상태인 것이다. 도덕적 무정념의 이러한 성격을 통해 완강한 마음이 무엇인지 파악할 수 있다. 완강한 마음은 정념적 감정이 아니라 법칙에 대한 존경의 강한 감정에 따른 도덕 감정에 의해 지배되는 마음상태이다. 그것은 법칙에 따라 행위하려는 숙고된 결의에 근거하여 이러한 결의의 실행을 방해하는 자연적 충동이나 경향으로 인한 장애물들에 흔들리지 않고 의무를 준수하는 침착하고 강한 마음상태이다.

한편 윤리학적 수행법은 완강한 마음뿐만 아니라 유쾌한 마음을 목표로 한다. 유쾌한 마음은 의무를 수행함으로써 포기해야하는 인생의 많은 즐거움들로 인해 마음이 암울해지고 성나게 되는 대신 기쁘게 의무를 행하는 마음이다.[11] 칸트가 도덕적 건강함인 완강한 마

9 칸트 (2012), VI408.
10 칸트 (2012), VI409.
11 칸트 (2012), VI484.

음을 소극적인 안녕이라고 설명한다는 점에서,[12] 유쾌한 마음은 적극적인 안녕에 해당한다고 할 수 있다. 전체적으로 볼 때 유덕한 사람의 마음상태는 완강할 뿐만 아니라 유쾌하며, 그는 장애물을 물리치고 의무를 준수할 뿐만 아니라 기쁘게 의무를 준수한다. 덕이 의무수행을 방해하는 것들과의 투쟁에서 갖는 강함이라는 점에서 윤리학적 수행법이 완강한 마음을 겨냥하는 것은 지극히 자연스럽다. 그렇지만 덕을 훈련할 때 완강한 마음을 넘어서서 유쾌한 마음을 목표로 한다는 점은, 다시 말해 유덕한 사람은 기쁘게 의무를 준수한다는 칸트의 주장은 의무로부터 행위에 대한 그의 주장을 생각하면 다소 의아한 부분이 아닐 수 없다. 그럼에도 불구하고 유쾌함은 덕론에서뿐만 아니라 다른 저서들에서도 칸트가 분명하게 주장하는 덕의 성질이다. 칸트는 『이성의 한계 안에서의 종교』에서 실러J. C. F. Schiller와 자신이 가장 중요한 원리들에서 일치한다고 말하면서 덕의 미감적 성질의 종류를 유쾌함이라고 설명하고, 『교육학』에서는 청소년이 심정의 유쾌함을 갖도록 일깨워주어야 한다고 말한다.[13] 따라서 칸트의 의무윤리적 맥락에서 낯설게 여겨지는 유덕한 사람의 유쾌함cheerfulness이 구체적으로 어떤 종류의 기질인지 명확하게 이해할 필요가 있다.

칸트는 문제의 유쾌함을 "유덕한 **에피쿠로스**의 이념 중에 있는 유쾌한 심정"이라고 간단히 언급하면서, "무릇 어떠한 고의적인 위반도 의식하지 않고, 그런 것에 빠지는 것에서 안전한 이……보다 누가 더, 즐거운 기분을 가질 이유를 가지며, 거기에서 유쾌한 마음의 정조에 들어 그것을 습관화하는 의무조차 보지 않겠는가?"라고 반문

12 칸트 (2012), VI485.
13 칸트 (2011), VI24n; 칸트 (2018b), IX499.

한다.[14] 『실천이성비판』에서의 설명을 살펴보면, 덕개념이 자신의 행복을 촉진하라는 준칙 안에 있다고 보는 에피쿠로스는 덕과 행복을 하나의 실천원리로 볼 때 이 원리를 감성적인 면, 곧 감각적 요구의 의식에 둔다.[15] 따라서 에피쿠로스적 덕개념에 있는 유쾌한 마음이란 유쾌함이라는 감성적인 면을 덕의 원리에 둔다는 것을 뜻한다. 이로써 칸트가 에피쿠로스처럼 유쾌한 마음을 덕의 표시로 본다는 것을 알 수 있지만 여전히 의무를 준수하는 유덕한 사람의 마음이 어떻게 에피쿠로스적인 유쾌한 심정인지를 이해하기는 어렵다. 위에서 인용된 칸트의 반문을 들여다보자. 이것은 어떠한 고의적인 위반도 의식하지 않고 그러한 위반상태에 빠질 염려가 없는 사람이 바로 즐거운 기분을 갖고 유쾌한 마음상태에 있는 사람임을 함의한다. 유쾌함에 대한 이러한 설명은 어떤 면에서 에피쿠로스의 소극적 쾌락주의와 일맥상통한다. 에피쿠로스가 좌절과 고통에 빠트리는 욕구를 제거하여 육체적 고통과 마음의 근심이 없는 사람이 쾌락을 가진다고 주장하는 것처럼, 칸트는 의무에 어긋나는 행위를 하도록 이끄는 충동이나 경향을 물리쳐서 그러한 것들에 따라 행동하려는 어떤 의도도 없고 그러한 것들에 따라 행동하는데 빠질 일도 없는 사람이 유쾌한 마음을 가진다고 주장하기 때문이다.[16] 결국 에피쿠로스적 덕개념을 통해 이해되는 유쾌함은 덕의 표시로서 자연적 충동이나 경향을 물리쳐서 도덕법칙을 위반하려는 어떤 의도도 의식하지 않고 그러한 위반에 빠지지 않도록 보장된 사람의 마음상태이다.

14 칸트 (2012), VI485.

15 칸트 (2005), V112.

16 유쾌함에 대한 칸트의 이해가 에피쿠로스의 소극적 쾌락주의와 일맥상통한다는 점은 『이성의 한계 안에서의 종교』의 주장에서도 확인된다. 노영란 (2020), pp. 69–71.

이러한 마음상태를 가진 사람은 어떻게 기쁘고 즐거운가? 이 물음에 대한 가능한 대답은 "자기가 다시 취득한 자유에 대한 의식 중에서" 유쾌하게 된다는 칸트의 주장에서 찾을 수 있을 듯하다.[17] 의지의 도덕적 강함은 의무 수행을 방해하는 자연적 충동이나 경향으로 인한 장애물들을 극복하고 의무를 준수하는 것인데 이것은 바로 내적 자유, 즉 도덕적 자유에 해당한다. 따라서 도덕적 강함의 의식은 회복된 자유의 의식과 다름없다. 이때 자연적 충동이나 경향은 더 이상 우리의 마음에 영향을 미치지 못하고 우리는 의무를 행하면서 증오한다거나 침울하지 않게 된다. 평정심을 정적 쾌락이라고 본 에피쿠로스처럼 칸트는 이러한 마음상태를 유쾌함으로 간주한다.[18] 물론 이러한 유쾌함은 정념적 감정으로서의 유쾌함과는 구별된다. 칸트에 따르면 법칙에 맞게 행위하기 위해서 법칙의 준수에 선행해야만 하는 쾌는 정념적인 것이고 이러한 태도는 자연 질서에 따르는 것인 반면, 쾌가 느껴지기 위해서 그 쾌에 앞서 법칙이 선행해야만 하는 쾌는 도덕적인 것으로 윤리적 질서 안에 있다.[19] 그리고 정념적인 쾌는 행복원리가 원칙일 때, 도덕적인 쾌는 내적 법칙수립의 자유원리가 원칙일 때 각각 갖게 되는 쾌이다.[20] 이러한 구별에 따르면 덕의 기질인 유쾌함은 도덕적인 쾌, 즉 법칙에 뒤따르는 쾌이

17 칸트 (2012), VI485.
18 흥미로운 것은 에피쿠로스의 쾌락주의에서도 쾌락이 자유의 의식과 관련될 수 있다는 점이다. 모스는 에피쿠로스적 쾌락주의에서는 육체적 고통이나 마음의 근심이 없는 평정심의 상태를 추구하는데, 이것은 부, 명성, 건강 등 우리 자신의 통제 바깥에 있는 것들을 무시하고자 시도하고 대신 삶을 단순하게 함으로써 우리 자신의 힘 안에 있는 것에 대한 통제를 유지하고자 하는 것이라고 주장한다. Morse (1998), p. 242. 에피쿠로스적인 정적 쾌락, 평정심으로서의 쾌락은 우리 힘 안에 있는 것에서 선택하고 행위하는 것에 존재한다고 할 수 있다.
19 칸트 (2012), VI378.
20 칸트 (2012), VI378.

며 자유의 원리를 원칙으로 세웠을 때 갖게 되는 쾌이다. 덕의 유쾌함에 대한 이러한 이해는 『이성의 한계 안에서의 종교』에서 의무를 준수할 때의 유쾌한 마음이 유덕한 마음씨의 순정함의 표시라는 주장에서도 확인된다.[21] 순정함은 도덕적 순수성으로서 어떤 감성적인 의도도 섞이지 않고 오로지 법칙 그 자체가 의무를 행하는 동기가 되는 것을 의미하기 때문이다.

완강한 마음과 유쾌한 마음이 어떤 상태인지 살펴보면서 우리는 이 두 마음이 별개의 것이 아님을 이해하게 된다. 완강한 마음은 도덕적 무정념에 해당하고 유쾌한 마음은 회복된 내적 자유의 의식에서 비롯하는데, 도덕적 무정념을 개발하면 우리는 자연적 충동이나 경향이 아닌 이성에 의해 지배되는 내적 자유에 도달하기 때문이다. 자유의 원리를 세울 때 갖게 되는 유쾌한 마음은 법칙으로부터 행위하려는 확고한 결의를 가진 완강한 마음에 근거한다. 요컨대 유덕한 사람이란 법칙에 따라 행위하려는 숙고된 결의에 근거하여 도덕적 무정념에 도달하고 자연적 충동이나 경향으로 인한 장애물들에 흔들리지 않는 완강한 마음상태에서 회복된 자유를 의식하고 기쁘게 의무를 준수하는 사람이다.

2. 윤리학적 수행법의 성격과 내용

칸트는 윤리학적 교수법에 대해서는 이 방법에 속하는 도덕적 문답법의 사례를 제공할 정도로 상당히 구체적으로 논의하면서도 윤리학적 수행법에 대해서는 매우 간략하게 소개하는 데에 그치기 때

21 칸트 (2011), VI24n.

문에 완강하고 유쾌한 마음을 목표로 하는 윤리학적 수행법의 세부적인 내용을 파악하기가 쉽지 않다. 그럼에도 불구하고 칸트의 짧은 설명에서 윤리학적 수행법을 규정하는 세 가지 개념, 즉 스토아적 표어를 원리로 하는 도덕적 수행법, 윤리학적 연습ethical gymnastics, 그리고 자기훈육self-discipline을 찾아낼 수 있다. 이 세 가지 개념을 차례로 살펴보면서 윤리학적 수행법이 어떤 종류의 교육인지 살펴보자. 먼저 칸트는 도덕적 수행법이 "우연한 생의 재해를 **견디는** 데에 익숙해지고, 과잉의 열락 **없이 지내는** 데에 익숙해지라(生의 不便함에 習慣을 들이고, 生의 安樂함에 習慣 들지 마라)는" 스토아학도의 표어를 완강한 덕의 훈련 원리로 갖는다고 설명한다.[22] 어려움과 불편함을 견디는데 익숙해지는 훈련이 어떻게 완강한 마음을 갖게 하는지에 대한 설명은 『교육학』의 논의에서 구할 수 있다. 칸트는 인내하고 삼감으로써 참고 견뎌내는데 익숙해지는 교육은 경향이 욕정이 되지 않게끔 하는 것, 다시 말해서 욕정을 제거하는 것이며 이는 훌륭한 품성을 형성하기 위해 먼저 해야 하는 준비라고 설명한다.[23] 어려움이나 불편함을 견디는데 익숙해지는 훈련은 충동이나 경향이 거절되거나 좌절되어도 지내는 법을 배우고 익숙해지도록 하고 이러한 습관은 충동이나 경향이 격정이나 욕정이 되지 않게 한다. 따라서 어려움이나 불편함을 견디는데 익숙해지도록 하는 도덕적 수행법은 격정이나 욕정을 제거하여 도덕적 무정념에 도달하고 완강한 마음을 갖게 하는 훈련이다.

한편 완강한 마음을 넘어서서 유쾌한 마음에 도달하기 위해서는 도덕적 수행법이 승려수행법이 되어서는 안 된다. 칸트는 도덕적 수

22 칸트 (2012), VI484.
23 칸트 (2018b), IX486.

행법은 덕에 수반하는 유쾌함을 낳지만 승려수행법은 덕에 대한 증오를 유발한다고 여기는데 그 이유는 전자가 개과천선할 의도에서 죄를 회개하는 것이고 덕을 목표로 삼는 것인 반면 후자는 죗값을 치르고자 하는 것이며 자기 자신에게 형벌을 과하는 광신적인 속죄를 목표로 삼는 것이기 때문이다.[24] 인내하고 삼가는데 익숙해지도록 하는 교육이 단순히 형벌처럼 여겨지는 훈련이 되어서는 안 된다는 것은 칸트의 기본 입장이다. 『이성의 한계 안에서의 종교』에서도 칸트는 덕의 유쾌함은 죄인이 잘못한 것을 후회하고 자책하는 것이 아니라 앞으로는 보다 선해지고자 하는 확고한 결의에 의해 유발되는 것이라고 설명한다.[25] 또한 『교육학』에서도 칸트는 아이들이 "침울하고 소심하고 음울한 신앙심 대신에 유쾌함과 즐거운 경건함을 갖도록 배워야"하며 "심정의 유쾌함은 사람들이 자책할 것이 아무것도 없는 데서 생겨난다."고 말한다.[26] 칸트의 이러한 입장은 칸트주의자인 허만Barbara Herman이 도덕교육에 대해 논의하면서 충동이나 경향의 허세를 거절할 수 있는 성품의 강함을 갖고 최고의 실천원칙으로부터 자기애의 원칙을 배제하는 것을 배워야 한다고 주장할 때 주목하는 부분과 관련이 있다. 허만은 충동이나 경향의 허세를 거절하는 것refusal과 포기하는 것renunciation을 구분하고 거절을 자신과 도덕법칙에 대한 존경 그리고 의지의 궁극적 결정근거가 되고자 하는 감정의 굴복에 기반한 선택으로 설명한다.[27] 허만의 구분을 적용해보면 승려수행법은 충동이나 경향의 허세를 포기하는 것에, 도덕적 수행법은 그것을 거절하는 것에 해당한다고 할 수 있다. 칸트는

24 칸트 (2012), VI485.
25 칸트 (2011), VI24n.
26 칸트 (2018b), IX493, 499.
27 Herman (2007), p. 132.

어려움이나 불편함을 견뎌내는데 익숙해져서 격정이나 욕정을 제거하는 훈련이 도덕교육에 필요하다고 보지만 이러한 훈련이 학생들을 자책이나 의기소침 그리고 위선적인 혐오 내지 자기부정에 빠지게 만드는 것을 경계한다. 도덕적 수행법과 승려수행법의 구별은 문제의 훈련이 학생들로 하여금 스스로를 존중하고 도덕법칙에 대한 존경과 선해지려는 결의를 갖도록 이끌 때 도덕교육이 될 수 있음을 의미한다.

도덕적 수행법이 어떻게 완강함을 넘어서 유쾌함이라는 미감적 성질을 불러일으키는지와 관련해 우리는 앞서 논의한 것처럼 이 유쾌함이 정념적인 쾌가 아니라 도덕적인 쾌라는 점을 상기할 수 있다. 그러나 이외에도 이 방법이 어려움이나 불편함을 견디는데 익숙해지는, 습관을 들이는 훈련이라는 점에 주목할 필요가 있다. 메리트는 비판기에 칸트가 숭고함은 지속할수록 힘을 얻는 방식으로 향유된다고 가정하게 되었다고 해석하면서, 덕이 숭고한 마음상태이며 기쁜 마음상태인 이유는 덕이 숙련을 통해 획득된 지속적인 기질이기 때문이라고 주장한다.[28] 이러한 주장의 근거로 메리트는 칸트의 다음 입장을 인용한다.

> "*인간은 덕에서 그리고 덕의 숭고에서 즐거움을 발견할 수 있지만 의무를 수행하도록 숙련되어서 이성의 규정을 따르기 쉽게 될 때만 그리고 그 이유로만 그러하다는 것은 사실이다; 이로부터 인간은 자신의 행위에 대해 그리고 이성의 규정을 위한 자신의 의지의 강화에 대해 만족감을 얻는다; 그리고 유쾌한 용기를 가지고 미래를 본다.*"[29]

28 Merritt (2017), pp. 464-466.

29 Kant, *Vigilantius Lectures on Ethics* 27, 490-91(Merritt (2017), p. 467 재인용)

인용구에서 알 수 있듯이 칸트는 의무를 수행하도록 숙련되었을 때 완강할 뿐만 아니라 유쾌한 마음상태에 이르게 된다고 생각한다. 이에 따른다면 어려움이나 불편함을 견뎌내는데 익숙해지는 훈련인 도덕적 수행법은 유쾌한 마음을 유발할 수 있다.

그러나 도덕적 수행법이 일종의 습관을 들이는 훈련의 성격을 갖는다는 점은 세심한 주의를 요구한다. 칸트는 덕이 숙고된 확고한 원칙들의 작용결과가 아니라면 "모든 경우에 대비된 것도 아니고, 새로운 유혹들이 일으킬 수 있는 변화에 대하여 충분히 안전한 것도 아니기 때문에" 숙고된 원칙들에 근거하지 않고 단순히 습관에 따를 경우 도덕적 행위에 요구되는 보편적 필연성을 확보할 수 없다고 생각한다.[30] 또한 칸트는 의무로부터의 행위가 가진 특성은 행위주체가 자신의 준칙 채용에서 자유를 가진다는 점에 있기 때문에 아무리 그 실행이 습관화 되어 있다 할지라도 윤리적 준칙은 기술적 준칙들처럼 습관에 기초할 수 없다고 주장한다.[31] 이러한 주장들에서 우리는 칸트가 덕을 한갓 습관을 통한 숙련으로 정의하는 것에 반대한다는 것을 분명히 확인할 수 있다.

한편 칸트는 행위의 반복이라는 습관을 통해 행위가 필연적인 것처럼 되어버렸다 할지라도 이는 자유로부터 나온 숙련이 아니기 때문에 도덕적 숙련이 아니라고 지적하면서 "행위함에서 법칙의 표상을 통해 자신을 규정하는"이 덧붙여진다면 덕을 "자유로운 합법칙적

30 칸트 (2012), VI383-384. 덕을 습관으로 정의하는 것에 대한 칸트의 이러한 비판을 잉스트롬은 두 가지 이유, 즉 경향은 행위의 도덕적 가치의 근원일 수 없다는 점, 그리고 습관은 의무 의식과 연결되지 않는 어떤 조건에 의존할 수 있고 이에 따라 그러한 조건이 사라지면 무너질 수 있다는 점으로 상세화한다. Engstrom (2002), pp. 291-292.

31 칸트 (2012), VI409.

인 행위들에서의 숙련[성]"이라고 정의할 수도 있겠다고 말한다.[32] 칸트의 이러한 주장에 근거하여 동시대의 칸트주의자들은 전형적으로 이해되는 습관이 아니라 적절하게 제한된 의미의 습관, 예컨대 자유로운 습관 내지 숙고적인 자유로운 숙련이라면, 칸트가 덕을 습관으로 정의하는 것을 인정할 수도 있다고 해석한다.[33] 관습이나 경향 등에 근거한 습관 그리하여 습관을 구성하는 행위의 규칙성이 의무와 일치한다는 것을 행위주체가 인식하지 못하는 습관은 덕이 될 수 없다. 이것은 기계적이고 맹목적인 숙련에 불과하다. 칸트가 인정할 수 있는 자유로운 숙련은 행위의 규칙성이 행위주체의 법칙에 대한 인식에 근거하는 습관이다. 구체적으로 그것은 행위주체가 법칙의 표상을 통해 자신을 규정하는 한에서, 즉 법칙의 인식을 통한 숙고된 결의가 전제된 상태에서 반복적인 훈련이 이루어지는 것이다. 윤리학적 수행법은 이러한 종류의 습관에 관련할 수 있다. 그것은 숙고된 결의에 근거하여 어려움이나 불편함을 견디는데 익숙해지도록 하는 훈련이기 때문이다.

칸트가 윤리학적 수행법을 설명하는 또 다른 개념은 윤리학적 연습이다. 윤리학적 연습에 대한 칸트의 설명은 "자연충동들이 도덕성을 위협하는 경우들이 도래할 때 그것들을 통어할 수 있는 정도에 이르는, 자연충동들과의 투쟁에 있"다는 구절에 그친다.[34] 이 구절에 따라 일반적으로 윤리학적 연습은 의무에 대립하는 자연적 충동들과 싸우는 훈련으로 정의된다.[35] 이러한 정의는 어려움이나 불편함을 견디는데 익숙해져서 격정이나 욕정을 제거하는 훈련이라는 도덕적 수

32 칸트 (2012), VI407.

33 Engstrom (2002), p. 293; Wood (2008), p. 145; Merritt (2018), p. 178.

34 칸트 (2012), VI485.

35 Timmons (2021), p. 273; Suprenant (2010), p. 166; Cohen (2016), p. 513.

행법의 정의와 통한다. 우리가 눈여겨볼 부분은 윤리학적 연습이 충동이나 감정의 통제를 가르치는 훈육의 일종에 해당한다는 점이다. 칸트에게 훈육은 이성이 지시하는 규정들에 복속하는 습관을 들여 인간이 동물적 충동에 의해 인간성에서 벗어나지 않도록 방지하는 것이기 때문이다.[36] 그러나 윤리학적 연습이 자연적인 충동들을 통제하는 훈육의 일종이지만, 조기에 이루어지는 훈육과 윤리학적 연습 사이에는 중요한 차이가 있다. 조기에 이루어지는 훈육은 자연적인 교육에 속하지만 윤리학적 연습은 자기훈육으로서 자연적인 교육이 아니라 도덕적인 교육에 속한다. 조기에 이루어지는 훈육에서 아이들은 타인의 지도를 잘 따라야하며 수동적이지만, 자기훈육인 윤리학적 연습에서 학생들은 훈육의 대상이자 훈육의 주체로서 능동적일 수 있다. 무엇보다도 윤리학적 교수법에 뒤따라 행해지는 윤리학적 연습은 도덕적인 교육에 요구되는, 학생들의 능동성이라는 조건, 즉 학생들이 행위의 근거를 통찰하고 행위가 의무개념들로부터 유래함을 이해해야 한다는 조건을[37] 충족시킬 수 있다. 이러한 자기훈육으로서의 윤리학적 연습에서 교사의 역할은 학생들이 덕을 개발하고 훈련하기 위해 올바른 원칙을 파악하도록 돕는데 제한된다.[38]

훈육의 일종인 윤리학적 연습이 도덕적인 교육에 속할 수 있는 이유는 자기훈육이기 때문만은 아니다. 칸트는 "인간이 자기 자신에게 행하는 훈도(훈육)는 그에 수반하는 유쾌함에 의해서만 공적이 있고 본보기가 될 수 있는 것이다."라고 말한다.[39] 자연적인 교화로서의 훈육이 단지 충동이나 경향을 통제하는데 그친다면, 윤리학적 연습

36 칸트 (2018b), IX442.
37 칸트 (2018b), IX475.
38 Louden (2011), p. 147.
39 칸트 (2012), VI485.

으로서의 자기훈육은 이 훈육을 통해 유쾌함이 수반되는 것을 의도한다. 이러한 훈육을 거치면서 학생들은 회복된 내적 자유를 의식하고 이에 따라 기쁘게 의무를 이행하는 유쾌한 마음상태에 이르게 된다. 학습자가 능동적으로 활동하는 자기훈육이자 회복된 자유를 의식하고 기쁨을 느끼게 되는 훈육이라는 점에서 윤리학적 연습은 도덕적인 훈육이 되는 것이다.

지금까지 우리는 윤리학적 수행법이 어려움이나 불편함을 견뎌내는데 익숙해져서 격정이나 욕정을 제거하는 훈련, 다시 말해서 의무에 대립하는 자연적 충동이나 경향과 싸워서 이것들을 통제하는 도덕적인 훈육임을 살펴보았다. 그러나 이러한 성격만으로는 이 방법이 구체적으로 어떤 훈련들로 실시될 수 있는지 가늠하기가 쉽지 않다. 더군다나 칸트는 어떤 훈련이 윤리학적 수행법에 속하는지에 대해 아무런 설명도 하지 않는다. 덕론의 윤리학적 요소론에서 칸트의 주장들을 좀 더 살펴보면 서론에서 윤리학적 수행법이 어떻게 실시될 수 있는지를 파악하는데 도움이 되는 단서를 발견할 수 있다. 윤리학적 방법론을 개관하면서 칸트는 윤리학적 수행법이 이성의 훈련, 특히 의무들의 실천과 관련한 훈련이며 도덕적-실천이성의 방법론에 속한다고 설명한다.[40] 이 설명에 따른다면 격정이나 욕정을 제거하는 훈련, 충동이나 경향을 통제하는 훈련은 기본적으로 의무들의 실천과 관련한 이성의 훈련을 통해서 이루어지는 실천이성의 방법론에 속한다. 이 점을 염두에 두고 『실천이성비판』의 방법론을 살펴보면 눈길을 끄는 내용이 있다. 『실천이성비판』에서 칸트는 법칙에 대한 의식은 감성을 지배하는 능력의 동기로서 불가분리적으로 결합되어 있지만 언제나 그 효력이 발휘되는 것은 아니라고 말하면

40 칸트 (2012), VI411.

서 법칙에 대한 의식이 감성을 지배하는 능력의 동기에 종사하게 하는 시도를 반복적으로 실시하여 차츰차츰 도덕적 관심을 생기게 하는 두 가지 훈련을 제공한다.[41] 법칙에 대한 의식이 감성을 지배하는 능력의 동기가 되는 효력을 언제나 발휘하는 것은 아니라는 지적은 덕론에서 어떻게 행동해야만 하는가를 가르치는 교수법만으로는 실행할 힘이 아직 취득되지 않는다고 말하면서 수행법의 필요성을 제기하는 주장과 다르지 않다. 또한 도덕적 관심을 생기게 함으로써 법칙에 대한 의식이 감성을 지배하는 능력의 동기로 결합되게 하는 것은 해야만 한다고 인식한 것을 실행할 힘을 획득하게 하는 것이고 이것은 바로 수행법이 의도하는 바이다. 이런 점들을 고려할 때 『실천이성비판』의 방법론에서 도덕적 관심을 갖게 하는 두 가지 훈련은 윤리학적 수행법에 해당할 수 있다.

칸트가 제시하는 첫 번째 훈련은 우리 자신과 타인의 행위들을 도덕법칙에 따라 판정하는 습관을 들이는 것이다.[42] 도덕법칙에 따르는 판정이 행위들의 관찰에 자연스럽게 수반하도록 하는 습관화 훈련에서 판정을 내리는 과정은 몇 가지 물음들, 즉 행위가 객관적으로 도덕법칙에 맞는지, 맞는다면 어떠한 도덕법칙에 맞는지, 그리고 행위가 주관적으로 도덕법칙 때문에 일어났는지 그래서 윤리적 마음씨에 따른 준칙인지의 물음들을 통해 이루어진다.[43] 칸트는 이러한 물음들을 가지고 판정을 내려 보는 반복적인 훈련을 통해 우리는 실천적인 것에 대해 판단하는 이성을 세련되게 할 뿐만 아니라 이러한 세련화에 대한 우리의 의식은 윤리적으로 선한 행위들에 대한 관

41 칸트 (2005), V159.
42 칸트 (2005), V159.
43 칸트 (2005), V159.

심을 차츰차츰 낳을 것이고 마침내 우리는 우리의 인식 능력의 확장된 사용을 느끼도록 해주는 어떤 것을 좋아하게 된다고 주장한다.[44] 이 주장에 따르면 첫 번째 훈련은 자연적 충동을 지배하도록 이끄는 인지적 힘을 발달시키고 발달된 능력의 의식에서 비롯하는 만족과 도덕적 관심을 갖도록 하는 것이다.

그러나 첫 번째 훈련을 통해 갖게 되는 관심은 아직 도덕성 자체에 대한 관심은 아니다.[45] 도덕성은 동물성을 넘어서서 고양된 우리 안에 있는 소질을 깨달을 때 인식되는데 이것은 두 번째 훈련의 용무에 해당한다.[46] 두 번째 훈련은 실례들에서 도덕적 마음씨를 드러내 보임으로써, 다시 말해서 의무를 준수할 때 어떠한 경향성의 동기도 의지를 규정하는 근거에 영향을 미치지 않음을 드러내 보임으로써 의지의 순수성을 깨닫게 하는 것이다.[47] 이 훈련은 실례들이 제시하는 순수한 도덕적 결의들을 통해 내적 자유라는 인간의 내면적 능력을 학생들이 깨닫도록 하는 것이고, 이로써 학생들은 도덕성과 자유의 관계를 인식하고 경향성으로부터 독립하여 자유에 이를 수 있는 자신의 가능성을 의식하며 자신의 발달과 자유에 대한 관심, 즉 도덕성에 대한 관심을 갖게 된다.[48] 칸트가 제시하는 두 가지 훈련은 도덕적 관심을 생기게 하는 두 단계의 과정인 셈이다. 인지적 힘의 발달과 인식능력의 증진에 대한 의식을 도모하는 데에서 그리고 의지의 순수성을 깨닫게 하는 데에서 각각 시작하는 이 두 가지의 반복적인 훈련과정을 거쳐 이성의 법칙에 대한 관심에서 자유

---

44 칸트 (2005), V159-160.
45 칸트 (2005), V160.
46 칸트 (2005), V160.
47 칸트 (2005), V160.
48 칸트 (2005), V161.

에 대한 관심으로, 즉 도덕적 행위에 대한 관심에서 행위의 도덕성 자체에 대한 관심으로 이동하게 된다. 그리고 이렇게 생긴 도덕적 관심은 감정을 지배하는 능력의 동기로서 그 효력을 발휘하게 된다.

『실천이성비판』의 방법론에 제시된 두 가지 훈련은 도덕적 관심을 갖게 하여 충동이나 경향을 통제하고 법칙을 따르려는 결의를 실행하게 한다는 점에서 윤리학적 수행법에 속한다. 한편 서프리넌트는 칸트가 선에의 성향을 개발하는데 습관화가 도움이 된다고 믿었다고 주장하면서 도덕적 습관화moral habituation와 육체적 습관화physical habituation를 윤리학적 수행법에 포함한다.[49] 먼저 도덕적 습관화는 도덕적인 행위를 반복적으로 행함으로써 도덕적인 심정을 개발하는 것이다. 서프리넌트는, 아리스토텔레스적인 전형적인 습관화에 대한 칸트의 반대를 덧붙이기는 하지만, 우리가 행한 사랑의 행위가 우리 안에 사랑의 감정을 생기게 한다는 칸트의 주장을 언급하면서 칸트가 때때로 유덕한 품성상태의 개발을 도덕적 습관화와 결합시키고 있다고 해석한다.[50] 다음으로 육체적인 습관화는 체조나 체육교육을 통하여 신체적인 불편함이나 신체적인 욕구에 무감각하게끔 하는 훈련이다. 서프리넌트는 훈육이 인간 안에 있는 동물성을 인간성으로 변혁시킨다는 주장을 포함하여 칸트의 『교육학』에 있는 주장들을 언급하면서 비록 칸트가 플라톤처럼 도덕발달에서 체육교육의 역할을 명백하게 인정하지는 않았지만 체육교육과 도덕발달 간의 관련성을 도출한다고 주장한다.[51] 그리하여 서프리넌트는 체육교육이 두 가지 중요한 방식으로, 즉 우리의 몸이 점증하는 육체적

49 Surprenant (2016), p. 95.
50 Surprenant (2016), p. 88.
51 Surprenant (2016), pp. 91-92.

인 긴장의 경험에 굴복하거나 부정적으로 반응하기 전에 그것을 견디도록 훈련시키는 방식과 칸트의 윤리학적 연습의 핵심적 성질인 신체적 충동에 의지가 반응하지 않도록 훈련시키는 방식으로 도덕교육에 기여한다고 주장한다.[52]

앞에서 논의한 것처럼 『실천이성비판』에 제시된 두 가지 훈련은 행위들을 관찰하고 도덕법칙에 따라 판정하는 것과 실례들에서 의지의 순수성을 알아차리는 것을 습관화하는 훈련이다. 이 두 가지 훈련과 도덕적, 육체적 습관화는 모두 반복적인 훈련이지만 훈련의 성격에는 분명한 차이가 있다. 전자는 이성의 훈련에 근거하여 머릿속에서 이루어지는 상상적인 연습을, 후자는 행위의 실제적인 수행을 반복하는 것이다.[53] 서프리넌트가 주장하는 것처럼 행위의 실제적인 수행을 반복하는 습관화훈련은 윤리학적 수행법의 훈련에 포함될 수 있는가? 이미 살펴본 바와 같이 칸트가 숙고된 자유로운 숙련으로서의 덕을 인정할 수 있음을 상기하면 긍정적으로 대답할 수 있다. 물론 이때의 도덕적 습관화는 숙고된 결의에 토대를 두고 실시되는 행위의 반복적 훈련이어야 한다. 사랑의 행위가 사랑의 감정을 생기게 한다는 칸트의 주장을 보자. 칸트는 "**친절**은 의무이다. 이 의무를 자주 실행하고, 그의 친절한 의도를 실현하는 데 성공하는 자는 종내는 그가 친절하게 대하는 자를 실제로 사랑하기에 이른다."고 말한다.[54] 칸트에게 있어서 행위의 반복적인 수행이 도덕적인

52 Surprenant (2016), p. 93.

53 칸트는 덕의 우미한 결과들을 고려한다면 "도덕적으로-정향된 이성은 (상상력을 통하여) 감성을 함께 작동시킬 것이다."고 말한다. 칸트 (2011), VI24n. 이에 근거하여 이성의 훈련으로 충동이나 경향을 통제하고 도덕적 관심을 유발하는 것을 상상적인 연습이라고 명명할 수 있을 것이다.

54 칸트 (2012), VI402.

성품의 개발에 결합되는 것은 그 행위가 의무임을 인식하고 의무로부터 행위하려는 의지를 가지고 반복적으로 이행할 때이다. 이러한 제한된 의미의 습관화만이 윤리학적 연습에 포함될 수 있다.

육체적 습관화와 관련하여 살펴보면 체육교육 자체가 우리를 도덕적인 사람이 되도록 만들어주지는 않지만 육체적 충동이나 경향에 무감각하도록 훈련시키는데 도움이 될 수 있고 이것은 도덕적 무정념에 이르는데 나름의 역할을 할 수 있다. 사실 우리의 신체적인 상태는 우리가 이런저런 충동이나 감정에 얼마나 민감한가에 영향을 미친다. 몸이 아플 때는 건강할 때보다 격정을 제어하기가 훨씬 더 어려울 수 있다. 또 신체적인 불편함을 견디거나 신체적인 욕구를 삼가는데 익숙해진 경우 충동이나 경향의 좌절 내지 거절을 견디는데 더 수월할 수 있다.[55] 이런 의미에서 육체적 습관화 역시 의무에 대립하는 자연충동들과 싸우는 훈련인 윤리학적 연습에 포함될 수 있을 것이다. 그러나 도덕적, 육체적 습관화는 윤리학적 수행법에서 큰 비중을 차지하지는 않을 것이다. 칸트에게 의무를 준수하는 인간의지의 강함인 덕은 기본적으로 의지의 문제이고 이 의지는 이성에 의해 규정되어야 하기 때문에 덕을 획득하는 방법은 무엇보다도 먼저 이성을 훈련하는 것이다. 이성의 훈련 이외에 의지의 강함에 영향을 미치는 여타의 훈련들은 부수적인 것이다. 따라서 이성의 훈련에 근거한 상상적인 연습을 통한 습관화훈련이 윤리학적 수행법의 핵심적인 내용이며 도덕적, 육체적 습관화는 보조하는 정도의 역할을 할 것이다.

55 한편 육체적 습관화는 도덕과 관계없는 상황에서 신체적인 고통과 불편을 극복하고 육체가 의지에 복종하도록 훈련하는 것이다. 서프리넌트가 지적하는 것처럼 도덕적 상황과 도덕과 관계없는 상황간의 차이는 육체적 습관화의 유용성을 약화시킨다는 점도 고려할 필요가 있다. Surprenant (2016), p. 94.

3. 덕과 덕교육의 관점에서 본 윤리학적 수행법의 의의

윤리학적 수행법이 목표로 하는 유쾌함은 덕의 기질적 요소에 해당한다. 칸트는 무조건적인 강요를 함유하는 의무개념에 우미를 덧붙일 수 없지만 덕은 우미의 동반을 허락한다고 말하면서 덕의 기질적 요소를 인정한다.[56] 의무를 이행하는 윤리적 마음씨인 덕이 포함하는 기질은 우리가 법칙의 표상에 따라 법칙을 존중할 때가 아니라 법칙에 따라 의무를 수행할 때 갖는 유쾌함이다. 따라서 덕은 인간행위의 경험에 관련하고 인간행위의 경험적 차원은 감성적 요인과 엄밀하게 구별될 수 없는 영역이다. 덕이 미감적 성질을 갖게 되는 것은 바로 이점 때문이다. 칸트는 자연에 기인하는 것과 자유에 기인하는 것 간에 원칙적으로 근본적인 차이가 있다고 주장하지만 감성적 본성에 속하는 것과 자유의 실행을 분명하게 구별하기에는 이 둘이 너무 많이 뒤얽혀 있다는 점을 인정한다.[57] 덕은 자유를 실현하는 성품의 문제이지만 그것이 관여하는 인간행위의 경험으로 인해 기질적 요소를 포함하는 것이다.

덕의 기질적 요소를 인정하는 것은 우리가 하는 행위가 자율적으로 의욕된 것인지 아니면 단지 타율성의 산물인지 그 동기를 평가하는 것을 더 어렵게 하는 위험을 야기한다.[58] 칸트가 자신도 분명 인식하고 있는 이러한 위험을 감수하면서 덕의 기질적 요소를 주장하는 이유는 무엇인가? 덕론에서 칸트가 취하는 입장을 살펴보면서 이 물음의 답을 찾아보자. 완강하고 유쾌한 마음, 특히 유쾌한 마음을

56 칸트 (2011), VI24n.
57 Wood (2008), pp. 146-147.
58 Louden (2011), p. 15.

주장하면서 칸트는 "사람들이 기쁨을 가지고 하는 것이 아니라, 한낱 노역봉사로 하는 일, 그것은 이 점에서 자기의 의무에 순종하는 이에게 (1) 아무런 내적 가치를 갖지 못하고, 사랑받지 못하며, (2) 오히려 그것을 실행할 기회는 가능한 한 많이 빠져나가게 될 것이다."라고 말한다(번호와 밑줄 덧붙임).[59] 여기에 제시된 유쾌한 마음을 가져야 하는 두 가지 이유 중에서 먼저 (1)은 덕에 따라 의무를 행하는 경우, 다시 말해서 기쁘게 의무를 행하는 경우 의무의 수행은 행위하는 당사자에게 내적 가치inner worth를 갖고 행위자는 의무의 수행을 좋아한다는 것을 의미한다. 내적 가치에 대해 칸트가 어떤 설명도 하고 있지 않지만 그 개념 자체의 의미를 생각해보면, 행위의 이행이 내적 가치를 갖는다는 것은 행위자 자신이 행위의 의미를 인식하고 그 행위의 이행이 자신에게 소중하다고 여기는 것, 즉 행위의 이행이 행위자 자신에게 주관적으로 가치를 갖는 것으로 이해할 수 있다. 만일 우리가 어떤 행위를 단지 외적인 강제에 따라 억지로 행한다면 우리는 그 행위의 의미를 인식하지도 못하고 그 행위의 이행이 자신에게 소중하다고 여기지도 않을 것이다. 이때 행위의 이행은 행위당사자에게 내적 가치를 갖지 않을 것이다. 반면에 우리가 어떤 행위를 의미 있다고 생각하고 그 행위의 이행을 소중하게 여길 경우 우리는 그 행위를 기쁘게 행한다. 그 행위의 이행은 우리에게 내적 가치를 갖는 것이다. 이렇게 볼 때 주관적 가치로서 내적 가치 자체는 이성에 근거하는 객관적 가치인 도덕적 가치moral worth와 동일하지 않다. 사람에 따라 내적 가치를 갖는 것이 도덕적 가치일 수도 있고 아닐 수도 있다. 유덕한 사람은 객관적으로 가치 있는 의무수행을 주관적으로도 가치 있다고 여긴다는 점에서 그의

59 칸트 (2012), VI484.

행위는 도덕적 가치가 내적 가치에 일치하게 된 경우이다.

내적 가치 자체가 도덕적 가치를 의미하지 않기 때문에 내적 가치를 갖고 기쁘게 행한다는 점은 도덕적 가치에 어떤 영향을 미치지 않는다. 덕에 따라 기쁘게 의무를 행하는 것이 의무로부터 의무를 행하는 것과 비교할 때 도덕적 가치의 차원에서 어떤 차이를 만들지 않는 것이다. 의무로부터 행위하는 것acting from duty과 덕으로부터 행위하는 것acting from virtue은 둘 다 도덕법칙이 행위의 기준과 동기가 된다는 점에서, 즉 도덕적 가치의 측면에서 동일하다. 라우던은 도망가기를 원하지 않고 도망가지 않는 사람이 도망가기를 원하지만 도망가지 않는 사람보다 더 많은 용기를 보여준다는 점에 칸트가 동의할 거라고 주장한다.[60] 라우던의 주장이 도망가기를 원하지 않는 사람은 덕의 미감적 성질을 더 많이 갖고 있고 그런 의미에서 더 용기 있음을 의미한다면 칸트도 라우던의 주장에 동의할 수 있을 것이다. 그러나 칸트는 도망가기를 원하지 않는 사람이 도망가기를 원하는 사람보다 더 많은 도덕적 가치를 갖는다고 보지는 않을 것이다. 칸트는 두 사람이 모두 선의지를 갖고 의무로부터 행위한다면 도덕적 가치의 차원에서 둘은 동일하다고 말할 것이다. 칸트의 관점에서 볼 때 덕이 정도의 문제일 수 있지만, 즉 의지의 도덕적 강함에 정도가 있을 수 있지만 어떤 행위가 얼마나 강한 도덕적 의지로부터 행해졌는지가 그 행위의 도덕적 가치에 영향을 미칠 수는 없다. 덕의 기질은 도덕적 가치의 차원에서 차이를 만들지 않는다.

덕의 기질적 요소는 도덕적 가치와는 다른 차원에서 의미를 가질 수 있다. 의무로부터의 행위라는 칸트의 주장은 도덕법칙에 강제로 혹은 맹목적으로 복종할 것을 요구하며 도덕적으로 호의적인 감정들

60 Louden (2011), p. 15.

을 도덕적 동기에서 배제한다는 비판을 받아왔다. 덕으로부터의 행위는 우리가 상식적으로 도덕적 행위에서 기대하는 모습을 반영한다. 덕으로부터의 행위는 기본적으로 의무로부터의 행위이지만 동시에 행위당사자가 소중히 여기고 기꺼이 좋아서 하는 행위이다. 의무로부터 행위하는 사람은 존중받을만한 존재이지만 덕으로부터 행위하는 사람은 존중받을만한 존재일 뿐만 아니라 사랑할만한 존재, 칭찬할만한 존재가 된다. 칸트는 덕의 미감적 성질을 통해 도덕적으로 선한 사람은 의무로부터 행위할 때 상식적으로 우리가 도덕적 행위를 수행할 때 기대하는 모습, 즉 의무로부터의 행위에 도덕적으로 호의적인 감정들이 관여하는 모습을 보여줄 수 있음을 주장하고 있는 것이다.

이제 칸트가 완강하고 유쾌한 마음을 주장하는 또 다른 이유인 (2)를 살펴보자. (2)는 덕에 따라 의무를 수행하는 사람, 즉 기쁘게 의무를 수행하는 사람은 의무를 수행할 기회들을 피하기보다는 가능한 한 많이 취하게 된다는 것을 뜻한다. (2)의 구체적인 의미를 이해하는데 유용한 칸트의 주장이 있다. 칸트에 따르면 유덕한 사람은 의무를 수행하고 도덕적 쾌를 의식한다는 점에서 덕은 자기 자신의 보수인데 이는 덕의무의 넓은 책무성을 좁은 책무성에 가능한 한 근접시키기 위한 윤리학적 보상의 주관적 원리에 해당한다.[61] 여기서 칸트가 의미하는 바는 덕의무는 불완전한 의무이자 공적 있는 의무로서 느슨한 구속력을 갖지만 불완전한 공적 있는 의무를 이행하면서 유덕한 사람이 받는 유쾌함이라는 보상은 의무를 피하지 않고 할 수 있는 한 많이 이행하게끔 함으로써 덕의무를 엄밀한 구속력을 갖는 완전한 의무에 가깝게 만든다는 것이다.

61 칸트 (2012), VI391.

덕의 미감적 성질이 갖는 이러한 역할은 이 성질이 도덕적 동기 그 자체로 작용한다는 것을 함의하지는 않는다. 백슬리가 주장하는 것처럼 유덕한 사람의 유쾌함은 자신이 의무로부터 행위하려는 의지의 도덕적 강함과 의무에 반대되는 유혹에 저항할 용기를 가지고 있다는 것을 의식하기 때문에 자신의 의무를 행할 때 적극적인 태도를 드러내는 것으로 이해해야 한다.[62] 이러한 적극적 태도는 구체적으로 의무에 대립하는 자연적 충동이나 경향을 무시하거나 거절하는 것을 더 수월하게 만들고 도덕적 결의가 실행될 기회들을 더 많이 취하게 함으로써 우리를 도덕적인 삶에 더 가깝게 유인할 것이다. 덕의 미감적 성질이 행위에 관여하는 이러한 방식을 인정하는 것과 이 성질이 도덕적 동기에서 필수적인 역할을 한다고 주장하는 것은 별개의 문제이다. 덕론에서 칸트는 "덕에 수반하는 유쾌함"이라고 분명히 언급하면서 덕과 유쾌함을 구성이나 결정이 아닌 수반의 관계로 규정한다.[63] 이러한 관계는 『이성의 한계 안에서의 종교』에서 칸트가 덕은 "그 결과에서도 **자애롭**"다고 말할 때, 또 "덕이 어떻게든 이 세계 안에 들어왔을 때 세계 안에 확산시킬 우미한 결과들"이라는 언급을 할 때에도 확인된다.[64] 덕과 유쾌함의 관계에 대한 칸트의 입장에 애매한 점이 없지는 않지만,[65] 유덕한 사람의 유쾌함

62 Baxley (2010), p. 105.

63 칸트 (2012), VI485.

64 칸트 (2011), VI24n.

65 덕의 훈련이 완강하고 유쾌한 마음을 지향해야한다는 주장은 유쾌함이 덕의 일부일 가능성을 배제하지 않는다. 또한 유쾌한 마음은 완강한 마음에 근거하는데 완강한 마음은 덕을 위해 전제되는 도덕적 무정념이라는 점에서 덕의 구성요소일 수 있다. 따라서 덕과 유쾌함의 관계에 대한 칸트의 입장에는 분명 애매한 부분이 있다. 그럼에도 불구하고 칸트가 유쾌함이 덕에 수반하는 결과라고 명시하고 있기 때문에 칸트의 애매한 입장은 덕과 유쾌함이 불가분의 관계에 있다는 정도로 해석할 수 있을 듯하다.

은 자신의 덕을 인식하고 이러한 인식에 뒤따르는 쾌의 감정이다. 유덕한 사람은 덕을 통해 기쁘게 의무를 수행하는 것이다. 이처럼 유쾌함이 덕에 수반한다면 이 유쾌함은 법칙에 대한 인식을 뒤따르는 것, 즉 의무로부터 의무를 행하려는 숙고된 결의에 근거하는 것이다. 덕에 수반하는 유쾌함은 이성에 의해 의지가 규정되고 이러한 결의가 강화되어 덕을 갖게 된 결과로 나타나는 쾌의 감정이다. 따라서 유덕한 사람은 의무를 행할 때 유쾌한 마음을 갖지만 이 쾌의 감정은 도덕적인 행위를 위한 의지를 결정하는데 필수적인 역할을 하지 않는다. 의지를 결정하는 근거는 이성이어야만 하고 또 이성만으로도 충분해야 한다. 덕의 유쾌함은 의지를 규정해서 도덕적 동기를 산출하는 역할이 아니라 적극적 태도를 갖게 함으로써 도덕적 동기의 효과를 증진시키는 역할을 한다. 덕에 수반하는 유쾌함은 분명 감탄할만한 성질이지만 도덕적 가치뿐만 아니라 도덕적 동기 그 자체와도 구별되는 성질이다.

우리는 윤리학적 수행법을 통해서 덕의 기질이 갖는 의미와 역할뿐만 아니라 칸트의 감정교육의 성격도 파악할 수 있다. 자연적 충동과 경향을 통제해서 도덕적 무정념에 이르고 기쁘게 의무를 수행하는 것을 목표로 한다는 점에서 윤리학적 수행법은 감정교육에 해당한다. 그러나 2절에서 살펴본 바와 같이 윤리학적 수행법은 이 감정교육을 기본적으로 이성의 훈련에 근거하여 실시한다. 그것은 의무들의 실천과 관련한 이성의 훈련을 통해 충동이나 경향을 통제하고 의무를 준수하는 완강하고 유쾌한 마음상태를 갖게 하는 교육이다. 칸트식 감정교육의 이러한 특징은 윤리학적 수행법이 이론적 가르침인 윤리학적 교수법을 토대로 실시된다는 점, 윤리학적 수행법에 해당하는 훈련들이 인지능력의 발달과 발달된 능력의 의식을 도모하고 이를 통해 도덕적 관심을 유발하는 훈련이라는 점, 즉 이성의 훈련에 근거한 상상적인 연습의 반복이라는 점, 그리고 윤리학적 수행법에 속할 수 있는 도덕적 습관화조차 덕개념과 덕규칙에 대한 이해와 숙고를 통해 도달된 결의를 바탕으로 이루어진다는 점 등에 의해 뒷받침된다. 순수 실천이성에 의한 의무의 인식이 의무를 실행하도록 우리의 마음을 움직일 수 있고 윤리성이 순수하게 서술되면 될수록 인간의 마음에 더 많은 힘을 미친다고 생각하는 칸트를 떠올린다면[66] 왜 이성의 훈련을 통한 감정교육을 주장하는지 납득이 간다. 일반적인 원칙을 적용하여 특정 사례를 해결하는 판단력을 요하는 사례론은 학문이 아니지만 교수법과 함께 수행법은 윤리학적 방법론이라는 학문인 것도[67] 윤리학적 수행법이 기본적으로 이성을 훈련하는 실천이성의 방법론이라는 점과 관련이 있다.

사실 이해와 숙고를 통해 의무를 준수하려는 결의를 갖게 하는 윤리학적 교수법과 이 결의를 강화해서 실행력을 갖게 하는 윤리학적 수행법은 서로 관련되지 않을 수 없다. 교수법을 통해 갖게 된 결의는 이성적 존재의 결단으로서 실행하는 힘을 내포하고 수행법은 교수법에서 획득된 결의에 근거하여 실시되기 때문이다.[68] 여기에 덧붙여 윤리학적 수행법이 윤리학적 교수법처럼 기본적으로 이성의 훈련에 토대를 둔다는 점은 두 방법의 경계를 명확하게 긋기 어렵게

66 칸트 (2005), V156.

67 칸트 (2012), VI411, 478.

68 윤리학적 교수법에 대한 칸트의 설명들을 살펴보면 이 방법이 실행할 힘의 획득에 관련된다는 것을 어렵지 않게 알 수 있다. 윤리학적 교수법은 도덕적 요구를 이해하도록 하는 것을 1차적인 목표로 하지만 이러한 이해에 근거하여 법칙의 존엄성을 숙고하고 법칙에 따라 행위하려는 결의를 갖는 방향으로 나아가기 때문이다. 노영란 (2022), pp. 207-209. 이해에서 숙고, 그리고 결심으로 이어지는 윤리학적 교수법의 효과는 의무를 준수하려는 결의를 갖게 하고 이러한 결의는 이성적 존재의 결단으로서 실행력을 내포한다.

만든다. 윤리학적 교수법과 수행법이 엄밀하게 분리되지 않는다는 것은 칸트의 입장에서도 확인된다. 먼저 덕론에서 윤리학적 교수법을 마무리하면서 칸트는 문답식 도덕교육에서 사례론적 물음을 해결해보게 함으로써 학생들은 이성을 개발할 뿐만 아니라 이러한 연습을 통해 윤리성에 대한 관심으로 이끌어진다고 주장한다.[69]

또한 『실천이성비판』의 방법론에서 제시된 사례와 고금의 전기들을 통한 교육방법을 살펴보자. 칸트는 역사적인 전기들에 있는 행위들에 대해 가치판단을 내려 보게 하면서 그 행위들의 도덕적 가치를 인지하도록 하고 이러한 활동에서 순수한 도덕성에 근거하여 선행을 인지하는 판단에는 칭찬을, 그것에서 어긋나는 판단에는 유감과 경멸을 보여주는 반복적인 훈련을 통해 학생들이 행위들을 칭찬할 만한 것이나 비난할만한 것으로 보는 습관을 들이는 방법을 소개한다.[70] 칸트는 도덕법칙의 순수성에 따라 법칙을 준수하는 실례들에 대한 이러한 활동으로 동감에서 경탄으로, 경탄에서 경이로, 그리고 최대의 경의와 자신도 그렇게 되기를 바라는 열망으로 학생들의 영혼이 강화되고 고양된다고 말한다.[71] 라우던은 칸트가 제시하는 이 방법을 윤리학적 교수법에 속하는 것으로 여긴다.[72] 반면에 서프리넌트는 이러한 방법과 앞서 우리가 윤리학적 수행법에 속한다고 본 두 가지 훈련을 구별 없이 아울러서 윤리학적 연습으로 간주한다.[73] 아마도 라우던이 문제의 방법을 교수법으로 간주하는 것은 이 방법이 기본적으로 이성의 훈련이라는 점에 주목하기 때문일 것이다. 반

69 칸트 (2012), VI483-484.
70 칸트 (2005), VI154-155.
71 칸트 (2005), VI156.
72 Louden (2011), p. 147.
73 Surprenant (2014), p. 9.

면에 서프리넌트가 윤리학적 수행법에 포함하는 이유는 이 방법이 인지적 활동에서 시작해서 심정의 변화를 추구하기 때문일 것이다.

윤리학적 교수법과 윤리학적 수행법은 둘 다 기본적으로 이성의 훈련이자 실천이성의 방법론이다. 이런 점에서 볼 때 두 방법이 개념적으로 구분되기는 하지만 사실상의 분리가 항상 가능한 것은 아니라는 주장은[74] 적절하다. 그렇지만 칸트는 분명 윤리학적 교수법과 윤리학적 수행법을 각각의 절로 나누어 설명하고 있다. 칸트가 둘을 구분하는 근거 내지 의도는 무엇인가? 윤리학적 교수법이나 윤리학적 수행법 모두 기본적으로 이성의 훈련이다. 둘의 차이는 그 방법 자체에 있다기보다는 목표에 있을 것이다. 이성의 훈련이 인지능력의 발달에 그치면 교수법에, 도덕적 관심의 유발로 이어진다면 수행법에 속할 것이다. 이성을 훈련해서 이해와 숙고를 통해 결의를 갖게 한다면 교수법이, 이러한 결의의 강화로 이어진다면 수행법이 될 것이다.[75] 따라서 덕을 획득하는 방법에서 교수법은 자연스럽게 수행법으로 연결될 수 있다. 그리고 학생과 교사 사이에서 실시되는 교수법을 거쳐 학생과 교사 사이에서 혹은 학생들 사이에서나 학생 혼자서 이루어지는 수행법으로 나아갈 수 있다. 여기에 교수법에는 포함되지 않는 도덕적, 육체적 습관화훈련이 수행법의 일환으로서 보조적으로 시행될 수 있을 것이다.

이제 윤리학적 수행법을 통한 감정교육이 추구하는 이성과 감정의 관계를 살펴보자. 덕에 수반하는 유쾌함은 이성과 감정, 의무와 경향의 조화를 내포한다고 볼 수도 있다. 하지만 칸트가 둘 간의 조

---

74 허미화 (1996), p. 311.

75 이점은 칸트가 윤리학적 교수법에 대해서는 상세한 내용을 제시하는 반면 수행법에 대해서는 짧은 설명에 그치는 주된 요인일 것으로 추측된다.

화를 인정한다면 그 조화는 적어도 두 가지 면에서 조건적이다. 먼저 칸트에게 이 조화는 이성과 감정이 의지에 함께 작용하는 것에 있지 않다. 이성이 의지규정의 충분한 근거라는 칸트의 입장을 고려하면 이성과 감정이 단순히 조화를 이루는 것이 아니라 이성에 따라 감정이 조절되고 이성에 따라 감정이 수반되어 도달되는 조화의 성격이 강하다. 이 점을 고려할 때 칸트적인 덕의 완성은 이성 혼자서 행위를 결정할 때 발생할 바로 그 결과를 진정 원할 수 있도록 이성을 통해 감정이 훈련될 것을 요구한다는 서프리넌트의 주장은[76] 칸트의 입장을 정확하게 반영한 해석이다.

칸트가 인정할 수 있는 이성과 감정의 조화는 이성에 근간을 둔 조화일 뿐만 아니라 끊임없이 추구해야하는 불안정한 조화이다. 악으로의 성벽을 근절할 수 없다는 칸트의 입장을 떠올린다면 이성과 감정의 조화는 일시적일 수밖에 없다. 칸트가 덕을 언제나 진보해 가는 것, 언제나 새로이 시작하는 것으로 보는 점도 이 때문이다.[77] 뿐만 아니라 칸트에게 덕은 투쟁 중의 마음씨로, 장애물을 물리치는 강함으로 이해된다. 진정 유덕한 사람은 단순히 자제하는 사람과는 구별되고 덕에 수반하는 유쾌함은 덕과 단순한 자제를 구별하는 핵심 요소이지만 덕은 여전히 의무에 어긋나는 충동이나 경향으로 인한 장애물들과의 투쟁에서 드러나는 강함이다. 이러한 점 때문에 백슬리는 덕과 자제를 구별하고 슬픔에 찬 박애가나 냉담한 박애가는 완전히 유덕하다고 보기 어렵다고 주장하면서도 덕이 자제로 여겨질 요소, 즉 감성에 대한 통제의 요소를 늘 포함한다는 점을 지적한다.[78] 윤리학적 수행법을 통한 감정교육이 이성과 감정의 조화를 추

76 Surprenant (2016) p. 107.
77 칸트 (2012), VI409.

구한다 하더라도 이 조화는 안정적인 상태에 있을 수 없고 끊임없이 도달하려고 애써야하는 것이다.

아마도 윤리학적 수행법에 대해 제기될 수 있는 심각한 의문 중의 하나는 칸트식의 이성의 훈련에 근거하는 감정교육의 효과일 것이다. 칸트가 주장하는 대로 순수 이성이 어떻게 실천적일 수 있는지를 설명한다는 것, 구체적으로 "자체로는 자기 안에 아무런 감성적인 것도 함유하지 않은 순전한 사유가 어떻게 쾌 또는 불쾌의 감각을 낳는가를 통찰한다는 것"이 전적으로 불가능하다면[79] 윤리학적 수행법의 감정교육적 효과를 설명할 개념적 근거는 없다. 그러나 이러한 도덕적 탐구의 한계가 감정교육과 관련한 윤리학적 수행법의 의의를 부정한다고 보기는 어렵다. 예지세계가 "감성세계에 속하는 모든 것을 나의 의지의 결정근거들에서 배제하고 나서도 남는 어떤 것"으로서[80] 일종의 소거법적으로 확인되는 것처럼, 도덕법칙의 작용결과로 도덕 감정이 존재한다는 것 역시 개념적으로 파악될 수는 없지만 유사한 방식으로 어느 정도 확인될 수 있다. 우리가 도덕법칙에 어긋나는 충동이나 경향에도 불구하고 도덕법칙에 일치하는 준칙을 세웠다면 우리는 우리의 의지를 결정한 원인이 순수 이성이었고 도덕 감정이 촉발되었음을 짐작할 수 있다. 다시 말해, 만일 원하지 않음에도 불구하고 해야 한다고 생각해서 어떤 일을 행한다면 우리는 법칙의 인식이 감성을 지배하는 능력의 동기로 작용했음을 짐작할 수 있다. 여기에 덧붙여 우리가 그 일을 하면서 침울하거나 투덜대는 것이 아니라 만족스러워하거나 기뻐한다면 우리는 덕을

78 Baxley (2010), p. 103, 174.
79 칸트 (2014), IV460-461.
80 칸트 (2014), IV462.

수반하는 유쾌함의 보상을 받고 있는 것이다. 자기인식의 불투명성이라는 한계가 분명 있지만 적어도 우리 자신은 일인칭적 관점에서 도덕법칙의 인식으로부터 결과하는 도덕 감정과 도덕적인 쾌를 어느 정도 경험할 수 있다. 그리고 이러한 경험은 윤리학적 수행법의 감정교육적 효과를 어느 정도 확인해준다.

윤리학적 수행법의 감정교육방식은 칸트윤리학에서 중요한 의미를 갖는다. 덕이 자연적 성향이나 능력이 아니라 획득되는 것이라는 점은 덕개념의 역사에서 거의 논쟁의 여지가 없는 것으로 간주되어 왔는데 덕을 획득된 것으로 봐야할 중요한 철학적 동기는 덕을 책임져야 할 것으로 보고자하는 관심 때문이다.[81] 이점은 도덕적 선과 악을 자유의사에 따라 결정된, 그리하여 귀책 가능한 것으로 간주하는 칸트에게도 매우 중요한 부분이다. 이미 살펴본 것처럼 칸트에게 덕을 획득하는 것은 자유를 실현하는 것이며 덕을 수반하는 유쾌함은 되찾은 자유의 의식에서 만들어지는 것이다. 그렇다면 덕을 획득하는 방법은 이 자유를 상실하거나 제한하지 않는 방식으로 실시되는 것이 적절하다. 칸트의 윤리학적 방법론에서는 무엇보다 먼저 교수법, 특히 소크라테스적인 문답법에 해당하는 도덕적 문답법을 통해 학생들이 덕개념과 덕규칙을 이해하고 이러한 이해에 따른 숙고를 통해 의무를 준수하려는 결의를 갖게끔 한다. 이러한 과정에서 학생들은 교사의 도움을 받지만 기본적으로 자신의 이성을 통해 이해하고 숙고하고 결단한다. 이처럼 윤리학적 교수법, 특히 도덕적 문답법을 통해 덕개념과 덕규칙을 이해하도록 하는 것은 학생들의 자율성을 가능한 한 제한하지 않으면서 도덕원칙의 토대를 갖게 하는 방법이다.[82] 수행법 역시 마찬가지이다. 이성의 훈련에 토대를 둔 감

---

81 자그제브스키 (2016), p. 127.

정교육을 통해 학생들이 자신의 인식에 근거하여 감정의 변화에 이르게 된다는 점에서 수행법 역시 가능한 한 학생들의 자율성을 제한하지 않으면서 실행력을 갖게 하는 방법이다. 자유를 상실하게 하거나 제한하는 방식의 교육은 자유의 실현으로서의 덕을 획득하는 방식으로 정당화되기 어렵다. 윤리학적 수행법의, 이성의 훈련에 토대를 둔 감정교육은 자율성을 중시하는 칸트윤리학체계에서 불가피하면서도 핵심적인 방식이 아닐 수 없다.

윤리학적 수행법은 윤리학적 교수법에 따라 획득된 숙고된 결의를 강화하여 실행력을 획득하게 하는 훈련이다. 완강하고 유쾌한 마음을 겨냥하는 이 방법은 덕이 포함하는 기질적 요소의 의미와 역할을 확인해준다. 또한 이 방법은 감성적 충동과 경향을 통제하는 도덕적 훈육으로서 이성의 훈련에 토대를 두고 실시되는 감정교육을 포함한다. 덕의 기질과 감정교육에 대한 칸트의 입장은 이성적 존재로서 인간이 가진 자율성을 존중하는 접근에 따른 것이다. 윤리학적 수행법을 통해 학생들의 자율성을 가능한 한 제한하지 않는 방식으로 실시되는 감정교육은 우리가 자율적인 존재가 되어야할 뿐만 아니라 자율적인 존재일 수 있음을 전제한다. 자신을 그리고 다른 모든 사람을 자율적 존재로 간주하는 것은 이성적 존재의 이념, 즉 이상이다. 그러나 이러한 이념은 실제로 우리가 이 이념에 따라 살아갈 수 있게 해주는데 필요한 것이다. 우리가 우리 자신과 다른 사람을 자율적 존재라고 간주할 때 우리는 자율적 존재처럼 행동하고 살려고 애쓸 것이고 그럼으로써 자율적 존재에 조금이라도 더 근접하게 될 것이다. 그럼에도 불구하고 덕의 기질적 요소에 대한 칸트의 입장이 여전히 도덕적 동기에서 감정의 역할을 경시하는 면이 있고

82 Surprenant (2014), pp. 8-10.

윤리학적 수행법이 감정교육으로 미흡한 것은 사실이다. 인간의 자율성을 존중하는 칸트윤리학체계 내에서 이러한 점을 보완할 방안을 모색하는 것이 앞으로의 과제가 될 것이다.

2

칸트 덕론의 규범윤리적 특징: 아리스토텔레스의 덕윤리와의 비교를 중심으로

제9장 덕개념의 특징과 의의

근대도덕철학, 특히 칸트윤리학을 비판하면서 덕윤리가 부활하는 과정을 보면 칸트윤리학과 덕윤리의 차이가 부각되고 두 이론이 상반되는 성격을 가진 경쟁적인 이론들로 간주되는 경향이 있었다. 이러한 경향 속에서 덕윤리는 덕과 행위자의 인격character을 중시하는 반면 칸트윤리학은 규칙과 행위를 중시한다는 것이 두 윤리이론에 대한 전형적인 구분이 되었다. 그러나 이와 함께 이러한 전형적인 이분법에 대한 회의 내지 비판들도 제기되었는데, 이러한 회의나 비판은 전형적인 이분법이 지나치게 단순화된 시각이며 아리스토텔레스와 칸트는 전형적으로 이해되는 것보다 훨씬 더 가깝다는 것을 보이고자 한다. 칸트윤리학과 덕윤리에 관련한 동시대의 이러한 논의 속에서 과연 칸트와 아리스토텔레스 간에 존재한다고 여겨지는 불일치가 왜곡이나 과장 혹은 오해의 결과에 불과한지 아니면 둘 간에는 근본적인 불일치가 존재하는지가 중요한 쟁점으로 부각되고 있다. 이런 쟁점과 관련하여 칸트의 『윤리형이상학』은 그 어느 때보다 많은 관심을 받고 있다. 『윤리형이상학』의 덕이론은 칸트윤리학에 대한 덕윤리적 비판들에 대응할 근거를 찾는데 뿐만 아니라 칸트윤리학과 덕윤리 간의 유사성을 주장하는 근거를 찾는데 흔히 사용되기 때문이다. 본 장은 덕이론에서 제시되는 칸트의 덕개념과 덕윤리의 가장 전형적인 입장에 해당하는 아리스토텔레스의 덕개념을 비교하면서[1] 두 종류의 덕 간에 근본적인 불일치가 존재하는지의 문제를 고찰하고자 한다. 이를 위해 먼저 칸트에게 있어서 덕이 무엇을 의미하며 어떤 특징을 갖는지를 살펴볼 것이다. 그리고 이러한 특징이 아리스토텔레스의 덕개념에서 어떻게 다루어지는지 살펴보면서 두 종류의 덕이 어떤 점에서 불일치하는지 고찰하고 이러한 불일치를 아리스토텔레스의 중용에 대한 칸트의 비판을 통해 확인하고자 한다. 나아가서 칸트의 덕개념이 가지는 특징이 어떤 규범윤리적 함의를 가지는지 살펴보고자 한다.

1. 칸트 덕개념의 의미와 특징

칸트는 『윤리형이상학 정초』에서 덕을 "윤리적으로 선한 마음씨"로 여기고, 이러한 마음씨를 『실천이성비판』에서는 도덕법칙을 경향성이 아닌 의무에서 준수하도록 속박하는 마음씨, 즉 "투쟁 중에 있는 도덕적 마음씨"로 설명하면서 신성성과 대비한다.[2] 덕에 대한 이러한 입장은 『윤리형이상학』의 덕이론에서 매우 구체적으로 전개되는데, 칸트는 "무릇 하나의 강력하되 부정한 적에 저항할 수 있는 능력과 숙고된 결의가 **용기**(勇氣)이며, **우리 안의** 윤리적 마음씨의 적과 관련해서는 **덕**(德, 道德的 勇氣)"이라고 말한다.[3] 그리고 덕을 "확고한 마음씨에 기초한, 의지의 각 의무와의 합치", "자기 의무를 준수함에 있어서의 인간 의지의 도덕적 강함"으로 설명한다.[4] 이러한 설

1 최근에 덕윤리가 다양한 방향으로 그 영역이 확대되고 감정주의적(sentimentalist)인 전통이 새로운 흐름으로 자리를 잡아가고 있기는 하지만 20세기에 덕윤리가 부활한 이래 아리스토텔레스적인 전통은 여전히 덕윤리의 논의를 주도하고 있다.

2 칸트 (2014), IV435; 칸트 (2005), V84.

3 칸트 (2012), VI380.

명들로부터 칸트에게 있어서 덕은 인간의 의무수행을 방해하는 자연적 경향성이라는 장애들을 극복하는 굳센 도덕적 의지라는 것을 알 수 있다.

경향성에 맞서 의무를 수행하는 굳센 의지라는 덕에 대한 칸트의 설명이 의미하는 바를 분명하게 파악하도록 해주는 것은 다름 아닌 선의지이다. 칸트에게 있어서 선의지를 갖는 것은 의무로부터 행위하는 것, 다시 말해서 보편법칙이 되는 준칙을 갖는 것이다. 칸트는 이러한 선의지를 그 자체로, 무조건적인 선이라고 주장한다. 이것은, 선의지가 "덕의 결여와 양립할 수 있다는" 데니스Lara Denis의 지적처럼, 선의지 자체는 덕 없이도 가능하다는 것을 의미한다.[5] 그러나 단적으로 선한 의지가 아닌 인간의 선의지는 덕과 밀접하게 관련된다. 이성적인 자연존재인 인간은 의무수행을 방해하는 경향성이나 충동들을 가지고 있기 때문에 선의지를 가지지만 준칙에 따라 행위하는데 실패할 수 있다. 따라서 준칙에 따라 행위할 때 방해가 되는 경향성이나 충동들을 극복할 만큼 선의지가 강하게 되는 것이 필요하다. 칸트는 이러한 강함을 덕이라고 여긴다. 인간의 선의지가 실행되거나 표현 혹은 예시될 만큼 강한 것이 덕인 셈이다. 이렇게 볼 때 덕에는 선의지가 필수적이다. 선의지와 덕의 이러한 관련 때문에 우리는 칸트주의자들 사이에서 덕을 선의지와 결부시켜 정의하는 것을 쉽게 발견한다. 예컨대, 덕은, 굳셈을 필요로 하는 인간의 선의지에 초점을 맞춰 "옳은 것을 행하는 선하고 강한 의지a good and strong will to do what is right"[6]로 정의되거나, 선의지의 실행이나 표현

4 칸트 (2012), VI395, 405.
5 Denis (2007), p. 514.
6 Hill (2012), p. 140.

혹은 예시에 초점을 맞춰 "선의지의 현실적 실천력" 내지 "선의지의 실제적 구현"으로[7] 정의된다.

선의지와 덕의 관계를 고려할 때 주목할, 또 다른 점은 덕이 일종의 획득되는 능력이라는 점이다. 칸트는 선의지라는 개념은 "이미 자연적인 건전한 지성에 내재해 있고, 가르칠 필요는 없으며, 오히려 단지 계발될 필요만 있는 것이다"고 말한다.[8] 그러나 덕과 관련하여 칸트는 "인간은 (도덕적 강함인) 덕으로의 책무가 있다고 말할 수 있다"고 주장하면서 "**강함**(堅固)으로서의 이 능력은, 도덕적 **동기**(즉 법칙 표상)가 우리 안에 있는 순수 이성법칙의 존엄에 대한 관찰(觀想)과 동시에 또한 훈련(訓練)을 통해 고양됨으로써 취득되는 것임에 틀림이 없는 어떤 것"이라고 주장한다.[9] 이러한 주장을 통해 우리는 덕이 이론적 그리고 실천적 훈련을 통해 선의지가 강하게 된 것임을 알 수 있다. 선의지와 덕의 이러한 관련에 초점을 맞출 때 덕은 '훈련되어 고양된 선의지'로 정의될 수 있다.

칸트의 덕이 선의지와 밀접하게 관련되어 있다는 것을 통해 우리는 칸트의 덕개념이 가진 특징을 확인할 수 있다. 선의지를 갖는 것은 의무로부터 행위하는 것이며 의무로부터의 행위는 도덕법칙에 대한 존경으로부터 나온 행위이다. 그렇다면 선의지를 기본으로 하는 덕은 도덕법칙에 대한 존경으로부터 행위하는 것에 다름 아니다. 이것은 칸트에게 있어서 덕이 도덕법칙에 복종하는 것임을 의미한다. 칸트에게 있어서 덕이 도덕법칙에 복종하는 것이라는 점은 『윤리형이상학 정초』에서부터 『실천이성비판』, 『윤리형이상학』에 공통

7 맹주만 (2011), p. 39, 41.
8 칸트 (2014), IV396.
9 칸트 (2012), VI397.

적으로 깔려 있는 입장이다. 『윤리형이상학 정초』에서 칸트는 덕이 존엄성의 가치를 가지는 것은 "덕이 보편적 법칙 수립에 있어 이성적 존재자에게 가져다주고, 그로써 이성적 존재자로 하여금 가능한 나라의 성원이 될 수 있게끔 해 주는 몫 외에 다른 것이 아니다."고 말한다.[10] 또한 칸트는 『실천이성비판』에서 "도덕적 마음씨는 **직접적으로 법칙**에 의해 의지를 규정한다는 의식과 필연적으로 결합되어 있다"고 말하며, 덕을 "법칙에 대한 **존경**에서 오는 합법칙적인 마음씨"로 말한다.[11] 『윤리형이상학』에서는 덕을 "내적 자유의 원리에 따르는 강제, 그러니까 의무의 형식적 법칙에 따르는, 자기 의무의 순전한 표상에 의한 강제"로 설명한다.[12]

칸트에게 있어 도덕법칙은 자연적 경향성이 아니라 이성의 이념으로부터 얻어진 것이다. 또한 도덕법칙은 정언명령으로서 법칙에 대한 존경에서 따라야하는 것일 뿐, 따라야 하는 이유를 제시해야 하는 것이 아니다. 도덕법칙에 대한 이러한 입장은 칸트윤리학이 좋음이 아니라 옳음을 우선하는 의무론으로 분류된다는 것을 분명히 보여준다. 좋음에 대한 옳음의 우선성은 여러 의미를 가질 수 있지만 의지에 초점을 맞춰볼 때 옳음의 우선성의 중요한 의미는 의지의 결정근거가 무엇이냐 하는 점에 있다. 칸트윤리학에서 옳음의 우선성에 대한 다양한 의미를 논의하면서 바로 이런 의미의 옳음의 우선성에 주목하는 쉬로스Jörg Schroth는 옳음의 우선성을 "좋음보다는 옳음이 의지의 결정 근거라는 것" 즉 "도덕법칙에 의한 의지의 결정"이라고 설명한다.[13] 도덕법칙에 대한 존경으로부터 행위하는 것은

10 칸트 (2014), IV435.

11 칸트 (2005), V116, 128. 칸트는 『윤리형이상학』에서도 똑같이 "(법칙에 대한 존경의) 마음씨"라고 말한다. 칸트 (2012), VI394.

12 칸트 (2012), VI394.

경향성을 가지건 가지지 않건 관계없이 정언명법에 의해 의지가 결정되는 것이고 이것은 바로 옳음에 의해 의지가 결정되는 것이다. 그리고 도덕법칙에 대한 존경으로부터 행위하는 선의지는 옳은 행위를 옳다는 바로 그 이유로 택하는 의지이고 옳음을 그 결정근거로 하는 의지인 것이다. 따라서 선의지는 옳음의 우선성에 근거한다. 그리고 선의지를 기본으로 하는 덕은 경향성의 방해에 저항하여 도덕법칙에 대한 존경, 즉 옳음에 의해 의지가 강하게 규정되는 것이라는 점에서 선의지와 마찬가지로 옳음의 우선성에 근거한다. 요컨대 규칙윤리와 옳음의 우선성에 대한 칸트윤리학의 기본 입장이 그의 덕개념에도 그대로 견지되고 있다.[14]

칸트의 윤리학이 도덕법칙에 근거하고 옳음을 우선한다는 것은 칸트윤리학에 대한 전형적인 입장으로서 새삼스러운 것은 전혀 아니다. 그러나 이러한 입장이 칸트의 덕이론에서도 바뀌지 않았다고 주장하는 것은 그렇지 못하다. 문제의 입장은 덕윤리와 전형적으로 대조되는 부분으로 간주되어 왔고 칸트의 덕이론은 덕윤리와의 유사성을 보여주는 단서들을 제공한다고 여겨지곤 하기 때문이다. 대표적으로 덕이론에서 칸트가 주장하는 덕의무가 바로 그러한 단서로 꼽힌다. 그리하여 불완전한 의무로서의 덕의무를 따르는 것이 구체성을 반영하는 판단을 허용한다는 점에서 실천적 지혜를 가진 유덕한 사람의 선택과 유사할 수 있다고, 또는 의무와 목적이 결합된

13 Schroth (2008), p. 99.

14 이것은 『윤리형이상학 정초』에서도 확인할 수 있다. 칸트는 "덕을 참 모습에서 본다는 것은 다름 아니라, 윤리성을 감각적인 것의 일체의 혼합으로부터, 그리고 보상이나 자기사랑이라는 일체의 가짜 장식으로부터 벗겨내 명시하는 것"으로서 덕은 "경향성들에게 매력적인 것으로 나타나는 여타의 모든 것들을" 무색하게 한다고 주장한다. 칸트 (2014), IV426.

덕의무는 옳음의 우선성을 주장하기보다 좋음을 중시한다고 주장된다.[15] 따라서 칸트의 덕이 도덕법칙에 복종하며 옳음의 우선성에 근거한다는 것은 더 많은 논의가 요구되는 주장이다.

칸트가 동시에 의무인 목적으로 설명하는 덕의무를 구체적으로 들여다보자. 칸트는 "모든 행위는 각기 목적을 가지는 것"이라고 말하며 아리스토텔레스처럼 인간 행위가 어떤 목적을 위해 취해지는 것이라고 여긴다.[16] 그리고 윤리학이 법이론이 아니라 덕이론이라고 할 때 그는 덕을 어떤 목적을 세우고 추구하는데 관련된다고 본다. 목적을 세운다는 것은 의사선택의 내용을 규정하는 것이며 이러한 내용은 보통 행위자가 좋다고 여기는 것이다. 이럴 경우 목적론과 좋음의 윤리는 자연스럽게 밀접한 관련을 갖는다. 이러한 입장의 전형이 바로 아리스토텔레스의 덕윤리이다. 아리스토텔레스는 행위에 대한 목적론적 관점을 취하고 행복을 최고 좋음으로서 행위의 궁극목적으로 간주하고 덕을 잘 발휘하는 활동을 통해 이러한 행복에 도달한다고 본다. 칸트 역시 목적을 의사선택의 형식적 규정이 아니라 내용적 규정이라고 본다. 그러나 목적을 설명할 때 칸트는 "무엇인가 행위들의 목적을 가짐은 행위하는 주체의 자유의 활동"이라고 말하면서 목적이 내용적 의사규정일 뿐만 아니라 강제될 수 없는 자유로운 의사규정이라고 여긴다.[17]

덕이 목적을 세우고 추구하는 것을 포함한다는 칸트의 주장을 제

15 이러한 주장들은 칸트윤리학자들과 아리스토텔레스주의자들 양편에서 모두 제기되는데, 예컨대 전자에 해당하는 아리스토텔레스주의자의 주장을 위해서는 Sherman (1997), pp. 325-330, 후자에 해당하는 칸트주의자의 주장을 위해서는 Wood (2002), pp. 13-15 참조.

16 칸트 (2012), VI385.

17 칸트 (2012), VI385.

대로 이해하기 위해서는 목적이 질료적 의사규정이라는 점보다 강제될 수 없는 자유로운 의사규정이라는 점에 더 주목할 필요가 있다. 내가 어떤 것을 나의 목적으로 가진다는 것은 다른 사람이 강제한 것이 아니라 내가 그것을 나의 목적으로 삼은 것이라는 점은 목적개념 자체에서 비롯된 당연한 것이라고 볼 수도 있다. 그러나 목적이 자유로운 의사규정이라는 점은 의무를 이성적인 자연존재인 인간의 자유로운 선택에 다름 아닌 것으로 간주하는 칸트윤리학의 체계 안에서[18] 특별하게 작용한다. 덕을 설명할 때 칸트는 "동시에 의무인 것을 자기 자신에게 목적으로" 세우는 것이라고 말한다.[19] 구체적으로 칸트에 따르면 덕이론에서의 논의거리는 "인간이 그의 자연본성의 감성적 충동을 좇아 취하는 목적들이 아니라 인간이 목적으로 삼아야 할 자유로운 의사의 법칙들 중의 자유로운 의사의 대상들이다."[20] 자기 자신에게 목적을 세우는 자유로운 의사규정인 덕은 경향성이나 충동에 따라 자기 자신의 목적을 세우는 것이 아니라 이러한 경향성이나 충동에 굳세게 저항하고 이성의 명령인 의무를 자신의 목적으로 삼고 행하는 것이다. 이점은 동시대의 칸트주의자들이 덕의무에 해당되는 목적을 "의무적인 목적",[21] "이성이 설정한 목적",[22] "도덕적으로 필수적인 목적"등으로 설명하는 부분에서 잘 드러난다.[23] 결국 이성적 자연존재의 자유로운 선택인 의무를 자기 자

18 칸트에게 있어서 도덕은 이성적인 존재가 자연적인 경향성이나 충동으로부터 벗어나 이성에 따라 자율적으로 선택하고 결정하는 것에서 비롯된다. 이런 점에서 보면 칸트윤리학에서 도덕적 가치의 원천은 자율성이다. 코스가드는 자율성의 윤리학이 근대의 형이상학과 조화를 이루는 유일한 것이라고 주장한다. 코스가드 (2011), p. 23 참조.

19 칸트 (2012), VI381.

20 칸트 (2012), VI385.

21 O'Neill (2013). p. 129.

22 코스가드 (2007), p. 69.

신의 목적으로 삼아서 자신에게 부과하는 것이 다름 아닌 덕이다. 덕의무는 내적 자유, 내적 자기강제인 것이다.

칸트의 덕에서 의무의 자기부과가 목적 세움의 자유로운 활동이 된다고 할 때 덕을 통해 의무와 목적이 결합되는 방식이 중요하다. 그 방식은 목적의 증진에 근거하는 의무가 아니라 그 자체로 의무인 것을 목적으로 삼는 것이다. 그리고 이런 식의 결합은 칸트의 덕이 옳음의 우선성에 근거한다는 것을 의미한다. 이점은 이러한 결합이 이루어지는 덕이론에 대해 칸트가 "**의무개념**이 목적들로 이끌고, 우리가 세워야 할 목적들에 관한 준칙들을 도덕적인 원칙에 따라 정초해야만할 것이다"고 말하는 부분에서 분명히 확인된다.[24] 이처럼 덕이 옳음의 우선성에 근거함으로써 덕이론에 관련된 칸트의 목적론적 입장은 좋음과 결부된 여타의 목적론과 구별된다. 칸트는 자신의 목적이론을 "실용적인, 그 목적들의 선택에서 영리의 규칙을 함유하는 목적이론"과 구별하여 도덕적 목적이론으로 보고, "의무들을 다루는 도덕적 목적이론은 순수 실천이성에 선험적으로 주어지는 원리들에 의거하는 것"이라고 말한다.[25] 의무를 자기 자신의 목적으로 삼는 것이라는 점에서 덕이론은 도덕성을 행위자의 자유로운 의사규정체계, 즉 행위자의 목적체계에 통합하는 것이다. 그러나 이러한 통합은 좋음에 근거한 목적론과는 거리가 있다. 덕의무에 대한 칸트의 설명은 칸트의 덕이 도덕법칙에 복종하며 좋음에 대한 옳음의 우선성에 근거한다는 것을 분명하게 보여준다.

23 Louden (1997), p. 292.
24 칸트 (2012), VI382.
25 칸트 (2012), VI385.

2. 아리스토텔레스와 칸트의 덕개념 그리고 중용

아리스토텔레스의 덕윤리에 대한 전형적인 이해를 살펴보면, 아리스토텔레스는 다양하고 복잡한 상황들에서의 개별적인 것들이 실천적 판단에 중요하며 이러한 개별적인 것들은 어떤 원칙으로 체계화될 수 없다고 생각한다. 그리하여 아리스토텔레스는 개별주의particularism를 추구하고 개별적인 것들을 반영하여 내리는 유덕한 사람들의 선택과 행위를 중시한다고 여겨진다. 또한 아리스토텔레스는 인간을 위한 좋음에 대한 객관적인 설명으로부터 덕을 도출하고 좋음을 강조하는 윤리이론을 추구한다.[26] 그러나 개별주의와 좋음을 강조하는 아리스토텔레스의 덕개념에서도 옳음은 중요한 문제이다. 아리스토텔레스에게 있어서 탁월성으로서의 덕은 이성에 따른 영혼의 활동이라는 인간의 고유한 기능을 잘 혹은 훌륭하게 행하는 것이다.[27] 또한 도덕적 덕과 관련하여 아리스토텔레스는 자연적인 탁월성과 지성을 갖춘 엄밀한 의미의 탁월성을 구분함으로써 올바른 이성으로서의 실천적 지혜 없이는 도덕적 덕을 갖춘 사람이 될 수 없다는 것을 분명하게 한다.[28] 이러한 입장은, 실천이성의 원칙으로서의 도덕법칙에 복종하는 덕개념을 제시하는 칸트처럼, 아리스토텔레스도 실천이성의 판단이 덕에 본질적으로 작용한다고 생각함을 보여준다.

26 아리스토텔레스의 덕과 칸트의 덕을 비교할 때 오닐은 아리스토텔레스가 인간을 위한 좋음(the Good for Man)에 대한 객관적인 설명으로부터 덕을 도출하지만 칸트는 이러한 설명에 의존하지 않는다고 말한다. 이에 대한 오닐의 주장을 위해서는 O'Neill (1996), p. 79 참조.

27 이러한 주장을 위해서는 아리스토텔레스 (2013), 1097b21-1098a21 참조.

28 이러한 주장을 위해서는 아리스토텔레스 (2013), 1144b1-20 참조. 한편 실천적 지혜와 도덕적 덕 간의 관계의 다른 면에 대해서는 뒤따르는 논의에서 다루어질 것이다.

둘 사이의 유사점은 이러한 실천이성이 어떻게 작용하는가에 있어서도 찾아진다. 칸트가 의무에 맞는 행위와 의무로부터의 행위를 구분한다면 아리스토텔레스는 유덕한 행위를 단순히 행하는 것과 유덕한 사람이 그러한 행위를 행하는 것을 구분한다. 아리스토텔레스는 후자가 유덕하게 행해지는 것이라고 보고 이러한 행위는 "합리적 선택에 의거해서 행위하되 그 행위 자체 때문에 선택해야"하는 것이라고 말한다.[29] 또한 아리스토텔레스는 "잘 숙고한다는 것은 유익함에 따른 올바름이자 마땅히 도달해야 할 것, 마땅히 해야 할 방식, 마땅히 해야 할 시간에 따른 올바름이다"고 말한다.[30] 아리스토텔레스에게 있어서 유덕하게 행하는 것은 그 자체 때문에 선택되어 행위하는 것, 마땅히 해야 하는 것을 하는 것이다. 이는 아리스토텔레스 역시 칸트처럼 그 자체 때문에 행해지는 옳음을 중시한다는 해석을 가능하게 한다. 아리스토텔레스의 덕에 대한 이러한 해석은 칸트와 아리스토텔레스의 덕이 생각보다 훨씬 더 유사하다는 것을 주장하게끔 한다. 예컨대 칸트와 아리스토텔레스의 덕이론을 비교하면서 우드Allen Wood는 아리스토텔레스와 칸트 둘 모두에게 있어서 "그 자체를 위해 가치 있게 여겨지기 때문에 행해진 합리적인 행위에서 덕이 드러난다."고 주장한다.[31]

그러나 칸트와 아리스토텔레스의 덕이 실천이성의 작용과 그 자체의 옳음을 중시한다는 점에서 유사성을 가진다는 주장에는 세심한 주의가 필요하다. 슬로트Michael Slote나 스토커Michael Stocker같은 감정주의적 덕윤리자들은 유덕한 품성상태가 옳음의 기준이며 이러

29 아리스토텔레스 (2013), 1105a32.
30 아리스토텔레스 (2013), 1142b28-29.
31 Wood (2015), p. 70.

한 품성상태에 독립적인 옳음의 기준은 존재하지 않는다는 입장을 분명히 한다. 아리스토텔레스 역시 유덕한 품성상태가 옳은 행위의 기준이 된다고 주장한 것은 분명하다. 그러나 아리스토텔레스가 유덕한 사람이 할법한 것이 옳은 행위라고 보는지 어떤 행위가 옳기 때문에 유덕한 사람이 그것을 행한다고 보는지는 논란의 여지가 많은 부분이다.[32] 아리스토텔레스는 유덕한 품성상태에 독립적인 옳음의 기준에 대해서는 명확한 입장을 취하고 있지 않다. 따라서 아리스토텔레스가 감정주의적인 덕윤리자들보다는 실천이성의 작용과 옳음을 더 고려한 것은 맞지만 옳음을 중시하는 아리스토텔레스의 입장은 옳음의 우선성을 주장하는 칸트의 입장과는 분명히 구별된다. 옳음의 우선성을 주장하는 칸트의 덕개념에서 본다면 유덕한 사람의 품성상태와 독립적인 옳음의 기준이 존재하기 때문이다. 이점은 아리스토텔레스와 달리 덕이 경험으로부터 배워 얻어지는 것이라는 점을 반대하는 칸트의 입장에서 잘 드러난다. 칸트는 덕이 도덕적인 귀감들을 본받아 반복적으로 행위하는, 습관을 통한 숙련이 아니라 "자유로부터 나온 숙련" 즉 "그것이 취한 규칙을 가지고서 동시에 보편적으로-법칙 수립하는", 의지의 성질로서의 숙련이라고 말한다.[33] 칸트는 이러한 숙련은 "숙고된, 확고한 더욱 더 정화된 원칙들의 작용결과"라고 설명한다.[34] 이러한 설명은 칸트가 도덕법칙을 유덕한 사람에 독립적인 옳음의 기준으로 삼고 있음을 보여준다.

---

32 아리스토텔레스주의자들 간에도 해석이 분분한데, 예컨대 유덕한 사람이 할법한 행위가 옳은 행위라는 입장을 위해서는 Hursthouse (2001), pp. 28-31을, 아리스토텔레스가 옳은 행위를 유덕한 사람의 행위로 정의하기보다는 덕을 옳은 행위와 감정을 위한 성향으로 설명한다는 입장을 위해서는 Brodie (2006), pp. 352-353 참조.

33 칸트 (2012), VI407.

34 칸트 (2012), VI383

옳은 행위의 기준과 관련하여 칸트의 윤리학과 덕윤리를 비교할 때 힐Thomas E. Hill Jr.은 칸트가 도덕적인 귀감들로부터 최상의 도덕원리, 즉 옳음의 근본 기준이 발견될 수 없다고 주장하는 이유는 완전한 덕의 실제적 예는 없을 거라고 생각하는 점 이외에 보다 심오한 이유, 즉 "우리가 어떤 사람을 귀감으로 확인하기 위해서는 옳음과 덕의 표준을 이미 가지고 있어야하기 때문에 그러한 표준을 귀감들에서 찾으려고 하는 것은 근본적으로 결함이 있는 절차라는" 점이라고 주장한다.[35] 덕의 숙련에 대한 칸트의 입장은 이러한 주장을 뒷받침해준다. 요컨대 칸트의 덕이 도덕법칙을 유덕한 사람에 독립적인 옳음의 기준으로 여기고 이러한 도덕법칙에 복종하는 옳음의 우선성에 근거하는 반면, 아리스토텔레스의 덕은 옳음을 중시하기는 하지만 이 옳음이 유덕한 품성상태와 밀접하게 관련되어 있다는 점에서 옳음의 우선성에 근거한다고 말하기 어렵다.

아리스토텔레스와 칸트 간의 이러한 차이를 놓치지 않는 것은 아리스토텔레스의 덕윤리와 칸트윤리학의 비교에서 중요하다. 칸트윤리학을 아리스토텔레스적으로 독해할 때 주목하는 중요한 부분 중의 하나는 선의지이다. 무조건적인 도덕적 가치를 가지는 선의지는 합리적 존재로서의 도덕적 행위자의 이상을 특징화하는 개념이며 이에 따라 칸트윤리학이 행위자중심윤리의 성격을 가진다고 여기는 근거가 된다.[36] 그러나 앞에서 살펴본 바와 같이 칸트의 덕은 도덕법칙이 선의지를 가진 합리적 행위자, 바꿔 말하면 유덕한 행위자에 우선하는 옳음의 기준이라고 여긴다. 그리고 이러한 옳음의 우선성은 칸트의 덕과 아리스토텔레스의 덕을 분명하게 구별하는 부분이

35 Hill (2012), p. 158.

36 이에 대한 논의를 위해서는 Johnson (2008), pp. 61-65 참조.

다. 선의지개념이 덕윤리와 칸트윤리학이 가지는 유사점을 보여주는 형식을 제공할 수는 있지만 내용에 있어서는 뚜렷한 차이가 있다고 주장할 때 존슨Robert N. Johnson이 주목하는 것도 바로 덕윤리와 달리 칸트윤리학이 도덕법칙을 선의지, 혹은 선의지에 근거하는 유덕한 사람보다 우선한다는 점이다. 존슨은 선의지 혹은 선의지를 가진 합리적 행위자가 도덕법칙에 이론적 근거를 제공하는 것이 아니라 "합리적 행위자에 대한 칸트의 개념은 그 자체로 도덕법칙에 대한 선험적 이해에 전적으로 입각해있으며" 칸트윤리학이 사람의 이상에 근거한다고 해석한다 해도 "그것은 도덕법칙에 이미 전념한 것으로서 합리적 행위자의 이상"이라고 주장한다.[37]

옳음을 중시하기는 하지만 옳음의 우선성에 근거하지는 않는 아리스토텔레스의 덕개념은 좋음을 강조하는 그의 윤리체계 내에서 좋음과의 조화로 드러난다. 이점은 성격적 탁월성과 실천적 지혜의 상호의존성 내지 불가분성에서 확인된다. 아리스토텔레스는 실천적 지혜 없이는 도덕적 덕을 갖춘 사람이 될 수 없다고 주장하는 한편 영리함과 실천적 지혜를 구별함으로써 도덕적 덕을 갖춘 사람이 아니고서는 실천적 지혜를 가진 사람이 될 수 없다고 주장한다.[38] 근본적으로 중요한 것은 좋은 삶의 문제이며 도덕적 덕은 이러한 삶의 중요한 부분이라고 여기는 아리스토텔레스에게 있어서 옳음을 중시하는 덕은 옳음의 우선성이 아니라 옳음과 좋음의 조화에 근거한다.[39]

---

37 Johnson (2008), p. 75.

38 이를 위해서는 아리스토텔레스 (2013), 1144b26-31 참조.

39 기본적으로 아리스토텔레스의 덕윤리가 좋음을 중시한다는 점에서 이러한 조화는 좋음에 근간을 둔 조화라고 할 수도 있다. 예컨대 잘 숙고하는 것에 대한 아리스토텔레스의 주장을 보자. 아리스토텔레스는 "자제력 없는 사람과 나쁜

지금까지 살펴본 바와 같이 아리스토텔레스의 덕개념은 옳음을 중시하기는 하지만 옳음의 우선성에 근거하지는 않는다. 따라서 옳음의 우선성이라는 것은 칸트와 아리스토텔레스의 덕이 불일치하는 분명한 지점이 된다. 옳음의 우선성이 두 종류의 덕개념이 분명하게 구별되는 지점이라는 것을 아리스토텔레스의 중용에 대한 칸트의 비판을 살펴보면서 확인해보자. 칸트는 순수 덕이론을 다루는 윤리 형이상학의 3가지 일반적 원칙을 제시하는데 이중 하나가 바로 중용에 대한 반대이다. 칸트는 "덕과 패악의 차이는 결코 특정한 준칙의 준수 **정도**에서가 아니라, 오로지 그것의 종별적인 **질**(즉 법칙과의 관계)에서 찾아야만 한다. 바꿔 말하면, 두 패악 사이의 **중간**에 덕을 놓은, (아리스토텔레스의) 칭송받는 원칙은 그릇된 것이다"고 주장한다.[40] 여기에서 덕과 악덕이 정도의 차이가 아니라 질적 차이를 갖는다는 것은 이 둘이 전적으로 다른 원리, 즉 서로 "필연적으로 모순되는 고유한 준칙"을 갖고 있다는 것을 의미한다.[41] 이러한 의미는 칸트가 제시하는 예를 통해 파악될 수 있다. 칸트에 따르면 절약이라는 덕은 가계를 꾸려감의 목적을 자기 재산의 향유에 두는 좋은 준칙을 갖는 반면 다라움이라는 패악은 그 목적을 재산의 점유에 두는 나쁜 준칙을, 그리고 낭비라는 패악은 그 목적을 재산의 사용에

사람도 자신이 해야만 하는 것으로 세운 목적을 이성적 헤아림을 통해 달성할 것이며, 그렇게 해서 그는 올바르게 숙고했던 사람이지만 큰 악을 취한 사람이 될 것"이라고 말하면서 "좋은 것을 성취하게 하는 올바름이 잘 숙고함"이라고 말한다." 아리스토텔레스 (2013), 1142b18-22. 아리스토텔레스는 잘 숙고하는 것은 일종의 좋음, 일종의 올바름이지만 여러 가지 의미의 올바름 중에서 좋은 것을 성취하게 하는 올바름이 잘 숙고함에서의 올바름이라고 말한다. 이런 면에서 보면 아리스토텔레스는 오히려 좋음을 우선하는 입장을 취한다고 할 수도 있다.

40 칸트 (2012), VI404.

41 칸트 (2012), VI404.

두는 나쁜 준칙을 갖는다.[42] 덕과 악덕의 차이가 질에 있다는 칸트의 주장은 덕과 악덕은 행위의 목적이 전적으로 다른, 그리하여 다른 원리(준칙)를 따른다는 것을 의미한다.

지나침과 모자람이라는 두 악덕의 중간을 덕으로 보는, 즉 덕과 악덕의 차이를 정도에 있다고 보는 아리스토텔레스의 중용은 덕과 악덕이 다른 목적을 가진다는 칸트의 주장을 반대하는가? 중용에 대한 아리스토텔레스의 입장에서 행위의 목적이 어떻게 설명되는지 살펴보자. 엄슨J. O. Urmson은 아리스토텔레스의 중용론을 각 경우에 어떤 행동이 적절한가를 결정하는 적당론이 아니라 "성격의 탁월성에 관한 아리스토텔레스의 형식적 정의의 일부"라고 보고 "성격의 탁월성은 분명히 행동을 향한 중간적인 성향"이지 "중간적인 행동을 향한 성향이 아니라는 것을 주목해야 할 것이다."고 주장한다.[43] 중용을 성격적 탁월성을 정의하는 것으로 이해하고 중용의 품성상태에 대한 아리스토텔레스의 설명을 들여다보자. 아리스토텔레스는

---

42 이러한 설명을 위해서는 칸트 (2012), VI404 참조.

43 엄슨 (1996), p. 59, 66. 중용의 개념이 감정과 행위에 적용되는 것인지 품성상태에 적용되는 것인지는 논란이 많은 부분이다. 본 장에서 중용론을 좋은 행위라기보다는 기본적으로 성격적 탁월성에 대한 정의에 해당한다고 여기는 엄슨의 입장을 택한 것은 중용을 품성상태에 적용할 경우 덕과 악덕에 관련하는 목적이 더 잘 드러난다고 생각하기 때문이다. 한편 본 장의 범위를 벗어나기는 하지만 중용과 관련한 가장 심각한 논란은 이 개념을 버리는 것이 나은지 아닌지의 문제이다. 예컨대 윌리엄스 (Bernard Williams)는 아리스토텔레스의 중용론이 적당함을 선호하는, 실질적으로 맥 풀리는 원칙과 쓸모없는 분석적 모델 사이를 왔다 갔다 한다고 평가하면서 중용론을 잊어버리는 편이 더 낫다고 말한다. Williams (1985), p. 36 참조. 또한 그는 아리스토텔레스의 중용론이 악덕을 실패로 봄으로써 사악함(viciousness)을 제대로 설명하지 못한다고 주장한다. 이 주장을 위해서는 Williams (1998), pp. 629-630 참조. 동시대의 대표적인 아리스토텔레스주의자인 허스트하우스 역시 악덕은 지나침이나 모자람이 아니라 잘못하는 방식이라고 말하면서 아리스토텔레스의 중용론을 비판한다. 이를 위해서는 Hursthouse (1999), pp. 118-119 참조.

"용감한 사람은 고귀한 것을 위해 견뎌 내며 용기에 따르는 일들을 행하는 것"이며 "가난을 피하기 위해, 혹은 성적인 열망eros을, 혹은 어떤 고통스러운 것을 피하기 위해 죽는 것은 용감한 사람이 아니라 오히려 비겁한 사람이나 하는 일이다."고 말한다.[44] 이러한 설명은 중용의 품성상태인 용감한 사람과 악덕의 품성상태인 비겁한 사람이 서로 다른 목적을 가진다는 것을 보여준다. 아리스토텔레스에게 있어서 중용의 덕과 지나침과 모자람의 악덕은 칸트가 중용을 비판할 때 주장하는 것처럼 서로 다른 목적을 가지는 것이다.

중용의 덕과 악덕 역시 칸트가 설명하는 것처럼 다른 목적을 갖는다면 중용에 대한 칸트의 비판이 의도하는 것은 무엇인가? 이 물음에 대답하기 위해 덕과 악덕이 서로 다른 목적을 가지고 서로 모순되는 고유한 원리(준칙)를 갖는다는 칸트의 주장을 좀 더 들여다보자. 패악과 욕망의 관계에 대한 칸트의 설명에서 우리는 중용에 대한 칸트의 비판이 가진 보다 깊은 의도를 파악할 수 있다. 칸트는 격정과 욕망을 구별하고 전자를 도덕적 강함의 결여인 부덕에 그리고 후자를 패악에 관련짓는다. 욕망과 패악의 관련에 대해 칸트는 "**열정[욕정]**은 지속적인 경향성으로 된 감성적 **욕망**"이며 그러한 욕망에 따라 원칙이 세워지고 "경향성이 반법칙적인 것으로 향하면" 심사숙고를 통해 원칙들이 뿌리를 내리게 되고 "그로써 (고의적인 것으로서) 악을 자기의 준칙으로 채용하게" 되면 패악이 된다고 말한다.[45] 그리하여 칸트는 예컨대 격렬하고 갑작스런 분노의 감정이 마음을 동요하게 하여 지성사용이 약해지면 부덕인 반면 지속적인 경향성으로서의 증오의 욕망에 따라 준칙을 만들면 패악이라고 설명

44 아리스토텔레스 (2013), 1115b24, 1116a13-14.
45 칸트 (2012), VI408.

한다.[46] 이러한 설명을 통해 우리는 덕과 악덕에 관여하는 준칙의 성격을 확인할 수 있다. 칸트에게 있어 덕이 도덕법칙인 준칙에 복종하는 것이라면 악덕은 지속적인 경향성에 의한 준칙을 따르는 것이다. 칸트가 "원칙으로 된, 고의적인 위반"을 패악이라고 부르는데[47] 이때의 원칙은 도덕법칙에 반하는 경향성에 따른 원칙인 것이다. 이제 우리는 칸트가 단순히 어떤 목적인지가 아니라 목적을 세우는 의지의 규정이 도덕법칙에 반대하는 경향성에 따른 것인지 아니면 도덕법칙인 이성의 명령에 따른 것인지에 따라 덕과 악덕을 구별한다는 것을 알 수 있다. 칸트가 덕과 악덕이 필연적으로 모순되는 다른 준칙을 갖는다고 보는 것도 바로 이점 때문이다. 덕은 이성의 명령인 의무를 자신의 목적으로 삼고 경향성의 방해에 저항하면서 추구하는 것이고 악덕은 의무수행에 방해가 되는 경향성에 따른 목적을 추구하는 것이다.

칸트의 주장을 이렇게 이해한다면 중용에 대한 칸트의 비판은 그의 덕개념의 특징, 즉 도덕법칙에 대한 존경으로부터 도덕법칙에 복종한다는 점, 다시 말해서 경향성이 아니라 옳음이 의지의 결정근거가 된다는 점에서 비롯됨을 알 수 있다. 반면에 중용에 대한 아리스토텔레스의 입장은 앞에서 논의한 바와 같이 아리스토텔레스의 덕이 그러한 특징을 공유하지 않는다는 것을 보여준다. 아리스토텔레스는 "모든 활동의 목적은 그 품성상태에 따르는 것"이며 악덕의 품성상태와 덕의 품성상태는 다른 목적을 가진다고 말한다.[48] 또한 그는 "행위를 하는 목적이 원리적 출발점"인데 "이성logos은 저 행위의

46 칸트 (2012), VI408.
47 칸트 (2012), VI390.
48 아리스토텔레스 (2013), 1115b20.

경우에 있어서나, 또 이 수학의 경우에 있어서 원리적 출발점을 가르쳐주는 것이 아니"며 "탁월성이 원리적 출발점에 대해 옳게 판단하는 것을 가르쳐주는 것이다."고 말한다.[49] 아리스토텔레스는 덕의 경우건 악덕의 경우건 기본적으로 행위의 목적은 이성이 아니라 감정에 관련하는 성격적 품성상태에 따르는 것이다. 반면에 칸트의 덕 이론에서 덕은 이성의 명령에 의해 세워진 목적을 가지며 악덕은 도덕법칙에 반대되는 경향성에 의해 세워진 목적을 가진다.

물론 앞에서 논의한 것처럼 성격적 탁월성과 실천적 지혜는 상호 의존적이며 중용의 품성상태인 성격적 탁월성은 실천적 지혜를 가지고 있다는 점에서 중용의 품성상태에서 목적이 세워질 때 분명 옳음이 관련된다. 실제로 아리스토텔레스는 중용을 묘사할 때 '마땅히' 혹은 '마땅한'의 표현을 쓰며, 중간의 방식을 "마땅히 그래야 할 방식"으로 설명한다.[50] 또한 아리스토텔레스는 "절제 있는 사람의 욕망적 부분은 이성과 한목소리를 내야 하는 것이다. 양자는 공히 고귀한 것을 목표로 삼"는다고 말한다.[51] 이처럼 좋음과 옳음의 조화를 추구하는 아리스토텔레스의 덕이론에서 중용의 품성상태가 발휘될 때 실천적 지혜가 상보적으로 관련된다. 실천적 지혜의 이러한 작용에 주목하면서 셔만Nancy Sherman은 칸트가 『윤리형이상학』의 덕이론에서 "중용의 원리를 묘사할 때 아리스토텔레스의 실천적 지혜 개념을 간과했다는 것이 분명하다."고 주장한다.[52] 그러나 실천적 지혜가 성격적 탁월성에 불가분의 관계가 있다는 것, 행위의 목적을 세

49 아리스토텔레스 (2013), 1151a16-19.

50 아리스토텔레스 (2013), 1116a6. '마땅히' 내지 '마땅한'의 표현을 쓴 중용의 묘사를 위해서는 아리스토텔레스 (2013), 1115b17-18 참조.

51 아리스토텔레스 (2013), 1119b15-16.

52 Sherman (1997), p. 160 n97.

우는 품성상태에 실천적 지혜가 관련한다는 것을 칸트가 간과한 것이 아니다. 옳음의 우선성에 근거한 칸트의 덕은 실천이성이 목적을 세우는데 관련되는 것이 아니라 실천이성이 목적을 세우는 의지의 결정근거로 작용할 것을 요구한다. 그리고 바로 이점에서 실천이성이 성격적 탁월성과 상보적으로 관련되기는 하지만 목적을 세우는 의지의 결정근거는 아닌 아리스토텔레스의 중용의 덕을 비판하는 것이다. 좋음과 옳음의 조화를 추구하는 중용의 덕은 실천이성과 감정이 함께 작용하는 것인 반면 옳음의 우선성에 근거한 칸트의 덕은 실천이성에 근거하여 의지가 규정되는 것이다. 중용의 덕에 대한 아리스토텔레스의 입장과 이에 대한 칸트의 비판은 둘의 덕개념이 가지는 근본적인 불일치를 잘 보여준다.

3. 칸트 덕개념의 규범윤리적 의의

칸트윤리학의 도덕법칙은 구체적인 상황의 복잡함을 지나치게 단순화하거나 그러한 상황의 관련된 차이들에 둔감하기 쉽다는 비판을 받아왔다. 도덕법칙에 복종하며 옳음의 우선성에 근거하는 칸트의 덕 역시 이러한 비판에 그대로 해당되는가? 이 물음의 대답은 규칙윤리로서 칸트윤리학을 어떻게 이해해야하는지에 달려있다. 규칙과 행위 그리고 덕과 행위자의 인격이라는 칸트윤리학과 덕윤리에 대한 전형적인 이분법적 구분이 왜곡에 기인한 것이라고 비판할 때 배런Marcia Baron은 이러한 이분법적 구분에 관련된 추가적인 왜곡은 "매우 구체적인 규칙과 추상적인 도덕원칙이, 마치 그들 간의 차이가 대수롭지 않은 것처럼 혹은 적어도 후자를 강조하는 윤리이론이 전자를 똑같이 강조해야만하는 것처럼 취급된다는 점이다."고 지적한다.[53] 이러한 지적은 규칙윤리를 이해하는데 매우 중요한 부분이다. 배런의 지적이 함의하는 것처럼 그 성격에 따라 이런 저런 형태의 규칙과 원칙이 존재한다. 또한 규칙윤리라고 해서 구체적인 규칙과 추상적인 도덕 원칙을 모두 제시해야 하는 것은 아니며 어떤 규칙윤리가 추상적인 도덕원칙을 강조한다고 하더라도 이 원칙을 구체적인 규칙으로 의도하지 않을 수 있다. 이러한 점들을 염두에 두고 칸트윤리학을 본다면 규칙윤리로서 칸트윤리학은 구체적인 규칙과 추상적인 도덕원칙을 구별하고 후자, 즉 근본 도덕원칙을 강조하는 것으로 해석할 수 있다. 구체적인 규칙과 추상적인 도덕원칙을 구별하는 것이 중요한 이유는 이것들의 역할이 다르기 때문이다. 허만Barbara Herman은 "도덕적인 규칙과 원칙의 역할에 대해 생각할 때 실천적 활동의 형식들과 그러한 형식들에 권위나 정당성을 주는 것을 합성하지 않도록 주의해야만 한다."고 말한다.[54] 규칙과 원칙의 역할을 실천적 활동의 형식이 되는 것과 이 형식에 정당성을 주는 것으로 각각 구분하는 것은 칸트윤리학에 잘 부합한다. 규칙윤리로서 칸트윤리학이 원칙으로 분명하게 표현하거나 요약하는 것은 근본적인 도덕원칙으로서의 정언명법이다. 그리고 이러한 정언명법은 궁극적인 도덕적 이유들을 명시하며 구체적인 실천적 판단과정 전체를 이끄는 것이 아니라 실천적 판단의 토대로서 이러한 활동에 정당성을 주는 역할을 한다. 칸트윤리학이 제시하는 근본 도덕원칙의 성격과 역할을 이렇게 이해할 때 근본 도덕원칙이 작동하는 일반적인 방식은 근본 도덕원칙의 요구가 무시되지 않는 한에서 혹은 그것이 허용하는 한에서 상황의 관련된 개별적인 것들이 반

53 Baron (2015), p. 37.
54 Herman (2015), p. 93.

영되어 구체적인 판단이 내려질 수 있다는 것이다. 무엇이 무시되어서는 안 되는지, 무엇이 허용되는지의 추론에서 근본 도덕원칙의 요구는 엄격하게 적용되어야 한다. 그러나 근본 도덕원칙의 요구가 실천적 판단의 모든 차원에 다 적용되어야 하는 것은 아니다. 실천적 판단을 내릴 때 특정 상황의 관련된 요소들, 행위자의 주관적인 선호나 감정의 작용이 허용될 수 있다. 칸트윤리학의 정언명법을 공평성의 요구로 이해할 경우 공평성이 무시되지 않는 한에서 상황의 개별적인 것들이나 주관적인 것들이 구체적인 실천적 판단에 반영될 수 있는 것이다.[55]

도덕법칙에 복종하고 옳음의 우선성에 근거하는 칸트의 덕도 이런 방식에 따라 이해될 수 있다. 덕은 도덕법칙을 어기지 않고 옳음이 우선하는 한에서 구체성을 반영하고 좋음이 고려된 실천적 판단을 허용한다. 규칙윤리로서 칸트윤리학이 가진 이러한 의미는 덕의무를 통해 정교하게 제시되는 불완전한 의무에 대한 칸트의 설명에서 잘 드러난다. 칸트에 따르면 의무를 수행하는 의지의 굳셈이라는 하나의 덕이 있지만 "행위들의, 동시에 의무인 목적, 다시 말해 사람들이 목적으로 삼아야 할 것(질료적인 것)과 관련해서는 많은 덕들이 있을 수 있"다.[56] 이렇게 이념상 하나의 덕만 있지만 내용상 다수의 덕들이 있다고 보고 칸트는 다양한 덕들을 규정하기 위해 "그러한 목적들을 갖는 것이 어느 누구에게도 보편적인 법칙일 수 있는 목적

---

55 이러한 주장을 할 때 배런은 칸트윤리학이 추구하는 공평성에 다음의 두 가지 제한이 있다고 주장한다. 첫째, "단지 우리의 친구나 친척만이 아니라 어떤 사람을 위해서 우리가 해야만 하는 것들이 있다. 그리고 주관적인 선호나 특별한 관계가 다른 사람들의 필요를 전적으로 무시하도록 허락하지 않는다"; 둘째, "먼저 X를 하는 것이 허용되지 않는 것이 아닌 경우에만 나의 친구나 친척이라는 사실이 그에게 X를 할 정당한 이유이다." Baron (2008), p. 276.

56 칸트 (2012), VI395.

들의 준칙에 따라 행위하라."는 덕이론의 최상원리를 제시한다.[57] 이러한 설명은 목적들의 준칙이 보편법칙의 정식에 의해 규정되며 따라서 덕이론의 최상원리가 도덕성의 최상원리인 정언명법에 따른 것임을 보여준다.

한편 덕이론이 행위를 위한 법칙이 아니라 목적의 준칙을 위한 법칙에 해당되는 것은 관련되는 의무가 특정 행위에 묶여질 수 없는 것들이고 이러한 의무들은 특정한 금지나 규정을 내용으로 하기 보다는 행위의 목적의 규정을 내용으로 갖게 되기 때문이다. 칸트는 바로 이러한 목적의 준칙을 채택할 의무를 덕의무로 본다. 칸트는 우리가 채택해야 하는 목적으로 자신의 완전성과 다른 사람의 행복을 드는데, 채택해야 하는, 그 자체로서 의무인 이러한 목적들은 바로 도덕법칙에 복종하는, 옳음을 우선하는데서 비롯되는 것들이다. 그러나 이러한 목적들은 완전히 달성될 수 있는 것도 아니며 상황에 따라 다양하게 표현될 수 있는 것들이다. 따라서 덕의무는 엄격하게 완수되지 않고 끊임없이 그것을 향해 나아가는 느슨한 의무이며 그리고 상황에 따라 다양한 방식으로 충족되는 불완전한 의무이다.[58]

이러한 성격의 덕의무는 행위를 불충분하게 결정할 수밖에 없다는 점에서 미결정성indeterminacy을 포함한다. 그러나 여기에서의 미

---

57 칸트 (2012), VI395.

58 그러나 덕의무가 모두 불완전한 의무인지에 대해서는 논란이 있다. 코스가드(Christine M. Korsgaard)는 "엄격한 의무와 느슨한 의무의 구분은 때로는 완전한 의무와 불완전한 의무 간의 구분과 혼동되기도 한다. 칸트 스스로도 이 네 가지 용어들을 명쾌한 방식으로 사용하고 있지는 않다."고 말한다. 코스가드(2007), p. 71. 그리하여 그녀는 "법의무는 모두 완전한 것이지만, 덕의무에는 완전한 의무와 불완전한 의무가 둘 다 있다."고 말한다. 코스가드 (2007), p. 71. 즉 덕의무는 느슨한 의무이고 불완전한 의무는 덕의무지만 덕의무에는 자신이 인격 속의 인간성을 존중해야 할 자신에 대한 완전한 의무와 같은 완전한 의무도 있다는 것이다.

결정성은 어떤 것도 결정되지 않는다는 것이 아니다. 덕의무가 가지는 미결정성은 동시에 의무인, 그래서 채택해야만 하는 목적은 있지만 단지 이러한 목적이 어떤 행위에 의해 어떻게 그리고 얼마만큼 이루어져야만 하는지가 확정적으로 제시될 수 없다는 것을 의미한다. 이런 차원의 미결정성은 의무의 수행에 중요한 작용을 할 수 있다. 의무의 수행에서 행위자의 판단력이 작용하고[59] 관련 있는 구체적인 것들이 반영되고 감정의 관여가 허용될 수 있도록 해주기 때문이다. 다른 사람의 행복을 증진하고 자신의 완전성을 추구할 의무는 우리가 그것을 목적으로 삼아 누구를 언제 어떻게 도울지, 자신을 어떻게 완전하게 할지 결정할 때 우리의 판단이 작용할 수 있다. 그리고 다른 사람의 행복이나 자신의 완전성이라는 의무가 무시되지 않는 한도 내에서 그러한 판단에 우리의 사적인 관계에서 비롯되는 애착이나 주관적인 선호가 반영될 수 있다.

도덕법칙에 토대를 두면서 구체성의 반영을 허용하는 칸트의 이러한 덕개념은 아리스토텔레스의 덕개념이 직면하는 문제를 해결할 근거를 가진다. 칸트윤리학과 공리주의를 비판하면서 덕윤리가 부활하기는 했지만 과연 덕윤리가 단일한 규범윤리이론으로 가능한가하는 점은 쟁점이 되고 있다. 덕윤리가 단일한 규범윤리이론으로서의 역할을 하기 어렵다고 보는 가장 큰 이유는 유덕한 행위자를 행위지침의 기준으로 삼는 점에 있다. 과연 유덕한 사람이 존재하는지, 누가 유덕한 사람인지 파악하거나 합의할 수 있는지, 또 유덕한 사

59 김성호는 덕의무에는 "우리의 실천적인 판단력이 개입할 수 있는 일종의 여유나 융통성의 공간이 존재한다"고 말한다. 김성호 (2007), p. 98. 또한 김석수는 "법칙을 현실에 제대로 적용하기 위한 판단력의 훈련과 경향성으로부터 법칙으로 나아가게 하는 덕의 함양은 상보적 관계"에 있으며 덕의무는 판단력을 필히 요구한다고 주장한다. 김석수 (2013), p. 157.

람과 그의 행위 간의 불일치를 어떻게 판단할 수 있는지 등의 의문이 제기되고 이러한 의문들은 덕윤리가 행위를 안내할 분명한 기준을 제시하지 못함으로써 미결정성에 직면한다는 비판으로 이어진다. 칸트의 덕개념은 유덕한 행위자를 행위지침의 기준으로 삼는 덕윤리가 직면하는 그런 형태의 미결정성에 빠지지 않을 수 있다. 도덕법칙에 복종하고 옳음을 우선하는 칸트의 덕은 미결정성이 작용하는 수준과 작용할 수 없는 수준을 구분한다. 칸트의 덕은 도덕성의 궁극적 이유를 제시하는 도덕법칙에 복종함으로써 도덕성의 토대 차원에서 미결정성을 갖지 않는다. 칸트의 덕이 포함하는 미결정성은 이러한 토대에 근거하여 구체적인 실천 판단을 내리는 차원에서 작용하고 이러한 성격의 미결정성은 상황의 개별적인 것들을 반영함으로써 오히려 아리스토텔레스의 덕을 포함하는 전통적인 덕이 가지는 장점, 즉 구체성을 반영하는 장점을 가질 수 있다.

좋음을 강조하는 윤리이론을 추구하는 아리스토텔레스는 옳음을 중시하기는 하지만 옳음의 우선성을 주장하지는 않는다. 반면에 규칙윤리로서의 칸트윤리학이 제시하는 덕개념은 도덕법칙에 복종하고 옳음을 우선하는 특징을 가진다. 따라서 칸트의 덕이론이 그의 윤리학을 아리스토텔레스의 덕윤리와 유사하게 보이도록 하는 면들을 가진다고 할지라도 두 이론의 덕개념에는 중요한 불일치가 존재한다. 복잡 다양한 현대사회에서 요구되는 규범윤리이론을 모색한다고 할 때 칸트의 덕은 명확하게 제시된 도덕성의 토대에 근거하면서 다양한 상황과 맥락을 반영하는 실천판단을 허용할 수 있다는 점에서 우리가 선호할만한 이유를 가진다. 그러나 도덕법칙에 복종하면서 개별적인 것들을 반영하는 실천판단을 내린다고 할 때 이러한 실천판단이 구체적으로 어떤 과정일지, 어느 정도로 구체성을 반영해야할지, 또 이러한 판단은 덕이 추구하는 풍부한 가치를 제한하는 것은 아닌지 등등 여러 가지의 많은 논의거리가 남아있다. 그럼에도 불구하고 칸트의 덕개념은 덕윤리와 규칙윤리의 양자택일을 지양하고 둘 간의 상보성을 추구한다고 할 때 유의미한 한 방식을 제시한다.

제10장 목적론적 덕접근의 성격과 규범윤리적 함의

덕이 무엇인지 설명할 때 어떤 관점을 취하느냐에 따라 덕의 본질에 대한 이해에 유의미한 차이가 생기는데, 지금까지 목적론적 관점, 의무론적 관점, 상식적 관점, 역사적 관점, 감정주의적 관점, 기능주의적 관점, 다원주의적 관점, 페미니스트적 관점 등 다양한 관점들이 취해지고 있다.[1] 이러한 관점들 중에서 목적론적 관점은 덕을 설명하는 대표적인 관점으로서 주목을 끈다. 다양한 형태의 덕윤리가 등장하고 있지만 여전히 덕윤리를 대표한다고 할 수 있는 아리스토텔레스의 이론이 덕에 대해 목적론적 접근을 취하고 있기 때문이다. 덕에 대한 목적론적 접근이 관심을 끄는 또 다른 이유는 흔히 덕윤리와 대조되는 의무윤리를 대표하는 칸트가 덕이론을 제시할 때 덕에 대한 목적론적 접근을 취하기 때문이다. 본 장에서는 아리스토텔레스와 칸트가 취하는 목적론적 덕접근을 검토하면서 두 접근의 성격과 규범윤리적 의미를 고찰한다. 이를 위해 먼저 아리스토텔레스와 칸트의 덕이론을 살펴보면서 두 목적론적 덕접근의 기본 입장을 파악한다. 그리고 두 목적론적 접근의 전개과정에서 목적과 최고선

1 물론 각각의 관점들이 배타적인 것은 아니다. 덕윤리의 부활에 매우 중요한 역할을 한 맥킨타이어(Alasdair MacIntyre)가 목적론적 관점과 함께 역사적 관점을 취하는 것처럼, 입장에 따라 덕을 설명하는데 하나 이상의 관점이 취해질 수 있다.

이 어떻게 이해되는지, 이러한 이해의 유사점과 차이는 무엇인지 고찰한다. 나아가서 아리스토텔레스와 칸트의 목적론적 덕접근의 성격을 규정하는 가치의 근거를 중심으로 두 접근이 규범윤리적 차원에서 가지는 의미를 살펴본다.

1. 아리스토텔레스와 칸트의 목적론적 덕접근의 기본 입장

아리스토텔레스가 덕에 대해 목적론적 접근을 취한다는 것은 주지의 사실이다. 『니코마코스윤리학』을 시작할 때, 아리스토텔레스는 "모든 행위와 선택은 어떤 좋음을 목표로 하는 것 같다. 그렇기 때문에 사람들은 좋음을 모든 것이 추구하는 것이라고 옳게 규정해 왔다."고 말한다.[2] 그리하여 아리스토텔레스는 좋음이 행위가 추구하는 목적이고 궁극목적으로서의 최고 좋음은 덕을 드러내는 영혼의 활동인 행복이라고 주장한다. 궁극목적이자 최고선에 이르는 행복한 삶이 덕을 발휘하는 삶이라는 아리스토텔레스의 주장에서 목적과 덕의 연결을 확인할 수 있다. 이러한 연결을 좀 더 구체적으로 살펴보면, 아리스토텔레스는 성격적 탁월성이 "목적telos을 결정하도록" 하고, 사유의 탁월성인 실천적 지혜는 "그 목적에 이바지 하는 것들을 행위하도록" 만든다고 주장한다.[3] 성격적 탁월성과 실천적 지혜에 대한 아리스토텔레스의 주장이 보여주는 것처럼, 덕은 알맞은 목

2 아리스토텔레스 (2013), 1094a1-2.

3 아리스토텔레스 (2013), 1145a6. 본 장에서는 아리스토텔레스의 arēte를 탁월성으로 번역한 『니코마코스윤리학』 번역본을 인용하며 이에 따라 아리스토텔레스의 경우에 덕과 탁월성을 혼용하여 쓰고 있음을 밝혀둔다.

적들을 세우고 이 목적을 실현하는 행위를 선택하는데 작용하는 것으로 이해된다.

아리스토텔레스가 선을 목적으로 보고 덕을 목적의 선택과 추구에 관련지어 이해함으로써 목적론적 덕접근을 취한다고 할 때 목적론이 구체적으로 무엇을 의미하는지 살펴보자. 근대윤리적 맥락에서 목적론적 윤리는 보통 의무윤리와 대비되어 논의된다. 그리고 목적론과 의무론이라는 근대윤리적인 이분법에서 목적론은 옳음과 상관없이 선을 규정하고 옳음을 선에 의해 설명하는 입장으로, 의무론은 옳음을 독립적 가치로 간주하는 입장으로 이해된다. 이러한 정의에서 보통 목적론은 고대의 덕윤리와 공리주의로 대표되는 근대의 결과론을 포함한다.[4] 그러나 이러한 근대윤리적 이분법에 따른 정의가 가지는 문제점은 고대의 대표적인 목적론인 아리스토텔레스의 덕윤리에서 분명히 나타난다. 앞에서 살펴본 것처럼 목적으로서의 선의 개념을 기본으로 하는 아리스토텔레스의 덕윤리는 문제의 이분법상 분명 목적론에 해당하지만 동시에 목적론적이라고 보기 어려운 점들을 갖고 있기 때문이다. 목적론과 의무론이라는 근대윤리적 이분법의 가정대로 목적론적 윤리가 선을 여타의 윤리적 기본개념들에 독립하는 가치로 여긴다면 목적론적 덕윤리에서 선은 덕개념을 참조하지 않고 독립적으로 설명되고 덕은 선을 실현하는 도구적 차원에서 이해될 것이다. 그러나 아리스토텔레스가 최고선으로서의 행복을 "탁월성에 따른 영혼의 어떤 활동"이라고 정의할 때[5] 이 정의는

4 목적론과 의무론의 근대윤리적 이분법에서 고대의 덕윤리와 근대의 공리주의를 포함하는 결과론을 모두 목적론으로 분류하는 것은 일반적이다. 근대적 이분법의 정의와 분류를 위해서는 Korsgaard (1998), p. 294; Slote (2001), pp. 1691-1693 참조.

5 아리스토텔레스 (2013), 1099b26. 이러한 정의는 『니코마코스윤리학』의 1권과

덕이 최고선으로서의 행복에 의해 설명되기보다 행복이 덕을 통해 설명된다는 것을 보여준다. 또한 이 정의는 선이 덕에 독립적으로 설명될 수 있는 것으로 이해되지 않을 뿐만 아니라 선과 덕의 관계가 목적-수단의 관계로 단순하게 설명되지 않는다는 것을 보여준다. 아리스토텔레스의 정의에서 최고선으로서의 행복은 덕을 필요로 하지만, 덕은 단순히 행복을 달성하는 수단에 불과한 것이 아니라 행복을 이루는 필수적인 요소이기 때문이다.[6] 이처럼 아리스토텔레스의 덕윤리에서 최고선으로서의 행복은 덕을 통해 정의되고, 행복을 이루는 필수적 요소로서 덕은 선과 구성적 관계로 밀접하게 연결되어 있다. 목적론과 의무론의 근대적 이분법에서 볼 때 이러한 점은 아리스토텔레스의 덕윤리를 온전히 목적론적이지 않다고 여기게 하는 부분이다.

한편 근대윤리적 이분법에 따라 아리스토텔레스의 덕윤리가 목적론으로 분류되고 그리하여 의무론과 대조된다고 간주되는 점도 문제가 된다. 아리스토텔레스의 덕윤리를 목적론에 분류하는 근대적 이분법의 문제점을 논의할 때 슬로트Michael Slote는 아리스토텔레스의 덕윤리가 가진 의무론적인 혹은 비결과주의적인 요소를 지적한다. 슬로트는 아리스토텔레스가 간통이나 살인 같은 어떤 종류의 행위들이 늘 나쁘다는 절대적인 금지들을 말한 것은 아리스토텔레스를 "의무론자들의 편에 그리고 결과론자들의 반대편에 두는 듯하며" 이점은 목적론과 의무론의 구분에 의문을 제기한다고 지적한다.[7] 슬

10권에서 반복되는데 예컨대 아리스토텔레스 (2013), 1102a5, 1177a12, 1179a9 참조.

6 이러한 점은 아리스토텔레스의 덕윤리를 통해 근대윤리적 이분법의 문제를 논의할 때 자주 지적되는 부분이다. 이에 대한 논의는 Watson (1997), p. 57; Trianosky (1997), p. 47 참조.

로트가 지적한 것처럼, 행위의 결과에 내재하는 가치를 계산해서 옳고 그름을 결정하는 것이 아니라 그 자체로 그른 행위가 있다고 보는 것은 의무론적 면을 보여준다. 사실 아리스토텔레스의 덕윤리에서 유덕한 사람의 행위가 단지 결과적으로가 아니라 그 자체로 가치를 가진다고 여길 수 있는 주장을 발견하기는 어렵지 않다. 먼저 절제 있는 행위와 절제의 덕에 따라 생겨난 행위를 구별할 때 후자를 위한 조건에 행위 자체 때문에 선택해서 행위해야 한다는 것을 포함하는 점을 들 수 있다.[8] 이 밖에도 목적의 종류를 활동과 성과물로 구별하고 윤리적 행위와 관련된 목적을 활동이라고 보는 점, 탁월성에 따른 행위들이 그 자체로 즐겁고, 좋고, 또 고귀한 것이라고 주장하는 점, 그리고 잘 행위하는 것이 행위의 목적이라고 보는 점 등을 꼽을 수 있다.[9] 이러한 점들을 통해 우리는 아리스토텔레스의 덕개념이 목적론적 접근에 근거하지만 의무론적 요소를 포함하고 있음을 알 수 있다.

아리스토텔레스의 목적론적 덕윤리에 대한 검토는 근대적 이분법이 정의하는 것처럼 목적론을 선의 우선성이나 독립성을 포함하는 두터운 의미로 그리고 의무론과 대비되고 결과론과 구별되지 않는 포괄적인 의미로 이해하는 것이 목적론적 덕접근을 논의하는데 적절하지 못하다는 것을 보여준다.[10] 덕에 대한 목적론적 접근의 논의

---

7 Slote (2001), p. 1693.

8 아리스토텔레스 (2013), 1105a32.

9 이에 대한 논의는 아리스토텔레스 (2013), 1094a3-5, 1099a13-25, 1139b3-4 참조.

10 근대윤리적 이분법이 목적론에 고대의 덕윤리와 근대의 공리주의를 포함한다는 것은 기본적으로 목적론과 결과론을 구별하지 않음을 의미한다. 예컨대 목적론과 의무론의 이분법을 논의할 때 롤즈는 목적론은 합리성을 구현하는 것이고 합리성은 극대화하는 것이므로 목적론은 선의 극대화를 옳은 것으로 본

에서는 목적론을 근대적 이분법에 따른 정의보다 얇고 느슨하게 이해할 필요가 있다. 본 장에서는 목적론적 윤리를 목적 내지 목적으로서의 선을 참조하여 윤리적 가치를 설명하는 이론으로 정의하고자 한다.[11] 목적론을 이렇게 정의할 때 덕에 대한 목적론적 접근은 덕을 목적 내지 목적으로서의 선을 추구하고 실현하는데 관련된 것으로 보는 입장을 의미한다.

목적론적 덕접근을 이렇게 이해할 때 칸트가 『윤리형이상학』에서 제시하는 덕이론이 목적론적 관점을 가지고 있음을 발견한다. 칸트의 덕개념을 잘 파악하는 하나의 방법은 선의지에서 덕으로 이어지는, 그리고 유덕한 마음씨로서의 하나의 덕에서 다수의 덕들로 이어지는, 두 종류의 관계를 통해서이다. 먼저 첫 번째 관계에서 시작해보자. 칸트의 의무윤리에서 선의지는 무조건적인 선으로서 옳은 것을 행하려는 의지인데 이 의지는 의무를 행하려는 근본적이고 보편적인 헌신의 성격이 강하다.[12] 한편 이성적 자연존재자인 인간이 의

다고 설명한다. 이에 대한 논의는 롤즈 (1988), p. 46 참조. 그러나 목적론은 목적의 수행에 관심을 갖기는 하지만 수행의 결과가 아니라 목적을 행위의 근거로 삼는 점에서 결과론과 구별된다.

11 이 정의는 기본적으로 코스가드에게서 빌어 왔는데 코스가드는 역사적인 맥락을 가능한 한 배제하고 어원에 따른 정의를 내린다. 코스가드는 어원적으로 보면, "목적론적 윤리이론은 어떤 최종적 목적(purpose) 혹은 선을 참조하여 윤리적 가치를 설명하고 정당화한다."고 말한다. Korsgaard (1998), p. 294. 다만 필자는 '정당화'는 여전히 두터운 정의를 유발할 수 있다고 보고 선의 의미를 '설명'의 차원에 제한한다. 고대에서부터 근대 이후에 이르기까지 목적론이 다양한 입장을 나타내는데 사용되어왔다는 점에서 목적론이 무엇인지를 간단히 설명하기는 쉽지 않다. 목적론 자체에 대한 논의는 본 장의 범위를 넘어서기 때문에 여기에서는 상세히 다루지 않고 정의를 내리는데 그친다.

12 칸트의 덕을 논의하는 맥락에서 선의지의 이러한 성격에 주목하는 논의를 위해서는 Hill (2012), pp. 135-137 참조. 힐은 선의지를 "상황이 무엇인건 간에 옳은 것을 행하려는 기본적인 헌신," "다른 이유로 어떤 것들을 행하고 있을 때조차도 뒷받침되고 있는 동기적인 헌신"으로 설명한다. Hill (2012), p. 135.

무를 준수하는 구체적인 상황들에는 이런 저런 경향성들이 작용한다. 따라서 의무의 완수에 대한 경향성의 방해를 극복하는 의지의 굳셈이 요구되고, 칸트는 이러한 굳셈, 즉 의무수행의 장해물들인 자연적 충동이나 경향성에 저항하는 "도덕적 용기", "자기 **의무**를 준수함에 있어서의 **인간** 의지의 도덕적 강함"을 덕이라고 한다.[13] 선의지에서 덕으로 이어지는 첫 번째 관계가 덕의 일반적인 성격을 보여준다면, 덕의무의 개념을 통해 하나의 형식적 덕에서 다수의 질료적 덕들로 이어지는 두 번째 관계는 덕의 목적론적 성격을 드러낸다. 칸트는 옳은 것을 행하려는 의지의 도덕적 강함으로서의 덕은 확고한 마음씨에 기초하여 의지가 의무와 합치하는 것으로서 형식적이며 동일한 하나이지만, 구체적인 다양한 상황들에 관계하여 우리가 행위의 목적으로 삼아야 할 내용(질료)들은 다양할 수 있고 그리하여 다수의 덕의무들, 다수의 덕들이 있게 된다고 주장한다.[14] "목적을 가지고 추구할 의무"로 설명되는 덕의무는 칸트가 덕을 목적을 세우고 추구하는 맥락에서 이해하고 있음을 단적으로 보여준다.[15]

칸트가 목적의 맥락에서 덕을 이해하는 것은 덕이론을 제시하는 『윤리형이상학』에서뿐만 아니라 의무윤리체계를 확립하는 『윤리형이상학 정초』에서도 확인된다. 이 책에서 목적에 대한 칸트의 논의는 가언명령과 정언명령을 의도 내지 목적과 관련지어 분류, 설명하는 부분에서 시작해서 인간성을 목적 그 자체로 보는 인간성의 정식과 목적의 나라의 정식을 제시하는 부분을 거쳐 덕이 목적의 나라의 성원이 되게 해준다는 부분으로 이어진다. 이러한 논의에서 덕은

13 칸트 (2012), VI380, 405.
14 이에 대한 설명은 칸트 (2012), VI395 참조.
15 Guyer (2016), p. 217.

"윤리적으로 선한 마음씨"인데, 이는 내적 가치, 즉 존엄성을 가지는 인간성을 행위에서 드러낼 수 있는 마음씨이다.[16] 즉 보편 법칙을 수립하는, 이성적 존재자의 의지가 목적 그 자체로서 존엄성을 갖는다고 설명할 때, 칸트는 자신과 다른 모든 사람을 목적 그 자체로 대우하는 방식으로 행위하려는 태도를 덕이라고 보는 것이다. 이처럼 칸트는 윤리적으로 선한 마음씨인 덕을 목적의 나라에서 법칙수립적인 성원이 되게 해주는 것으로 이해하면서 목적과 덕을 밀접하게 관련짓는다.

사실 자연적 충동이나 경향성에 저항하여 의무를 준수하는 도덕적 강함이라는 덕의 정의를 생각해보면 덕을 목적과 관련하여 이해하는 것은 당연하다고 볼 수도 있다. 일반적으로 경향성이 행위자에게 작용하는 방식은 행위를 위한 목적을 세우는 것이고, 경향성에 저항하여 의무를 실행할 만큼 이성의 작용인 우리의 의지가 도덕적으로 강하다는 것은 경향성이 세운 목적들에 저항하여 의무를 자신의 목적으로 세우는 것이기 때문이다. 이런 맥락에서 덕은 유한한 자연존재자인 인간이 경향성이 세우는 목적에 저항하여 이성에 따라 목적을 세우고 이 목적을 추구하는 것이다. 이러한 목적론적 성격을 잘 반영하여 우드Allen Wood는 칸트의 덕을 "합리적 목적에 대한 우리의 헌신의 강함", 혹은 "도덕적 고려로부터 채택된 목적에 대한 우리의 헌신의 강함"으로 정의한다.[17] 의무를 준수하는 헌신의 강함으로서의 덕이 도덕적 목적에 대한 헌신의 강함과 다름없다는 것은 칸트의 덕이 목적론적 관점에서 이해된다는 것을 분명히 보여준다.

16 칸트 (2014), IV435.
17 Wood (2002), p. 14.

살펴본 바와 같이 칸트에게 있어서 목적론적 접근은 의무와 덕을 연결하는 핵심고리이지만 우리는 이러한 연결을 좀 더 들여다볼 필요가 있다. 『윤리형이상학』에서 의무이론으로서의 윤리학이 덕이론이며 덕이론은 도덕적 목적이론이라고 주장하고 목적과 의무를 덕이론에서 일치시키고자 할 때, 칸트는 목적과 의무가 관계하는 분명한 방식을 제시한다. 칸트는 윤리학은 "목적에서 출발해서 의무에 맞는 행위들의 **준칙**을 찾아내"는 것이 아니라 "이런 준칙에서 시작해서, 동시에 의무이기도 한 **목적**을 찾아내는 방식"을 취한다고 설명한다.[18] 이 설명은 도덕적 목적이론으로서의 덕이론은 이런 저런 목적들에 따라서 준칙을 취하는 것이 아니라 도덕원칙에 따라 목적들에 관한 준칙을 기초 짓는 것임을 의미한다. 여기에서 우리는 칸트가 의무론에 토대를 둔 목적론적 덕이론을 추구한다는 것을 알 수 있다. 아리스토텔레스와 칸트 모두 덕을 목적을 결정하고 추구하는 데 관련되는 것으로 이해하지만, 아리스토텔레스가 의무론적 요소를 포함하는 목적론적 접근을 취한다면 칸트는 의무론에 근거한 목적론적 접근을 추구하는 것이다.

2. 목적과 최고선의 성격을 통한 두 접근의 비교

아리스토텔레스와 칸트가 각각 제시하는, 의무론적 요소를 포함하는 목적론적 덕접근과 의무론에 근거한 목적론적 덕접근이 구체적

18 칸트 (2012), VI382. 칸트는 주관적 내지 실용적 목적이론과 객관적 내지 도덕적 목적이론을 구별하고 덕이론은 전자가 아니라 후자라고 주장한다. 두 종류의 목적이론에 대한 설명을 위해서는 칸트 (2012), VI385 참조. 여기에서 우리는 칸트가 덕이론을 의무이론과 일치하는 목적론으로 봄으로써 목적론 자체를 수용한 것이 아니라 특정한 형태의 목적론을 수용하고 있음을 알 수 있다.

으로 어떻게 전개되는지, 그리고 왜 그러한 특징을 갖는지를 살펴볼 때 중요한 점은 이 두 접근이 목적으로서의 선을 어떻게 규정하는가 하는 점이다. 이 문제는 아리스토텔레스와 칸트가 목적 그 자체 혹은 궁극 목적과 최고선을 어떻게 이해하느냐를 통해 파악할 수 있다.[19] 먼저 아리스토텔레스는 최고선은 행위의 목적에서 그 자체 때문에 바라는 궁극적인 것이며 어떤 것도 부족하지 않은 자족적인 것이라고 설명하고 행복이 바로 그러한 완전하고 자족적인 것이라고 주장한다.[20] 이러한 주장에서 아리스토텔레스가 최고선을 궁극 목적으로 보고 이 최고선이자 궁극 목적을 행복으로 이해함을 분명히 알 수 있다. 한편 아리스토텔레스는 인간의 기능을 파악하여 최고선으로서의 행복이 무엇인지 이야기할 수 있다고 보고, 인간의 고유 기능을 이성에 따른 영혼의 활동으로 간주함으로써 행복을 이성적 활동으로서의 인간 기능과 연결한다.[21] 이때 목적과 기능 그리고 행복 간의 연결을 통해 기능을 훌륭하게 잘 발휘하는, 그리하여 목적을 실현하는 탁월함으로서의 덕이 등장하게 되고, 이성적 능력을 잘 발휘하는 유덕한 사람이 행복하게 사는 사람으로 여겨진다. 요컨대 아리스토텔레스에 따르면 행복은 이성에 따라 목적을 세우고 이 목적을 성취하는데 적합한 행위를 하며 사는 덕의 발휘를 통해 도달되는 것이며, 덕은 궁극 목적이자 최고선인 행복에 이르는 결정적인 요소

19 뒤따르는 논의에서 드러나는 것처럼, 그 자체로 선택되는 목적을 궁극 목적이라고 본 점에서 아리스토텔레스에게 있어서 목적 그 자체나 궁극 목적은 다르지 않다. 칸트는 주로 목적 그 자체라는 표현을 사용하지만 목적 그 자체가 다른 어떤 것을 위해 도구적으로 쓰이지 않는다는 의미를 갖기 때문에 아리스토텔레스의 궁극 목적과 다르지 않다고 보아도 될 것이다. 이런 의미에서 본 장에서는 목적 그 자체와 궁극 목적을 구별하지 않는다.

20 이에 대한 설명은 아리스토텔레스(2013), 1094a18-23, 1097a29-1097b20 참조.

21 이에 대한 설명은 아리스토텔레스(2013), 1098a8-9 참조.

이다.

한편 『윤리형이상학 정초』에서 칸트는 "**이성적 자연**[존재자]**은 목적 그 자체로 실존한다.**"고[22] 말하면서 나와 다른 사람의 인간성을 동시에 목적으로 대하라는 인간성의 정식을 제시한다. 이것은 칸트에게 있어서 목적 그 자체는 바로 이성적 선택능력으로서의 인간성임을 보여준다. 그리고 『윤리형이상학』에서 칸트는 인간성이 "스스로 목적을 세울 수 있는 능력"이 있음을 지적한다.[23] 그렇다면 인간성을 목적 그 자체로 대하는 마음씨나 태도인 덕은 이성에 따라 스스로 목적을 세우는 능력과 결의를 의미한다. 이러한 의미를 구체적으로 살펴보자. 칸트가 인간성이 목적 그 자체라고 할 때 이 목적은 욕구나 경향성에 근거한 주관적 목적들과 구별되며 모든 이성적 존재자들의 의지에 귀속되는 객관적 목적이다. 그리고 이 목적은 여타의 실질적(질료적)이고 상대적인 주관적인 목적들과 달리 형식적인 목적이다.[24] 이러한 목적을 설명함에 있어서 칸트는 산출되어야할 목적과 자립적 목적을 구분하고 후자를 "단지 소극적으로, 생각되어야" 하는 것, 다시 말해 "그것에 결코 반해서 행위해서는 안 되"는 것으로 설명한다.[25] 이처럼 칸트는 산출되어야 하는 적극적인 목적과 거슬러서 행위해서는 안 되는 소극적인 목적을 구분하고 목적 그 자체로서의 인간성을 후자에 속한다고 본다. 그리하여 그는 "객관적 목적은, 우리가 무엇을 목적으로 삼든, 법칙으로서 모든 주관적 목적들을 제한하는 최상의 조건을 형성해야 할 것"이라고 설명한다.[26] 따

22 칸트 (2014), IV429.
23 칸트 (2012), VI387.
24 인간성을 목적 그 자체라고 할 때 이 목적은 여타의 질료적 목적과 달리 의지에서 모든 질료를 제거하고 의지의 형식적 원리만이 남은 것이다.
25 칸트 (2014), IV437.
26 칸트 (2014), IV431.

라서 목적 그 자체로서 인간성이 객관적인 목적이자 소극적 목적이라는 것은 나와 다른 사람의 인간성을 동시에 목적으로 삼는 한계 내에서 경향성에 따른 주관적인 목적들을 정해야 한다는 것, 다시 말해서 자신이 처한 상황에서 자신의 주관적인 목적들을 달성할 때 나와 다른 사람의 인간성을 동시에 목적으로 삼는 것에 거슬러서는 안 된다는 것이다. 이때 인간성을 목적 그 자체로 대우하는 것은 관련된 상황에 따라 다양할 것이며 따라서 다수의 덕이 있을 것이다. 칸트는 크게 자신의 완전성과 타인의 행복이라는 두 개의 덕의무를 제시하는데, 동시에 의무인 이 두 도덕적 목적은 "인간성을 우리 자신의 목적으로 삼는 다른 방식"으로 볼 수 있다.[27] 이렇게 볼 때 덕은 (우리가 경향성에 따른 주관적인 목적들을 우리의 목적으로 삼아야할지 말지를 고민하는) 다양한 상황에서 인간성을 거스르지 않는 한계 안에서 행위하는 것, 다시 말해서 자신의 완전성과 타인의 행복을 목적으로 삼고 자신의 주관적인 목적들이 이러한 도덕적 목적들을 거스르지 않도록 하는 것이다.

아리스토텔레스와 칸트의 목적 그 자체 내지 궁극목적에 대한 입장에는 유사점이 있다. 인간의 이성적 선택능력이 목적 그 자체로서 주관적인 목적들을 제한하는 최상의 조건이라는 칸트의 주장은 덕이 추구하는 목적의 좋음이 이성에 근거한다는 것을 보여준다. 칸트의 목적론적 덕이 목적의 좋음을 이성에 따라 이해한다는 것은 그가 경향성에 따른 실용적 목적과 이성이 규정하는 도덕적 목적을 구분하고 덕을 실용적 목적에 저항하여 도덕적 목적을 선택하고 추구하는 굳셈으로 여기는 점에서 단적으로 드러난다. 아리스토텔레스 역시 모든 인간행위의 궁극목적으로서의 행복을 이성적 활동으로서의

27 이원봉 (2007), p. 187 주 22.

인간 기능과 연결하여 이해하면서 덕이 추구하는 목적의 좋음을 이성에 따르는 것으로 이해한다. 르바Mark Lebar가 잘 지적한 바와 같이 아리스토텔레스로 대표되는 고전적인 행복주의eudaimonism는 우리 인간에게 사는 것은 "목적을 세우고 추구하는 실천적 합리성을 위한 우리의 능력을 사용하는 것"에 해당하고, 그리하여 "잘 사는 것은 이성을 통해 파악된 목적들에 따라 우리의 행위와 (우리의 격정과 욕구를 포함하는) 자아들을 안내하는데 있어서 잘 하는 것에 해당한다."[28] 이처럼 칸트와 아리스토텔레스 모두 목적론적 덕접근에서 목적의 좋음을 기본적으로 이성에 근거하여 이해한다.

그러나 이러한 유사성은 아리스토텔레스의 주장을 고려할 때 제한적으로 수용되지 않을 수 없다. 아리스토텔레스는 성격적 탁월성이 즐거움과 고통에 관계한다고 보고 제대로 기뻐하고 슬퍼하도록 교육해야한다고 주장한다.[29] 성격적 탁월성에 따라 목적이 세워지기 때문에 성격적 탁월성이 즐거움과 고통에 관련한다는 것은 목적의 결정에 감정이 작용한다는 것을 뜻한다. 물론 아리스토텔레스가 성격적 탁월성과 실천적 지혜가 상호의존적으로 작용하며 실천적 지혜 없이는 성격적 탁월성을 가질 수 없다고 본 점에서,[30] 이성은 목적에 이바지하는 것을 숙고하고 이를 행하는데 뿐만 아니라 목적을 결정하는 데에도 중요한 역할을 한다. 성격적 탁월성과 실천적 지혜의 상호의존적 불가분성은 목적을 결정하고 실현하는데 이성과 감정이 함께 작용한다는 것을 의미한다.

목적의 결정에 감정이 작용한다는 점은 칸트의 입장과는 차이를

28 Lebar (2018), p. 472.
29 이에 대한 설명은 아리스토텔레스 (2013), 1104b4-14 참조.
30 이에 대한 설명은 아리스토텔레스 (2013), 1143b17-1145a146 참조.

보이는 부분이다. 칸트에게 이성적 선택능력으로서의 인간성은 객관적 목적으로서 경향성에 따르는 여타의 주관적 목적들을 제한하는 최상조건이기 때문에, 기본적으로 덕은 감정이 아니라 이성에 의해 목적을 결정하는 것이다. 칸트는 "감성적 충동을 좇아 **취하**는 목적들"을 다루는 "기술적(주관적)인, 본래 실용적인" 목적이론과 달리 "도덕적(객관적) 목적이론"은 순수 실천이성의 선험적 원리들에 의거한다고 말하면서 이 점을 분명히 한다.[31] 아리스토텔레스에게 있어서 탁월성에 따른 행위는 그 자체로도 즐겁고 유덕한 행위자에게도 즐거운 것이다.[32] 그러나 칸트가 "덕에 수반하는 유쾌함"을 주장하기는 하지만 아리스토텔레스처럼 유덕한 행위가 그 자체로 즐거운 것이라고 여기지는 않는다.[33] 아리스토텔레스와 칸트 둘 모두에게 덕은 단순히 욕구나 경향성에 따라 목적을 세우는 것이 아니라 이성적인 목적을 세우고 추구하는 성향이지만, 칸트와 달리 아리스토텔레스는 이러한 덕에는 잘 계발된 감정이 함께 작용한다고 봄으로써 목적의 좋음에 감정이 관련된다고 주장한다.

아리스토텔레스와 칸트의 목적론적 덕접근의 전개과정은 최고선의 개념을 통해서도 비교될 수 있다. 최고선은 둘 모두에게 있어서 완전한 좋음을 의미한다는 점에서 둘의 입장을 비교하기 좋은 개념일 수 있다. 이미 살펴본 것처럼 아리스토텔레스에게 최고선은 행복이다. 그러나 궁극목적과 최고선을 동일시하고 이를 행복으로 이해하는 아리스토텔레스와 달리 칸트는 이 둘을 분리한다. 칸트에 따르

31 칸트 (2012), VI385.
32 이에 대한 설명은 아리스토텔레스 (2013), 1099a14-22 참조.
33 칸트 (2012), VI485. 한편 아리스토텔레스의 덕의 활동에 관계하는 즐거움과 칸트의 덕의식에 따르는 만족을 지적하면서 행복에 대한 칸트와 아리스토텔레스의 입장이 양립가능하다는 주장을 위해서는 김종국 (2013), pp. 186-187 참조.

면 덕은 의무를 준수하는 의지의 도덕적 강함이고 "의무 준수는 행복을 누릴 품격의 보편적이고 유일한 조건"이라는 점에서[34] 덕은 행복의 자격조건으로 최상선이다. 그리고 덕과 함께 행복이 있을 때 최고선이 된다. 칸트는 덕과 행복의 일치를, 그리고 아리스토텔레스는 행복을 최고선으로 주장한다는 점에서 언뜻 보면 둘은 최고선에 대해 다른 개념을 가지고 있다고 할 수 있다. 그러나 이러한 단순 비교는 별반 의미가 없다. 무엇보다도 이들이 행복에 대해 다른 정의를 내리고 있기 때문이다. 칸트에게 행복Glückseligkeit은 자기 보존이나 번영, 경향성의 만족 등 주관적인 만족의 상태인 반면, 아리스토텔레스의 행복개념은 주관적이거나 심리적인 개념에 불과한 것이 아니다. 행복으로 번역되는 아리스토텔레스의 eudaimonia에서 주목할 만한 특징은 그것이 이성적 기능으로서의 인간 본성을 잘 실현하는 활동이지, 주관적인 만족의 상태가 아니라는 점이다.[35] 이처럼 아리스토텔레스와 칸트가 행복이라는 개념을 통해 의미하는 바가 다르기 때문에 둘의 행복개념을 단순 비교하는 것은 큰 의미가 없다. 또한 둘이 최고선을 각각 행복 그리고 덕과 행복의 일치로 본다는 점 자체가 곧바로 최고선에 대해 둘이 다른 입장을 가진다는 것을 의미하지도 않는다.

최고선에 대한 아리스토텔레스와 칸트의 입장을 제대로 비교하기 위해서는 둘의 최고선이 실제로 의미하는 바가 무엇인지를 살펴볼 필요가 있다. 칸트의 행복은 대체로 외적인 선들의 충족에 관련된

---

34 칸트 (2012), VI482.

35 이성적 기능으로서의 인간 본성을 실현하는 활동이라는 점 이외에 관조적 삶이라는 신적인 행복을 완전한 행복으로 본다는 점과 전 생애를 필요로 하는 전반적인 목적이라는 점도 아리스토텔레스의 eudaimonia가 주관적인 만족의 상태가 아님을 보여준다.

것들이다. 따라서 덕과 행복의 일치를 최고선으로 보는 칸트의 경우에 최고선은 덕의 실천과 함께 외적인 선이 충족되는 것을 함의한다. 한편 행복을 최고선으로 보는 아리스토텔레스는 행복이 영혼에 관계되는 좋음이지만 외적인 선을 추가적으로 필요로 한다고 본다. 다시 말해서 그는 덕이 행복을 위해 필수적이긴 하지만 충분하지 않으며 행복은 외적인 선도 필요로 한다고 여긴다. 아리스토텔레스에게 있어서도 칸트에서처럼 최고선으로서의 행복은 실질적으로 덕의 실천과 외적인 선의 충족을 의미하는 것이다.[36]

그러나 아리스토텔레스와 칸트의 최고선 개념이 실질적인 의미에 있어서 유사점을 가짐에도 불구하고 덕과 최고선에 대한 둘의 입장에는 양립하기 어려운 차이점이 존재한다. 먼저 아리스토텔레스의 입장에서 살펴보자. 외적인 선이 행복에 기여하는 방식으로는 두 가지, 즉 외적인 선이 유덕한 활동을 낳는데 수단이 되는 것과 행복을 위해 본래적 가치를 가지는 것을 생각할 수 있다. 아리스토텔레스가 외적인 선을 덕의 실천을 위한 도구적 가치를 가지는 것으로 여긴다는 해석과 유덕하다해도 외적인 선 없이 행복할 수 없다는 의미에서

36 아리스토텔레스와 칸트의 최고선이 덕과 외적인 번성을 모두 포함하는 공통점을 가진다는 주장은 잉스트롬(Stephen Engstrom)에게서 발견된다. 잉스트롬은 "최고선에서 덕이 외적인 번성에 인과적으로 관련되는지의 문제에 대해서조차 아리스토텔레스와 칸트 사이에 유의미한 정도의 동의가 존재하는 것처럼 보인다."고 말하면서 둘 모두에게 있어서 최고선은 "원인과 결과로 결합되어 함께 있는 덕과 외적인 번성에 있다."고 제안한다. Engstrom (1996), p. 132. 그러나 잉스트롬의 주장과 달리 덕과 외적인 번성이 최고선 안에서 인과적 관계를 갖는다는 것은 칸트에게는 해당될 수 있지만 아리스토텔레스에게는 해당되지 않는다. 덕을 원인으로 그리고 외적인 번성을 결과로 보고 덕이 마땅히 받을만한 외적인 번성을 야기한다는 것을 의미한다고 아리스토텔레스의 eudaimonia를 해석하는 것은 덕과 외적인 선의 관계에 대한 아리스토텔레스의 입장을 적절히 반영하지 못한 것이다. 덕과 외적인 선의 관계에 대한 아리스토텔레스와 칸트의 입장은 뒤따르는 내용에서 논의될 것이다.

그 자체로 가치를 가지는 것으로 여긴다는 해석을 논의하면서 아내스Julia Annas는 이러한 두 해석사이에서 "비결정적일 만큼 그의 실제 텍스트는 애매하며" 우리는 아리스토텔레스의 텍스트들에서 "각각의 해석이 그것에 찬성하는 표시들뿐만 아니라 그것에 반대하는 표시들을 가진다는 점을 인정해야" 한다고 주장한다.[37] 그녀는 "아리스토텔레스가 양쪽의 해석을 제안한 것으로가 아니라 오히려 양쪽의 해석으로 발전할 수 있는 견해를 제안한 것으로 아리스토텔레스를 읽어야만 한다."고 말한다.[38] 이성적 기능을 탁월하게 발휘하는 덕의 활동이 행복을 위해 필수적으로 요구된다는 점은 아리스토텔레스의 분명한 기본 입장이다. 그럼에도 불구하고 아내스가 분석하는 것처럼 외적인 선의 가치가 두 가지로 해석될 여지가 있다는 것은 칸트의 입장과 구별될 수 있는 부분이다. 유덕한 활동을 통해 최고선인 행복에 도달하는데 외적인 선이 수단이 된다고도 그리고 유덕하다 해도 외적인 선의 충족 없이는 행복에 도달할 수 없다고도 해석할 수 있다는 것으로부터 아리스토텔레스가 외적인 선과 덕의 관계를 특정한 방식에 제한하지 않는다는 것을 추론할 수 있다. 그러나 자신의 행복을 간접적인 의무로 본 점에서 드러나듯이 칸트는 외적인 선이 의무를 수행하는데 도구적으로 작용할 수 있다고 봄으로써 외적인 선이 덕에 도구적 가치를 가진다는 점을 분명히 한다. 아리스토텔레스와 칸트 모두 최고선을 위해서는 덕의 실천과 외적인 선의 충족이 필요하다고 보지만, 둘은 최고선을 이루는 덕과 외적인 선의 관계에서 다른 입장을 취한다.

아리스토텔레스와 칸트의 차이는 덕과 최고선의 관계에 대한 칸

37 Annas (1999), p. 45, 50.
38 Annas (1999), pp. 47-48.

트의 주장에서 보다 명확해진다. 덕과 최고선의 관계로 우리는 동일성, 구성, 우선성의 세 가지 방식을 고려해볼 수 있다. 이중에서 아리스토텔레스는 덕을 행복을 이루는 필수 요소라고 봄으로써 덕과 최고선의 구성적 관계를 주장한다. 이러한 구성적 관계에서 행복과 덕은 동일하지는 않지만 분리되지도 않는다. 또한 아리스토텔레스는 최고선의 도달에서 외적인 선의 충족이나 자기만족의 행복과 덕의 실천 간에 어떤 우선순위를 두지 않는다. 그러나 칸트가 덕을 최상선으로 그리고 덕과 행복의 일치를 최고선으로 볼 때 덕과 최고선은 우선성의 관계에 있다. 덕은 최고선을 위해 우선적으로 도달되어야 하는 자격 조건인 것이다. 최고선을 위해서 덕이 우선시되어야 하는 관계에서 덕과 최고선은 동일하지 않을 뿐만 아니라 분리될 수도 있다. 덕과 최고선의 이런 관계에서 덕과 외적인 선의 충족이나 자기만족의 행복 역시 우선성의 관계에 있게 된다. 칸트가 주장하는 덕과 행복의 일치는 "덕이 최고도로 완성되고 다시 그 완성된 최고의 덕에 상응해서 그에 합당한 복이 주어지는 방식으로 성립한다."는 설명에서 잘 드러나는 것처럼,[39] 칸트에게 있어서 덕의 실천은 외부적 선에 관련되는 행복을 위한 자격 조건으로서 우선하는 것이다. 그러나 칸트에게 분명히 나타나는 우선순위, 즉 최고선을 위한 덕의 우선성과 외적인 선의 충족이나 자기만족의 행복을 위한 덕의 우선성은 덕과 최고선의 구성적 관계를 주장하는 아리스토텔레스에게 뚜렷하게 나타나지 않는 부분이다. 요컨대 아리스토텔레스와 칸트가 추구하는 최고선의 실질적 의미가 유사점을 갖기는 하지만, 최고선과 덕의 관계, 외적인 선과 덕의 관계에 대한 이들의 입장은 양립하기 어려운 차이를 갖는다.

39 한자경 (2007), p. 147.

3. 두 목적론적 덕접근에서 가치의 근거와 규범윤리적 함의

아리스토텔레스와 달리 칸트가 목적의 좋음에 감정이 관여하는 것을 배제하고 외적인 선과 최고선에 우선하는 덕의 실천을 주장하는 것은 가치의 근거에 대한 그의 입장에서 비롯된다. 칸트는 법칙 수립자로서 이성적 존재가 목적 그 자체이며 존엄성 즉 무조건적인, 비교 불가능한 가치를 갖는다고 보고 "그러므로 **자율**은 인간과 모든 이성적 자연존재자의 존엄성의 근거이다."고 말한다.[40] 그리고 그는 의지의 자율의 원리야말로 윤리성의 원리라고 주장한다. 칸트의 주장은 목적과 행위를 선택하는 우리의 의지가 이성이 제시하는 보편법칙에 따라 규정될 때 우리의 목적과 행위가 선한 것으로 정당화된다는 것을 의미한다. 목적의 선을 이렇게 규정할 경우 도덕적 목적을 세우는데 감정이 관여하는 것을 배제하며, 도덕적 목적을 세우고 추구하는 덕의 실천을 여타의 주관적 목적들의 충족보다 우선하는 것은 당연하다.

자율을 가치의 근거로 삼는 칸트의 입장은 목적 그 자체와 최고선의 이해에서도 나타난다. 칸트는 덕의 준칙과 행복의 준칙을 이질적인 것으로 보고 행복의 준칙에 의지의 규정근거를 둘 경우 덕을 정초할 수 없으며 덕과 행복의 일치로서의 최고선이 의지의 규정근거가 되면 타율의 윤리가 된다고 본다.[41] 그리하여 칸트는 "도덕 법칙은 순수 의지의 유일한 규정 근거"이며 "최고선은 항상 순수 실천이

40 칸트 (2014), IV436.

41 칸트의 입장은 행복 자체에 반대하는 것이 아니라 경향성의 충족을 통한 행복을 행위의 객관적 준칙으로 삼는 행복주의에 반대하는 것이다. 이에 대한 논의를 위해서는 맹주만 (2013), p. 175 참조.

성의, 다시 말해 순수 의지의 전 **대상**이겠고, 그렇기 때문에 그것은 순수 의지의 **규정 근거**로 간주될 수는 없다."[42]고 주장한다. 칸트가 주장하는 것처럼 덕과 행복의 일치로서의 최고선은 의지의 규정근거가 아니라 의지의 대상이기 때문에 무조건적인 선에 해당하는 목적 그 자체와 구별되지 않을 수 없다.

자율을 가치의 근거로 삼는 칸트의 입장은 덕이론 전반에 반영되어 있지만 그의 목적과 덕에 대한 이해에서 특히 잘 드러난다. 칸트는 목적이 이성적 존재자의 선택의 대상으로서 내용적(질료적) 측면을 가진다고 보고 동시에 의무이자 목적인 덕의무를 의지규정의 형식성과 함께 질료성을 갖는 개념으로 본다.[43] 이런 의미에서 칸트의 목적론적 덕이론은 형식주의적인 의무이론에 실질주의를 도입한 것으로 볼 수 있다.[44] 그러나 덕에 대한 목적론적 접근을 취할 때 칸트는 목적을 선택의 질료적 규정으로 볼 뿐만 아니라 타인에 의해 강제될 수 없는 자유로운 선택의 대상이라고 여긴다.[45] 그리하여 칸트에게 있어서 선택의 대상으로서 목적은 질료적 의지규정 뿐만 아니라 자유로운 의지규정을 의미한다. 칸트는 의무수행을 방해하는 자연적 충동이나 경향성에 저항하는 용기가 덕이라고 설명하면서, "그러므로 외적 자유가 아니라 내적 자유를 법칙 아래에 두는 편[篇]의 일반 의무이론이 덕이론이다."고 주장한다.[46] 칸트의 주장은 의무론

42 칸트 (2005), V109.

43 이에 대한 설명은 칸트 (2012), VI383 참조.

44 문성학에 따르면, 칸트가 『윤리형이상학 정초』에서 보편법칙의 정식과 인간성의 정식을 본질적으로 같다고 여긴 점에서 그의 형식주의적 윤리체계에는 이미 실질주의에 관련될 수 있는 여지가 존재한다. 이에 대한 논의는 문성학 (2015), pp. 39-41 참조.

45 이에 대한 설명은 칸트 (2012), VI385 참조.

46 칸트 (2012), VI380.

적 윤리이론이 의무를 자기강제로 다루고 자기강제로서의 의무가 내적 자유의 의무에 다름 아니라는 점과 자유로운 선택에 따라 목적을 세우는 덕이 내적 자유에 해당한다는 점을 함축한다.

덕이 내적 자유에 해당한다는 것은 동시대의 여러 칸트주의자들이 칸트의 덕을 이해할 때 공통적으로 주목하는 부분이다. 예컨대 우드는 『윤리형이상학』에서의 칸트의 주장을 인용하면서 "자유는 스스로 획득한 합리적 법칙을 따르는 능력이기 때문에," 덕은 ""내적 자유," "자신의 주인이 되는 것," 그리고 "자신을 지배하는 것""에 해당한다고 말한다.[47] 칸트에게 내적 자유는 격정을 억제하고 열정을 지배해서 이성을 따르는 것이므로 경향성에서 벗어나 이성에 따라 스스로 목적을 세우는 것인 덕은 내적 자유에 해당한다.[48] 또한 칸트는 의지의 자유를 이성을 통해 경향성을 제한하고 제압하는 것으로 설명하기 때문에 내적 자유는 의지의 자유와 다름없고, 결국 내적 자유로서의 덕은 의지의 자율의 원리에 근거한다.[49] 이 점은 칸트의 목적론적 덕접근의 성격을 결정한다. 의지의 자율은 경향성에 관련되는 의욕 일반의 대상을 배제하고 의욕의 형식 일반만을 갖고, 의무의 본질은 바로 이 의지의 형식적 원리에 있다. 따라서 자율을 가치의 근거로 삼고 덕을 내적 자유로 보는 목적론적 덕접근을 전개한다는 것은 의무론에 근거하여 목적론적 덕접근을 취한다는 것을 의미한다. 이제 우리는 칸트가 의무론에 근거한 목적론적 덕접근을 취한다는 2절에서의 주장을 구체적으로 이해할 수 있게 된다.

앞에서 언급한 것처럼 질료적 의지규정이라는 목적의 성격에 주

47 Wood (1998), p. 330.
48 내적 자유에 대한 설명은 칸트 (2012), VI407 참조.
49 의지의 자유에 대한 설명은 칸트 (2012), VI481 참조.

목할 때 칸트의 목적론적 덕이론은 형식주의적 의무이론에 실질주의를 도입하는 의미를 갖는다. 그리고 자유로운 의지규정이라는 목적의 성격에 주목해서 볼 경우 칸트의 덕이론은 자율을 가치의 근거로 삼는 의무론에 토대를 둔 목적론적 접근을 의미한다. 이러한 성격의 덕이론은 그의 의무윤리체계에서 어떤 의미를 갖는가? 코스가드Christine M. Korsgaard는 칸트에게 자유의 본성은 시간에 무제약적이지만, "현상계에서 자유의 현상은 덕이며," 그것은 "경향성이 인간성에 거슬러서 일으키는 요구를 무력화하기 위한 지속적인 투쟁이다."고 주장한다.[50] 코스가드의 주장에서 덕이 자유의 현상이라는 점은 칸트의 덕이론이 그의 윤리체계에서 가지는 중요한 의미를 도출하는 단서가 된다. 자율에 근거하는 칸트의 목적론적 덕이론은 목적을 위해서 행위하는 이성적 자연존재자인 인간이 경향성이 아니라 도덕법칙에 의해 결정된 목적을 자신의 목적으로 삼는 것이 덕이며 이러한 덕을 통해 인간은 실제로 자유로워진다는 것을 의미한다. 즉 덕을 계발하는 것은 자유의 이념에 따라 경향성의 유혹과 싸우고 도덕적 목적을 세워 행위하는 것, 그리하여 실천적으로 자유로워지는 것이다. 따라서 칸트의 의무윤리에서 자율은 선험적 개념이지만 칸트의 덕이론에서 자유는 더 이상 선험적인 것에 그치는 것이 아니라 현상적인 것이 된다. 칸트의 목적론적 덕이론은 자유에 대한 현상적 설명이론인 셈이다. 이러한 성격의 덕이론은 칸트의 윤리체계에서 의지의 자율을 원리로 삼는 의무이론이 선험적으로가 아니라 실제적으로 어떻게 작용하는지를 설명해주는 중요한 의미를 갖는다.

한편 2절에서 살펴본 것처럼 아리스토텔레스는 의무론적 요소를 가지는 목적론적 접근을 취한다. 아리스토텔레스는 목적과 좋음을

50 코스가드 (2007), p. 289.

동일시하고 목적 그 자체를 최고선이라고 보는 점에서 목적론을 근간으로 삼는다. 그리고 아리스토텔레스의 목적론적 윤리는 목적 그 자체인 최고선을 행복이라고 보는 행복주의이론이다. 이때 행복은 인간의 본질, 즉 인간의 고유기능을 완성 내지 실현하는 활동으로 이해된다. 즉 아리스토텔레스는 "좋음과 '잘함'은 인간의 기능 안에" 있고 최상의 좋음인 행복은 인간의 기능을 훌륭하게 수행하는 활동이라고 이해한다.[51] 따라서 아리스토텔레스의 목적론은 궁극목적으로서의 행복을 인간의 고유 기능의 발휘로 보는 본질실현의 목적론, 완전주의 목적론이고, 이러한 형태의 목적론에서 본질실현의 완전성은 목적의 선을 규정하는 근거가 된다. 아리스토텔레스의 목적론이 쾌락주의에 근거한 근대의 결과론과 달리 덕의 발휘를 그 자체로 가치 있게 여기는 의무론적인 면을 갖는 것은 바로 이 점에 기인한다. 완전주의에 근거한 목적론적 덕윤리에서 인간 본성의 완성은 인간의 목적이고, 이러한 목적을 추구하는 덕의 실천은 바로 본성의 완성이라는 점에서 본래적 가치를 갖기 때문이다.[52]

아리스토텔레스와 칸트가 목적론적 덕접근을 취할 때 목적의 선을 규정하는 근거를 다르게 보는 배경과 이유를 차례로 살펴보자. 먼저 완전성과 관련하여 살펴보면, 아리스토텔레스의 완전주의 윤리이론은 목적론적 형이상학을 전제한다. 고대 윤리적 맥락에서 목적

51 아리스토텔레스 (2013), 1097b28.

52 아리스토텔레스의 목적론이 완전주의에 근거한다는 점은 아리스토텔레스의 덕윤리가 비결과주의적인 혹은 의무론적인 면을 가진다는 주장에서 자주 지적되는 부분이다. 예컨대 코스가드는 아리스토텔레스를 포함하는 고대의 목적론자들은 "인간 본성이 덕의 실천을 통해 완전히 실현되거나 완성된다고 믿기 때문에" 목적론자들이고, 이들에게 "덕은 인간의 완성에 대한 수단이 아니라" "인간 본성의 완성 그 자체"이며 이러한 이론에서 옳음과 선간에 일반적인 구분은 없으며 "덕의 표현으로서 유덕한 행위는 그 자체로 선하다."고 설명한다. Korsgaard (1998), p. 294. 또 다른 설명을 위해서는 Trianosky (1997), p. 47 참조.

론은 자연주의의 전제로 여겨지거나 목적론에의 호소가 자연에의 호소와 동일한 것으로 여겨지곤 했다.[53] 그리하여 목적론적 형이상학과 본질실현의 목적론 간의 밀접한 관련 속에서 자연으로서의 본성, 본질은 우리가 실현해야할 어떤 이상으로서 우리가 추구하는 목적이 된다. 그러나 도덕적 목적이론으로서의 덕이론을 설명할 때, 칸트는 행위의 목적을 갖는 것을 "**자연**의 작용결과"가 아닌, "행위하는 주체의 **자유**의 활동"으로 본다.[54] 칸트의 도덕적 목적이론은 "목적을 대상화하여 주어져 있는 것으로 보려는 '자연적 목적론'을 거부"하고 목적을 "자유를 실현해야 할 우리에게 의무로서 부과된 목적"으로 보는 것이다.[55] 도덕적 목적이론을 주장할 때 세계에 대한 목적론적 형이상학에 의존하지 않는 칸트의 입장에 대해 가이어Paul Guyer는 "자연 그 자체가 인간을 위해 어떤 목적을 세운다는 어떤 제안도 인간 자유의 무제한적 힘과 무조건적 가치 둘 다에 대한 칸트의 주장과 양립 불가능한 것처럼 보인다."고 설명한다.[56]

사실 자신의 완전성은 타인의 행복과 함께 칸트가 중요한 덕의무로 꼽는 것이다. 그러나 칸트는 완전성이 가치의 근거가 될 수는 없다고 생각한다. 아리스토텔레스의 완전주의적 목적론은 『윤리형이상학 정초』에서 칸트가 타율의 원리로 보는 완전성의 원리들 중에서 "우리의 의지의 가능한 결과로서 완전성이라는 이성 개념 위에 세워져" 있는 경우에 해당한다고 볼 수 있다.[57] 칸트는 이러한 형태의 완전성의 원리가 윤리성의 이성적인 근거로서 윤리성을 파괴하지는

53 고대의 목적론적 윤리가 가지는 이러한 특징에 대한 논의는 Annas (1993), pp. 135-141 참조.

54 칸트 (2012), VI385.

55 김석수 (2013), p. 155.

56 Guyer (2002), p. 163.

57 칸트 (2014), IV442.

않지만 "오직 행위의 예견되는 결과가 의지에 대하여 갖는 동기들에 의해서만 규정되는 것", 즉 "**나는 다른 어떤 것을 의욕하기 때문에, 바로 그 때문에, 어떤 것을 행해야**" 하는, 의지의 타율이라고 지적한다.[58] 아리스토텔레스에게 있어서 본성의 완성이라는 목적은 칸트가 지적하는 것처럼 단순히 예견되는 결과로서 동기가 되어 의지를 규정하는 것에 불과한 것이 아니다. 칸트에게 도덕적 목적이 이성적 분별에 따라 자유롭게 선택된다는 점에서 그 자체로 가치를 갖는 것처럼 아리스토텔레스에게 목적은 본질을 실현한다는 점에서 그 자체로 가치를 갖는다. 그럼에도 불구하고 아리스토텔레스의 목적론은 2절에서 논의한 바와 같이 목적의 선을 규정하는데 감정의 관여를 포함한다는 점에서 결과주의적 요소를 배제하지 않고, 그리하여 의지의 타율에 해당한다는 칸트의 비판으로부터 전적으로 자유로울 수는 없다. 결국 아리스토텔레스의 목적론이 추구하는 완전성은 칸트가 가치의 근거로 수용하기 어려운 것이다.

이제 칸트가 가치의 근거로 삼는 자율을 살펴보자. 기본적으로 자기보존의 목적론이 존재들을 자기보존의 욕망에 수동적으로 이끌린다고 보는 면이 있다면, 아리스토텔레스가 추구하는 본질실현의 목적론은 "존재들에게 자신들의 본질을 실현하는 능동성을 인정"한다.[59] 그리고 아리스토텔레스에게 있어서 자발성은 유덕한 행위의 중요한 속성이다. 아리스토텔레스는 "탁월성에 대해 탐구하는 사람은 아마도 필수적으로 자발적인 것과 비자발적인 것을 규정해야 할 것"이라고 말하면서 자발성의 문제를 논의할 뿐만 아니라 합리적 선

58 칸트 (2014), IV444. 칸트는 존재론적 개념으로서 완전성은 불가피하게 순환론에 빠진다는 점도 지적한다. 이에 대한 논의는 칸트 (2014), IV443 참조.
59 박찬국 (2012), p. 71.

택을 성격적 탁월성에 "가장 고유한 것", "행위들보다 성격ēthos을 더 잘 분간해 내는 것"으로 본다.[60] 습관을 통해 형성되는 성격적 탁월성의 합리적 선택을 자유의지의 선택으로 볼 수 있느냐의 논란이 있을 수 있다.[61] 또 칸트는 덕이 가진 숙련의 성격과 관련하여 습관을 통한 숙련과 자유로부터 나온 숙련을 구분하고 전자는 도덕적 숙련이 아니라고 주장한다.[62] 그러나 아리스토텔레스가 덕의 함양을 위해 강조하는 습관화는 단순히 맹목적으로 행동을 반복하는 것에 불과한 것이 아니다. 또한 아리스토텔레스는 유덕한 것이건 악덕한 것이건 어떤 품성상태를 갖느냐는 것이 습관에 따라 결정되지만 어느 수준에서 어떤 습관을 갖느냐는 것은 자신의 선택 문제이므로 품성상태는 행위자의 책임이라는 점을 강조한다.[63] 이런 점들을 고려할 때 아리스토텔레스의 완전주의 목적론에서도 유덕한 행위자의 능동성이나 자발성을 확인할 수 있다. 그러나 아리스토텔레스의 목적론에서 오늘날 우리가 일반적으로 자유나 자유의지 혹은 자율이라고 부르는 것을 찾아보기는 어렵다. 이 점은 고대 그리스에서 자율은 정치적 개념으로서 도시국가에 적용되었다는 지적이나 아리스토텔레스의 윤리에 자유가 없는 것을 근대성의 장벽the barrier of modernity으로 보는 설명을 고려하면 어느 정도 납득이 간다.[64] 그러

60 아리스토텔레스 (2013), 1109b30-34, 1111b6.

61 이 문제와 관련하여 유원기는 습관을 통한 탁월성의 획득은 자연적이지도 반자연적이지도 않고 탁월성이 보여주는 선택은 현대적인 의미의 자유의지에 의한 선택과는 다르다고 주장한다. 이에 대한 상세 논의는 유원기 (2000), pp. 110-112 참조.

62 이에 대한 논의는 칸트 (2012), VI407 참조.

63 아리스토텔레스 (2013), 1114a1-1115a3 참조.

64 먼저 고대 그리스철학에는 오늘날 우리가 일반적으로 의지(will)라고 부르는 것이 없었다. 또한 리스(Andrews Reath)에 따르면, 자기 지배(self-governance)를 의미하는 자율은 고대 그리스에서는 도시 국가에 적용되었고 근대에 이르

나 여기에 덧붙여 아리스토텔레스의 입장은 칸트가 주장하는 의지의 자율과 양립하기 어려운 점이 있음을 지적할 필요가 있다. 칸트에게 의지의 자율이란 경향성에서 벗어나 이성이 제시하는 법칙에 근거하여 의지가 규정되는 것이며 이때 의지의 규정에 감정은 관여하지 않는다. 그러나 아리스토텔레스에게 있어서 유덕한 사람은 이성에 따라 행위하기는 하지만, 그의 유덕한 품성상태는 잘 계발된 감정과 이성이 조화를 이루는 것이다. 칸트가 의미하는 의지의 자율은 아리스토텔레스에게 본성을 실현하는 바람직한 모습이 아니다. 따라서 칸트가 추구하는 자율은 아리스토텔레스가 가치의 근거로 적절하다고 보는 것과는 거리가 있다.

아리스토텔레스와 칸트 모두 인간의 행위를 목적지향적 활동으로 보고, 알맞은 목적을 세우고 행위를 통해 이 목적을 수행하는 성향을 덕으로 본다. 둘의 목적론적 덕접근에는 모두 의무론적 요소가 있다. 그러나 아리스토텔레스가 의무론적 요소를 갖는 목적론적 덕접근을 취한다면 칸트는 의무론에 토대를 둔 목적론적 덕접근을 취한다. 이러한 두 접근은 궁극 목적이나 목적 그 자체 그리고 최고선에 대한 이해에 있어서 유사점을 갖지만 동시에 차이점을 갖는데, 이 차이점은 기본적으로 목적의 선을 규정하는 근거를 각각 완전성과 자율로 보는 점에 기인한다. 아리스토텔레스와 칸트가 각기 제시하는 목적의 선을 규정하는 근거가 상대편의 입장에서 수용하기 어

러 사람에게 확대되었다. 도시국가의 자율은 어떤 외국의 힘에 독립하여 자신의 법을 시행하고 자신의 문제를 다룰 권위를 가지는 것으로 설명된다. 이러한 설명은 Reath (1998), p. 587 참조. 한편 근대성의 장벽으로 아리스토텔레스의 윤리학에 자유개념이 없다고 주장할 때 햄프셔(Stuart Hampshire)는 근대적인 의식에 해당하는, 자유개념의 세 가지 면으로 정념으로부터의 해방, 사회에서의 자유, 형이상학적 자유를 꼽는다. 햄프셔의 설명을 위해서는 Hampshire (1983), pp. 43-45 참조.

려운 것이라는 점은 둘의 목적론적 덕접근이 양립하기 어려운 근본적 차이를 갖는다는 것을 보여준다. 그리고 이러한 차이는 아리스토텔레스와 칸트가 추구하는 덕의 차이로 이어진다. 아리스토텔레스에게 있어서 덕은 인간의 본질을 실현하여 행복한 삶에 도달하게 해주는 것인 반면, 칸트에게 있어서 덕은 기본적으로 인간으로서 해야 할 바를 완수해서 우리를 자유로운 존재로 살게 해주는 것이다. 아리스토텔레스와 칸트가 제시하는 목적론적 덕접근의 성격과 의미를 고려할 때 어느 것이 규범윤리적으로 더 적합한지는 별도의 논의가 필요한 중요한 문제이다. 특히 현대의 규범윤리이론이 직면하는 과제들을 염두에 두면서 덕에 대한 목적론적 접근이 과연 필요한지, 필요하다면 목적론적 덕접근의 적절한 방향과 성격은 무엇인지, 그리고 목적론적 덕접근이 규범윤리에서 차지하는 역할과 지위는 무엇인지 등이 탐색되어야 한다. 이러한 탐색의 과정에서 아리스토텔레스와 칸트가 제시하는 두 접근 중에서 양자택일해야하는지, 아니면 두 이론을 적절하게 종합할 방도가 있는지도 검토될 것이다.

제11장 발달적 덕접근의 성격과 규범윤리적 함의

덕윤리에 대한 최근의 철학적 논의에서 특히 주목할 만한 것은 바로 덕 발달에 관련된 주제이다. 덕윤리가 부활한 이래 오랫동안 도덕철학적 논의에서 널리 등한시되어왔던 덕 발달의 문제가 철학자들의 관심을 끈 배경에는 행위자의 성격character이나 성격 형성에 대한 심리학적 연구가 최근 들어 다시 활발해지고 이러한 도덕심리학적 연구성과들을 반영하려는 도덕철학적 노력이 증대되고 있는 점과 깊은 관련이 있다. 과학기술이 주도하는 시대에 도덕철학과 도덕심리학의 적절한 협력을 추구하는 것은 행위를 위한 실천적 지침을 제시하는 규범윤리이론의 중요 과제가 되고 있다. 덕윤리와 관련하여 볼 때 덕 발달과 관련한 심리학적 사실들과 덕에 대한 철학적 이해 간의 관련성을 어떻게 규정하는 것이 적절한지의 문제는 이러한 과제에 해당하는 논의이다. 이 문제와 관련하여 아리스토텔레스의 덕개념은 특히 주목할 만하다. 아리스토텔레스의 덕윤리는 가장 전형적인 덕윤리적 입장에 속할 뿐만 아니라 덕 발달과 밀접한 관계를 갖는 덕개념을 제시하고 있기 때문이다. 관심을 끄는 또 다른 입장은 칸트의 덕론이다. 덕 발달에 대한 최근의 논의들이 전통적인 덕윤리가 직면하는 비판들을 해소할 방안을 찾는 노력과도 관계한다는 점을 고려하면, 도덕형이상학의 한 부분으로서 일견 도덕심리학과 관련이 없어 보이는 칸트의 덕론이 발달과 관련한 심리학적 사실을 어떻게 다루는지 그리고 그러한 방식이 덕에 대한 이해에 어떤 의미를 갖는지 고찰하는 것은 흥미로울 뿐만 아니라 유익한 작업이 될 수 있다. 따라서 본 장에서는 아리스토텔레스와 칸트의 덕개념을 중심으로 덕 발달과 덕 이해 간의 관련성을 논의하고자 한다. 이를 위해 먼저 덕에 대한 발달적 접근의 성격을 규정하고 아리스토텔레스와 칸트의 덕을 발달적 접근으로 볼 단서들을 찾아볼 것이다. 그리고 아리스토텔레스와 칸트의 덕개념이 가지는 발달적 접근의 성격을 각각 살펴보고 이를 규범윤리적 차원에서 비판적으로 검토할 것이다. 이러한 검토를 바탕으로 덕 발달의 심리학적 측면과 덕 이해의 철학적 측면을 적절히 관련지어 경험적 차원과 규범적 차원을 조화롭게 확보하는 덕개념을 모색하고자 한다.

1. 발달적 덕접근의 성격과 아리스토텔레스와 칸트의 덕개념

덕 발달이 덕의 이해에 관련된다고 보는 입장을 덕에 대한 발달적 접근, 즉 발달적 덕접근a developmental approach to virtue이라고 할 수 있다. 이러한 접근을 구체적으로 규정하기 위해 자신의 입장을 발달적 덕윤리developmental virtue ethics로 부르는 스완톤Christine Swanton의 주장을 먼저 살펴보자. 스완톤은 선을 고려할 때 발달과 성장을 보아야 한다는 점이 발달주의developmentalism의 핵심이며 적합한 덕개념들이 발달주의적 의미에서 인간의 선을 탐구하는 발달심리학적 발견들에 의해 제한된다는 점에서 덕윤리와 발달주의는 관련된다고 본다.[1] 스완톤의 설명에 따르면 발달심리학의 발견들은 덕개념을 "실질적인 방식으로 알아내며," 발달적 덕윤리는 "성숙과 쇠퇴의 다양한 단계들을 통하여 인간의 지속적인 발달을 인식하고," 이에 따라 "덕의 개념들은 철저하게 학제적인 방식으로 그러한 특징들에 의해 알려진다."[2] 이처럼 발달적 덕윤리를 주장할 때 스완톤은 덕이 추상적인 방식이 아니라 발달심리학의 발견들을 포함하는 학제적인 방식으로 이해될 필요가 있다는 점에 주목한다.

한편 스완톤은 자신이 주장하는 발달적 덕윤리와 전통적인 덕윤리 간에 거리가 있다고 지적하면서 그럼에도 불구하고 덕이 "시간이 흐르면서 훈련되고 계발될 필요가 있는 어떤 것"으로 인식되어왔다는 점은 도처에서 합의되고 있으며 이를 고려해볼 때 덕에 대한 연구에서 학제적 접근은 필수적이라고 주장한다.[3] 이 주장에서 스완톤이 의미하는 바는 발달적 덕윤리를 직접 주장하지 않더라도 덕을 훈련되고 계발되는 것으로 이해하는 것은 덕윤리의 일반적인 특징이고 이 특징은 발달적 덕윤리의 핵심인 덕에 대한 학제적 접근의 필요성을 보여준다는 것이다. 여기에서 우리는 발달적 덕윤리, 즉 발달주의를 전면적으로 도입하여 인간의 발달에서 드러나는 특징들에 의해 선과 덕개념이 알려지고 제한된다고 여기는 입장과는 구별되는 발달적 덕접근의 성격을 규정해볼 수 있다. 덕이 시간이 흐르면서 훈련되고 계발될 필요가 있는 어떤 것이라는 점은 덕이 획득된 자질이나 능력으로서 발달 내지 성장에 관련한다는 것을 함의한다.

1 Swanton (2016), p. 117 참조.

2 Swanton (2016), p. 117.

3 Swanton (2016), p. 118. 스완톤은 발달적 덕윤리가 가능한 혹은 전통적인 덕윤리들이 가지고 있는 선, 웰빙, 그리고 덕 간의 관계에 대한 논지들을 전제하지 않는다고 지적한다. Swanton (2016), p. 117 참조.

따라서 덕을 훈련이나 계발을 통해 획득된 자질이나 능력으로 보고 발달이나 성장과 관련지어 덕을 이해하는 입장 또는 덕을 이해할 때 발달이나 성장을 고려하는 입장을 발달적 덕접근이라고 할 수 있다. 이렇게 규정된 발달적 덕접근은 얇고 느슨한 입장이기는 하지만, 덕윤리가 일반적으로 덕을 훈련, 계발되는 것으로 본다는 점에서 여러 덕윤리적 입장들에 적용되어 그러한 입장들에서 전개되는 덕 발달의 문제를 살펴볼 수 있게 해준다.

덕이 훈련과 계발을 필요로 하는 획득된 자질이며 덕의 이해에 발달이나 성장이 고려되거나 관련된다고 보는 발달적 덕접근은 덕에 대한 이해에 있어서 중요한 특징을 갖는다. 무엇이 덕으로 여겨지는지, 무엇이 덕의 발달로 여겨지는지는 철학적 물음이자 규범적 물음이다. 반면에 어떻게 유덕한 사람이 되는지, 어떻게 덕이 발달하는지는 심리학적 물음이자 기술적 물음이다. 발달적 덕접근은 덕의 이해라는 규범철학적 차원이 덕의 발달이라는 기술심리적 차원과 관련한다고 본다는 점에서 도덕철학과 도덕심리학의 협력을 추구하는 학제적 방식에 해당한다. 사실 발달적 접근을 직접 취하지 않더라도 덕이 학제적 문제라는 생각은 동시대의 논의에서 점차 확산되어가고 있다. 인간의 수행을 규정한다는 점에서 덕은 규범적 차원을 갖지만 인간의 수행은 감정이나 동기 등의 인간 본성과 관련한 심리적 상태와 여러 경험적 사실에 관련하기 때문이다.[4] 획득된 자질로서

4 예컨대 드라이버 (Julia Driver)는 인간 본성과 관련한 심리학적인 것들이 덕이론에 개입해왔고, "인간의 덕을 이해하는 것은 우리의 결함과 동기를 이해하는 것을 포함할 것이기 때문에" 덕이론을 위한 심리학의 중요성을 시인할 수 있다고 말한다. Driver (1996), p. 111. 또한 덕이 학제적 문제임을 설명할 때 스노우 (Nancy E. Snow) 등은 "덕이 무엇인지 정의하는 것은 철학적인 수단을 요구하기는 하지만 우리는 적합한 경험, 심리적 관심 없이 유덕하게 되지 않는다."고 주장한다. Snow (2016), p. 1.

덕이 발달이나 성장에 관련하며 발달이나 성장이라는 것이 행위자의 심리적 상태와 관계하고 시간이 흐름에 따라 변하는 실질적인 현상이라는 점에서 발달적 덕접근은 덕을 학제적 방식으로 이해하는 효과적인 입장이다.

발달적 덕접근을 살펴봄에 있어서 무엇보다도 먼저 아리스토텔레스의 덕개념에 주목할 수 있다. 아리스토텔레스의 덕개념이 발달적 접근을 취한다고 볼 단서로는 덕이 본성적으로 혹은 본성에 반하여 생겨나는 것이 아니라 우리가 덕을 "본성적으로 받아들일 수 있으며 습관을 통해 완성시킨다."는 주장을 꼽을 수 있다.[5] 이 주장은 덕이 훈련을 통해 획득된 자질로서 발달에 관련함을 보여준다. 한편 이 주장을 언급하면서 어윈T. H. Irwin은 아리스토텔레스가 "덕을 가짐으로써 우리는 '완성된다고'(혹은 '완전해진다고'), 그리하여 우리를 완성하는데 실패하는 어떤 조건도 도덕적 덕으로 여겨질 수 없다고 가정한다."고 말한다.[6] 아리스토텔레스는 덕을 인간의 기능을 잘 수행하도록 하는 품성상태로 이해하고 최고선인 행복은 이러한 덕을 발휘하는 활동으로 이루어진다고 여긴다. 이러한 완전주의 윤리에서 궁극목적인 행복을 성취하는 것은 완전성을 성취하는 것과, 그리고 완전성을 성취하는 것은 덕을 획득하고 발휘하는 것과 별개의 것이 아니다. 아리스토텔레스에게서 덕이 우리를 완전하게 하는 특징을 갖는다는 것은 그의 덕개념이 발달에 관련한다는 것을 분명히 보여준다. 일반적으로 완전성은 실현이나 계발에 있다는 점을 고려할 때 덕을 획득하는 것이 완전성을 성취하는 것이라면 덕은 발달에 관련

5 아리스토텔레스 (2013), 1103a24-25.

6 Irwin (1996), p. 40. 어윈에 따르면 덕의 이러한 특징은 덕이 여타의 것들보다 상위의 지위를 갖는다는 것을 이해하는데 중요하다.

하기 때문이다.[7]

칸트의 덕개념에서도 발달적 접근을 취한다고 볼 단서들을 발견할 수 있다. 칸트는 덕이 경향의 방해에 저항하는 결의의 강함으로 산출되는 도덕적 능력이라는 점에서 덕이 획득되어야만 한다는 것은 "경험에서 비롯하는 인간학적 지식에 호소할 필요 없이 이미 그 덕개념 안에 놓여 있다."고 말한다.[8] 덕이 획득된 능력이라는 점 외에 도덕적 완전성을 자기 자신에 대한 덕의무로 꼽는 점에서도 발달적 덕접근의 단서를 발견할 수 있다. 칸트는 의무로부터 의무를 수행하는 내면의 도덕성을 계발하는 것, 의무와 관련되는 자신의 능력을 계발하여 법칙이 행위의 동기가 되는 덕의 심정에 이르고 의무로부터 법칙에 복종하게 되는 것을 도덕적 완전성으로 본다.[9] 이점에 주목하여 동시대의 칸트주의자들은 자주 칸트의 덕을 본성의 실현이나 완전성의 추구와 관련지어 정의한다. 예컨대 큐어튼Adam Cureton과 힐Thomas E. Hill Jr.은 칸트의 덕을 "우리의 도덕적 본성의 실현"으로, 메리트Melissa Merritt는 "실천이성의 획득된 완전성"으로, 우드Allen Wood는 "우리 의지의 완전성"으로 정의한다.[10] 덕을 획득하는 것을

---

7 그러나 발달이나 성장을 중시한다고 해서 완전주의를 주장해야만 하는 것은 아니다. 예컨대 발달주의를 덕윤리에 도입할 때 크라우트(Richard Kraut)는 어떤 것도 완전할 수 없으며 완전한 인간이 되는 것이 지성적인 이상인지의 여부가 불분명하고 선한 인간이 되는 많은 다양한 방법이 있다고 보면서 완전주의가 적용되지 않는 발달주의를 주장한다. Kraut (2009), p. 136 n4 참조.

8 칸트 (2018a), VI477.

9 칸트 (2018a), VI392, 387 참조. 허만(Barbara Herman)은 덕의무인 자신의 완전성이 "행위자의 자연적이고 도덕적인 능력들의 계발, 일반적으로 목적을 발전시켜나가는데 요구되는 것들 그리고 덕을 위해 필요한 모든 것의 계발에 관심을 가진다."고 설명한다. Herman (2007), p. 211 n9.

10 Cureton & Hill (2015), p. 95; Merritt (2018), p. 182; Wood (2015), p. 308. 의무로부터의 행위를 합리적 존재의 "자기표현 내지 자기실현"으로 묘사하는 것도 같은 맥락에서 이해될 수 있다. Herman (2015), p. 114.

도덕적 완전성을 추구하는 것으로 여긴다고 해서 칸트의 도덕철학을 완전주의 윤리라고 주장하는 것은 아니다.[11] 그러나 덕의 획득이 자신을 실현하는 완전성으로 이해된다는 점에서 덕은 발달과 관련되어 있고 이점은 칸트의 덕을 발달적 접근으로 볼 단서를 제공한다.

지금까지 살펴본 것처럼 아리스토텔레스와 칸트의 덕개념은 덕을 획득된 자질로 그리고 완전성과 관련하여 이해한다는 점에서 발달적 접근에 해당되는 단서들을 갖고 있다.[12] 덕이 발달이나 성장과 관련된다고 할 때 이 관련성은 발달적 접근에 따라 다양하게 이해될

11 칸트의 도덕철학이 완전주의에 해당하는지 아닌지는 별도의 논의를 필요로 하는, 그리고 본 장의 범위를 넘어서는 부분이다. 여기에서는 이 주제와 관련하여 몇 가지만 언급하고자 한다. 먼저 『윤리형이상학 정초』에서 의지의 타율을 도덕성의 근본 원천으로 삼는다고 보면서 완전주의를 거절할 때 칸트는 존재론적 개념으로서의 완전성에 대해 비판한다. 칸트 (2014), IV443 참조. 한편 도덕적 완전성이라는 자신에 대한 덕의무를 주장할 때 칸트는 이 완전성을 목적론적 개념으로 이해하고 "하나의 사물에 있는 성실이 어떤 목적에 합치함을 뜻한다."고 설명한다. 칸트 (2018a), VI38. 여기에서 우리는 칸트가 완전성이라는 개념 자체가 아니라 특정한 개념으로서의 완전성을 거절한다는 것, 칸트가 거절하는 완전주의의 종류가 있다는 것을 알 수 있다. 힐(Thomas E. Hill)은 칸트가 ""라이프니쯔와 크리스챤 볼프의 저작에서 두드러진 관념"인 "완전성"의 형이상학적 가치에 대한 주장된 촉진에 도덕적 요구의 합리적 권위를 근거짓는 형태의 완전주의를 거절한다."고 지적한다. Hill (2012), p. 267. 한편 우리는 칸트의 도덕철학을 완전주의의 한 형태로 이해하는 가이어(Paul Guyer)의 주장에 주목할 수 있다. 가이어는 칸트가 볼프의 완전주의에서 자연주의, 주지주의, 결과주의를 반대하지만 이성이 선택의 완전성의 이상, 즉 의지의 자율성의 이상을 제공하며 도덕성의 목표는 우리의 선택능력의 완전성, 의지의 자율성이라고 본다는 점에서 칸트의 도덕철학은 완전주의의 한 형태라고 주장한다. 가이어는 칸트적 완전성과 전통적 완전성의 가장 큰 차이는 도덕적 동기에 대한, 유덕함(virtuousness)에 대한 칸트의 설명에 있고 이점에서 아마 칸트는 덕윤리를 위한 최고의 모델로 간주되어야 한다고 주장한다. 가이어의 주장을 위해서는 Guyer (2015), pp. 208-214 참조.

12 물론 둘 사이에는 덕의 획득방법에 있어서, 그리고 완전성과 덕, 행복의 관계에 있어서 분명한 차이가 있다.

수 있다. 그러나 발달적 접근들이 기본적으로 추구하는 것은 덕에 대한 도덕철학적 이해와 도덕심리학적 발견의 협력을 통해 경험적 적합성empirical adequacy과 규범적 수월성normative excellence을 가진 덕개념일 것이다. 따라서 경험적으로 적합하고 규범성을 적절하게 확보하는 덕개념을 추구하는 방식이 무엇인지에 관심을 두면서 아리스토텔레스와 칸트의 덕개념에서 발달적 접근이 어떻게 전개되는지를 살펴볼 것이다.

2. 아리스토텔레스의 발달적 덕접근과 규범윤리적 함의

아리스토텔레스는 탁월성의 기원을 논의할 때 "품성상태hexis들은 [그 품성상태들과] 유사한 활동들로부터 생긴다."고 보고 어려서부터 어떤 습관을 들였는지가 어떤 성질의 품성상태를 갖는데 지배적이라고 주장한다.[13] 또한 아리스토텔레스는 최고선으로서의 행복이 무엇인지 논의할 때 "우리에게 알려져 있는 것으로부터 출발해야" 하고, "좋은 습관을 통해 훌륭하게 자란 사람은 제일원리들을 이미 가지고 있거나 쉽게 취할 것이다."고 주장한다.[14] 이러한 주장들은 우리가 덕이 무엇인지 미리 혹은 이론적으로 배우는 것이 아니라 반복된 활동으로 덕을 획득함으로써 덕이 무엇인지 이해하게 된다는 것을 의미한다. 덕이 추상적인 방식으로 먼저 인식되는 것이 아니라 덕 발달의 실제적 과정을 통해 이해된다는 것은 덕 발달과 덕의 이해가 불가분의 관계에 있음을 보여준다. 아리스토텔레스의 덕개념이

13 아리스토텔레스 (2013), 1103b22-25.
14 아리스토텔레스 (2013), 1095b5-9.

가진 이러한 특징은 그가 어떤 행위는 유덕한 사람이 행했을 법한 종류의 행위일 때 유덕하다고 할 수 있으며 유덕한 사람에게 즐거움으로 보이는 것이 즐거움이라고 보면서 덕 발달을 이룬 사람, 즉 유덕한 사람을 각각의 사안에 대한 척도로 삼는 부분에서 분명하게 확인된다.[15]

덕 발달과 덕 이해 간의 불가분성은 자신들의 덕개념을 신아리스토텔레스적이라고 주장하는 동시대의 덕윤리자들이 특히 주목하고 계승하고자 하는 부분에 속한다. 먼저 러셀Daniel C. Russel의 주장을 살펴보자. 러셀은 "사람들이 어떻게 덕을 발달시키고 획득하는지를 아는 것에 앞서 우리가 덕의 본질을 적절하게 이해할 수 있는지 없는지"에 따라 덕 발달은 구분될 수 있는데, 우리가 어떻게 덕 발달을 이루는지를 살펴보고 이러한 지식을 확장하여 덕을 이해한다면 경로의존적 접근a path-dependent approach이, 우리가 추구할 덕을 먼저 명시하고 그것에 도달하는 길을 보여준다면 경로독립적 접근a path-independent approach이 된다고 설명한다.[16] 그리고 그는 "우리는 덕이 어떻게 획득되는지를 이해함으로써만 덕의 본성을 이해할 수 있다."는 것이 아리스토텔레스의 주요 입장이라는 점에서 아리스토텔레스는 덕 발달에 대해 경로의존적 접근을 취한다고 설명한다.[17] 러셀은 유덕한 사람의 이상화에서 시작하는 경로독립적

15 아리스토텔레스 (2013), 1105b6-10, 1176a16-20 참조.

16 Russell (2015), p. 19. 1절에서 우리는 발달적 덕접근을 발달이나 성장과 덕의 이해가 관련하는 다양한 방식을 포괄하는 느슨한 입장으로 정의하고 여러 형태의 학제적 방식이 가능함을 언급했었다. 러셀이 도덕심리학자인 나바에즈(Darcia Narvaez)와 랩슬리(Daniel Lapsley)가 제시하는 두 명칭, 즉 심리학화된 도덕성(psychologized morality)과 도덕화된 심리학(moralized psychology)에 경로의존적 접근과 경로독립적 접근을 각각 대응시켜 논의한다는 점을 고려하면 두 접근 모두 도덕발달에 대한 학제적 방식에 해당한다고 할 수 있다. Russell (2015), p. 19.

접근은 "도덕성을 이질적이고 인간 삶으로부터 고립된 것으로 보도록 강요하는" 반면, 덕 발달의 "학습 환경이 어수선하고 피드백은 논쟁의 여지가 있다는 점"을 받아들이는 경로의존적 접근은 혼란스러운 경험 세계를 반영하고 우리가 도달할 수 있는 어떤 것으로 파악되는 덕개념을 제공하는 장점이 있다고 주장한다.[18] 러셀과 유사한 주장은 아내스Julia Annas에게서도 발견된다. 덕개념이 구체적인 상황에서 행위를 안내하는 지침이 되는 덕규칙virtue rules을 갖는다고 볼 때, 아내스는 "우리가 덕을 획득하는 법을 이해하게 되지 않고서는 덕이 무엇인지 이해할 수 없다."고 보고 덕개념을 평가적인 면과 기술적인 내용이 분리되지 않고 결합되어 있는 두터운 개념a thick concept의 예로 주장한다.[19] 러셀과 아내스 모두 덕 발달과 덕의 이해를 불가분의 관계에 놓고 덕을 경로의존적 접근으로 그리고 두터운 개념으로 각각 설명함으로써 덕이 경험적 적합성을 갖는 규범적 지침이 될 수 있다고 여기는 것이다.[20]

그러나 우리는 사실과 가치, 기술과 평가가 구분되지 않고 결합되는 방식의 덕 이해가 과연 규범적 차원에서 만족스러운지 의문을 제

---

17 Russell (2015), p. 30.

18 Russell (2015), p. 20, 40.

19 Annas (2013), p. 21. 두터운 개념으로서의 덕개념에 대한 주장은 Annas (2016), p. 225 참조.

20 아내스와 러셀이 자신들의 덕개념을 신아리스토텔레스적이라고 보고 자신들의 입장을 각각 두터운 개념과 경로의존적 접근으로 설명할 때 둘이 가지는 유사점을 다음과 같이 정리할 수 있다: (A) 먼저 덕이 어떻게 획득되는지를 이해할 때에만 덕을 이해할 수 있다고 보고 이에 따라 덕을 위한 기술의 유추를 주장한다; (B) 인간의 본성이 열망의 충동을 가진다고 전제하고 덕의 실천을 나아지는 것, 개선하는 것으로 이해한다; 그리고 (C) 덕이나 유덕한 삶을 특정한 유형의 행위나 특정한 내용의 삶이라기보다 행위의 특정 방식이나 삶의 특정 방식으로 이해한다. Annas (2016), pp. 224-234; Annas (2013), pp. 16-51; Russell (2015), pp. 17-48; Russell (2018), pp. 432-452 참조.

기할 수 있다. 기술과 평가가 구분되지 않는 두터운 개념에 의해 사고하는 것은 비판을 못하게 가로막기 때문에 윤리학에 해가 된다는 블랙번Simon Blackburn의 주장을 논의하면서 아내스는 적어도 두터운 개념으로서 덕개념은 기술과 평가가 구분되지 않아도 비판이나 개선이 가능하기 때문에 이러한 문제로부터 자유로울 수 있다고 주장한다.[21] 아내스의 주장은 덕의 이해와 덕 발달 간의 불가분성과 여기에서 비롯하는 덕을 위한 기술의 유추에 근거하는데 덕을 배우는 것을 다음과 같이 설명한다.

> "덕개념을 직접 사용하고 그리하여 그것을 배운 방법에 대해 숙고하지 않고서는 덕개념을 사용하는 법을 성공적으로 배울 수 없다. 우리는 우리가 배운 것을 시인할 수 있으며 혹은 그것을 비판하고 다르게 나아갈 수 있다. 어느 길을 가건, 우리는 스스로 나아간다. 우리는 우리가 들은 것을 아무 생각 없이 반복하지 않는다. 아리스토텔레스가 말하는 것처럼 사람들은 그들의 부모가 했던 것이 아니라 선을 추구한다."[22]

두터운 개념을 통한 비판과 개선의 가능성, 즉 기술과 평가를 결합하는 내부자의 관점에서 비판과 개선의 가능성을 주장할 때 아내스가 중시하는 점은 바로 우리가 생각하면서 스스로 배우고 실천한다는 점인 듯하다. 그리하여 위의 인용구는 사람들이 다른 사람들로부터 특정 행위유형들을 배우면서 숙고하고 그래서 다른 사람으로부터 배운 경로가 선을 추구하는 방법인지 비판하고 선을 추구하는 방향으로 개선하면서 실천해 나갈 수 있음을 의미한다. 덕 발달의

21 Annas (2016), pp. 229-230 참조.
22 Annas (2016), p. 231.

이런 성질에 따라 아내스는 덕 발달을 이룬 사람은 "다양한 상황들을 다루는 *유덕한* 방식"에 대한 이해를 갖고 있다고 말한다.[23]

그러나 적어도 덕의 경우에 내부자의 관점에서 이루어지는 비판과 개선은 아내스가 기대하는 것보다 훨씬 더 어려울 수 있다. 이점은 기예와 실천적 지혜 간의 차이에 대한 아리스토텔레스의 주장에서 비롯한다. 아리스토텔레스에 따르면, 기예의 경우 제작과는 다른 목적을 가질 수 있고 기예를 가지고 있어도 잘못 사용하는 것이 가능하지만, 덕은 잘 행위하는 것이 목적이라는 점에서 행위 자체가 목적이 되고 이 둘은 분리되지 않는다.[24] 이런 점에서 기술의 발달에서보다 덕의 발달에서 행위유형을 배우는 것은 유덕한 방식을 이해하는데 훨씬 더 긴밀하게 관련되어 있고 이 관련성을 분리하지 않고서는 배운 경로에 독립적인 방식으로 실천하기는 매우 어렵다. 기술보다 덕의 경우에 기술과 평가가 분리되지 않고서는 배운 것에 대한 비판이나 개선이 훨씬 더 어려운 것이다. 예컨대 자신의 업무 이외에 상사가 떠넘긴 업무를 군말 없이 해내고 업무 이후의 회식에도 열심히 참석하는 신입사원을 성실하다고 부르는 직장문화에서 오랫동안 일해 온 상사들이 자신들이 떠넘긴 업무에 불만을 표시하거나 술자리 회식을 피하는 신입사원을 성실하지 못하다고 평가하고 자신들의 이러한 태도를 비판하는 사람들의 의견을 쉽게 이해하거나 받아들이지 못하는 경우를 보자.[25] 이것은 그 상사들이 이해하는 성실한 직장생활의 방식이 그들이 배웠던 성실한 행위유형에 직접적

23 Annas (2016), p. 232.

24 아리스토텔레스 (2013), 1140b5-24 참조.

25 '성실하다는' 개념 사용과 관련한 이 예는 두터운 개념의 문제를 지적할 때 블랙번이 드는 '귀엽다는' 개념의 사용 예에서 영감을 얻어 도덕적인 맥락에 맞는 예로 만든 것이다. 블랙번의 예는 Blackburn (2013), pp. 123-124 참조.

으로 관계하기 때문인데, 우리는 이와 유사한 경우들을 주변에서 어렵지 않게 찾을 수 있다.

물론 그 상사들은 신입사원의 불만에 찬 태도나 행동을 계속 보게 되면서 자신들의 평가를 되돌아보고 태도를 바꿀 가능성도 있다. 그러나 그들이 자신들이 배운 행위유형을 분리하지 않는 한 문제가 되는 태도들을 전면적으로 바꾸기는 어렵다. 예컨대 그들이 술자리회식에 참석하지 않는 신입사원을 더 이상 성실하지 않다고 보지는 않지만 자신들이 지시한, 그러나 엄밀히 말하면 자신들의 업무인 것을 하려고 하지 않는 신입사원을 여전히 불성실하다고 보는 경우를 상상하기는 그다지 어렵지 않다. 배운 행위유형에 따라 유덕한 방식을 이해했고 이러한 이해 내에서, 즉 내부자의 관점에서 비판이나 개선이 이루어진다면 배운 행위유형에 독립적인 방식으로 실천하기는 어렵고 비판이나 개선이 가능하다해도 제한적이기 쉽다. 비판이란 기술과 평가를 구분하는 것을 포함한다고 생각하는 블랙번은 "불가분의 두터운 개념에 대한 강조는 서서히 진행되는 현 상태에의 만족complacency, 우리가 말할 수 없는 사람들로부터 말할 수 있는 사람들의 분리, 그리고 담론의 영역으로부터 우리가 말할 수 없는 사람들을 잘라내면서 그들에게 등 돌리려는 쉬운 구실을 불러일으킬 뿐임을 믿어야 한다."고 말한다.[26] 두터운 개념으로서의 덕개념에 따라 생각하는 것은 덕의 규범성을 위해 필요한 정도의 비판을 하기 어렵고 이점은 덕의 규범성을 약화시키게 된다.

보다 근본적인 문제는 이렇게 약화된 규범성을 가진 덕개념이 덕

26 Blackburn (2012), p. 127. 블랙번이 강조하는 두터운 개념이 야기하는 현실에의 안주라는 문제를 덕윤리에 적용할 경우 이는 덕윤리가 사회적 보수주의(social conservatism)에의 본래적 경향을 가진다는 비판과도 통한다. 사회적 보수주의와 관련한 비판은 Wood (2011), p. 90 참조.

발달의 심리적 차원을 넘어서는 가정에 의존한다는 점이다. 앞의 인용구에서 아내스는 덕의 배움이 우리의 선에 대한 추구에 근거한다고 말한다. 이와 관련한 주장을 좀 더 살펴보면, 아내스는 기술과 덕에는 모두 "*배우려는 욕구*the need to learn*와 열망하는 충동*the drive to aspire"이 결합되어 있으며, 여기에서의 열망은 "학습자가 *개선하려고* 애쓰도록, 선생으로부터 기계적으로 넘겨받기보다는 그가 하고 있는 것을 더 잘 하려고 애쓰도록 이끈다."고 설명한다.[27] 이러한 설명을 통해 아내스는 개선하려는, 더 잘 하려는 열망이 담겨서 행해지기 때문에 덕 발달을 위한 우리의 실천은 "관례화된 행동을 완전하게 하는 것"이 아니라 "행해지고 있는 것을 하는 것을, 그러나 더 잘 하는 것을 배우는 것"이라고 말한다.[28] 그러나 우리가 개선하려는 열망의 충동을 가진다는 것은 덕 발달의 실천적 과정에서 일반적으로 확인되는 심리적 사실이라기보다는 이러한 과정을 가능하게 하는 가정의 성격이 강하다.

아내스의 접근이 직면하는 문제점, 즉 덕의 규범성이 약화될 뿐만 아니라 이러한 규범성이 덕 발달의 심리적 차원을 벗어나는 가정에 의존한다는 점은 아내스와 유사한 접근을 취하는 러셀의 주장에서 그대로 그러나 훨씬 더 명확하게 드러난다. 러셀은 경로독립적 이론을 이상이론an ideal theory으로, 경로의존적 이론을 비이상이론a non-ideal theory으로 설명하고 자신의 이론을 신아리스토텔레스적인 비이상이론a neo-Aristotelian non-ideal theory이라고 부름에도 불구하고, 무엇이 덕인지를 결정하는데 작용할 이상이 필요하다고 주장하면서 비이상이론인 경로의존적 접근에 이상을 도입한다.[29] 여기에서 러셀은 이

27 Annas (2013), p. 16, 18.
28 Annas (2013), p. 19.

상을 도입할 수 있는 것은 우리가 현실에 안주하지 않고 더 나아지려고 추구하는 열망의 충동을 가지고 있기 때문이라고 보고 자신이 주장하는 열망은 실행가능성에 독립적이지 않고 실행가능성에 의해 제한되어야 한다는 점에서 경로의존적 열망이라고 표현한다.[30] 러셀은 열망이 인간본성의 일부로서 경로의존적 접근 내에서 이해된다고 여기지만 열망에 대한 그의 설명은 그렇지 못하다는 것을 보여준다. 러셀은 "도덕발달에 대한 우리의 이해가 인간본성을 그것이 있는 대로 취함으로써 시작해야 한다면, 그것은 또한 인간이 열망하도록, 자신의 탁월함을 그 자체로 소중히 여기도록 그리고 다른 사람들의 탁월함을 매우 좋아하도록 자연적으로 이끌려진다는 사실로 시작해야만 한다."고 주장한다.[31] 그러나 자신과 다른 사람의 탁월함을 그 자체로 좋아하고 소중히 여기는 열망은 인간본성에 대한 있는 그대로의 사실, 우리가 일반적으로 관찰하는 사실이 아니다. 우리가 문제의 열망을 갖는다는 것은 기술적, 심리적 사실보다는 규범적, 형이상학적 가정의 성격이 더 강하다. 뿐만 아니라 이러한 열망에 근거하는 이상개념을 통해 획득되는 덕과 관련하여 러셀은 탁월성으로서의 덕이 나아지는 것getting better, 한계나 결함을 점차 개선해가는 것임을 분명히 밝힌다.[32] 러셀의 주장은 경로의존적 접근을 취할 경우 덕의 규범성은 약화되고 이러한 덕은 경로의존적 접근을 벗어나는 열망의 충동과 이상에 의존해야 한다는 것을 스스로 인정하고

---

29 Russell (2018), p. 434 참조. 물론 러셀은 자신이 도입하는 이상은 "경로를 따라 *더 나아지게* 되는 것이 실제로 무엇처럼 보일지에 사고를 집중하는 이론적 모델"로서 경로독립적 접근이 가지는 "추구할 완전성의 비전"으로서의 이상과 다르다고 주장한다. Russell (2018), p. 444.

30 Russell (2018), p. 445 참조.

31 Russell (2018), p. 445.

32 Russell (2018), pp. 432-434; Russell (2015), p. 41 참조.

있다.

지금까지 살펴본 바와 같이 신아리스토텔레스주의자인 러셀과 아내스는 아리스토텔레스의 덕개념에서 덕의 이해와 덕 발달 간의 불가분의 관계에 주목하고 이 관계를 경로의존적 성격으로 혹은 두터운 개념으로 설명하면서 경험적 적합성을 가진 덕개념을 주장하지만 이들의 설명으로 드러난 덕은 개선이나 나아짐 정도로 이해됨으로써 규범성이 상당히 약화될 뿐만 아니라 이마저 그러한 설명을 넘어서는 가정에 의존하고 만다. 그렇다면 아리스토텔레스 자신도 이러한 문제에 직면하는가? 아리스토텔레스의 덕개념에는 아내스와 러셀이 주목하는 점 이외에 다른 중요한 점이 있다. 앞에서 언급한 바와 같이, 아리스토텔레스는 유덕한 사람이 척도이며 유덕한 사람에게 즐거움으로 보이는 것이 즐거움이라고 본다. 그러나 아리스토텔레스는 탁월성에 따른 행위들은 "고귀한 것의 애호가들에게도 즐겁고 그 자체로도 즐거운 것이다."고 말하면서 "탁월성에 따르는 행위들은 그 자체로 즐거울 것"이라고 주장한다.[33] 본성상 혹은 그 자체로 즐거운 혹은 선택할 만한 것이 있다는 것은 덕 발달에 앞선 덕의 본질을 인정하는 셈이고 이것은 경로의존적 접근의 덕 이해라기보다는 경로독립적 접근의 덕 이해와 통한다. 이점은 유덕한 사람의 이상에서 더 분명해진다. 아리스토텔레스는 우리의 행위가 선을 목표로 하고 우리는 열망의 충동을 가지고 이상을 추구한다고 보며 그의 덕개념은 유덕한 사람이라는 이상에 의존한다. 러셀은 아리스토텔레스가 이상에 의존한다는 것은 물론 사실이지만 아리스토텔레스에게 덕은 "우리가 미리 설정된 어떤 윤리적 이상에 부응해야만 할 것이라는 그런 종류의 심리학을 위한 이름"으로서 도입되지 않는다

33 아리스토텔레스 (2013), 1099a13-15, 1099a21-23.

고 말한다.[34] 그러나 유덕한 사람에게 즐거운 것이 즐거운 것일 뿐만 아니라 이 유덕한 사람이 본성상 즐거운 것을 즐거워한다는 아리스토텔레스의 주장은 유덕한 사람을 통해 인간과 인간 삶에 대한 분명한 표준을 제시하고 있다. 유덕한 사람은 미리 설정된 어떤 이상의 성격도 가지고 있으며 우리가 추구할 완전성의 비전이기도 한 것이다. 유덕한 사람의 이상이 가지는 이러한 점들은 경로독립적 접근에 해당한다.

아리스토텔레스 역시 아내스와 러셀처럼 경험적 적합성을 가진 실천 지침으로서의 덕개념을 추구한다. 우리는 아리스토텔레스가 중용이 우리와의 관계에서의 중간이며 실천적 지혜가 개별적인 것을 알아야 한다고 강조하는 점에서 이를 분명히 확인한다.[35] 그러나 아리스토텔레스의 덕개념에 경로독립적 접근의 덕 이해에 해당하는 점들이 있다는 것은 그가 경험적 적합성 못지않게 규범적 수월성을 강하게 추구한다는 것을 보여준다. 아리스토텔레스는 중용을 "최선의 것과 잘해냄의 관점을 따르자면 극단"이라고 설명하고, 탁월성에 따르는 행위들은 "좋기도 하고 고귀하기도 하되, 각각의 경우마다 최고로 그러할 것"이라고 말한다.[36] 아리스토텔레스의 덕개념에서 덕의 규범성은 개선이나 나아짐 정도로 약화되지 않는다. 우리 인간은 경로의존적인 접근을 통해 덕을 이해할 수밖에 없지만 이렇게 이해된 덕은 경로독립적 접근으로 이해되는 덕과 일치한다는 아리스토텔레스의 주장은 경험적 적합성과 규범성을 둘 다 확보하는 덕개념의 중요성을 보여준다. 그러나 그는 문제의 일치가 어떻게 가능한

34 Russell (2015), p. 31.
35 아리스토텔레스(2013), 1106a7, 1141b21-23 참조.
36 아리스토텔레스(2013), 1107a9, 1099a21-23.

지, 예컨대 유덕한 사람이 즐거워하는 것이 어떻게 본성상 즐거운 것인지에 대해 구체적인 설명을 하지 않는다. 아리스토텔레스는 경험적 적합성과 함께 덕의 규범성을 동시에 추구하지만 덕의 경로의존적인 면과 경로독립적인 면이 어떻게 결합되는지에 대한 명확한 설명 없이 두 면을 모두 포괄하는 덕개념을 제시하는데 그친다. 어쩌면 그는 덕이 가지는 이러한 두 면을 그대로 보여주는 것까지가 윤리학이라는 학문의 일이라고 생각하는 듯하다.

3. 칸트의 발달적 덕접근과 규범윤리적 함의

2절에서 칸트의 덕개념이 가진 발달적 접근의 단서들을 제시했지만 복잡한 칸트의 덕개념에서 발달적 접근의 성격을 파악하기는 쉽지 않기 때문에 먼저 그의 덕개념이 가진 성격을 살펴보면서 그의 덕개념을 발달적 접근으로 파악할 방안을 찾아보고자한다. 칸트는 덕을 "순수한 실천이성의 산물"로, 덕의 준칙을 "모든 인간이 지닌 실천이성의 주체적 자율에서 성립"하는 것으로 설명한다.[37] 이러한 설명에서 우리는 칸트의 덕이 선험적 차원을 가짐을 알 수 있다. 덕의 선험적 성격은 덕 발달을 위한 교육의 논의에서도 발견된다. 칸트는 교육에서 필수적인 기준을 제공해야 하는 것은 "어떠한 타인(그가 어떠한 인간이라는 사실)과 비교하는 것이 아니라 어떠한 인간이어야 마땅한가 하는 (인간성의) 이념과 비교, 즉 법칙과 비교하는 것이다."고 설명한다.[38] 앞 절에서 살펴본 바와 같이 아리스토텔레스

37 칸트 (2018a), VI477, 480.
38 칸트 (2018a), VI480.

에게 있어서 유덕한 사람이 할 법한 것은 올바르게 행위하는 것의 표준이 된다. 칸트에게 있어서도 유덕한 사람은 올바르게 행위한다. 그러나 유덕한 사람은 "도덕적 선택을 위한 표준을 세우는 근본 원칙들"에 의해 요구되는 것을 행할 것이기 때문에 칸트의 덕론에서 도덕적으로 옳은 행위의 표준은 유덕한 사람이 아니라 정언명법이다.[39] 덕이 정언명법으로 표현되는 도덕법칙을 표준으로 삼는다는 점은 덕의 선험적 차원을 분명히 보여준다.

그러나 칸트의 덕개념은 선험적 차원뿐만 아니라 경험적 차원에도 관련한다. 칸트는 덕의 강함은 이 강함이 압도할 수 있는 장애, 즉 "도덕적 결의와 다투게 될 수 있는 자연본성적 경향"을 매개로 해서만 인식된다고 설명한다.[40] 또한 칸트는 실천이성의 자율에만 의거하는 도덕론과 달리 덕론은 "실천이성의 **자기 지배**", 즉 "법칙에 저항하는 자기 경향을 통제하는 **능력**에 대한 의식을 포함한다."고 설명한다.[41] 이러한 설명들은 덕이 의무를 준수하는데 방해가 되는 경향들을 극복하는 의지의 강함이라는 점에서 인간본성과 심리학적 사실들을 참고하여 인식된다는 것을 의미한다. 의무의 수행에 관련된 능력으로서 덕은 경험적, 심리적 차원에 관계하지 않을 수 없는 것이다.

선험적 차원과 경험적 차원에 모두 관계하는 칸트의 덕개념이 가진 복합적 성질을 파악하기 위해서는 하나의 덕과 다수의 덕(목)들에 대한 칸트의 주장에 주목할 필요가 있다. 칸트는 덕을 객관적이고 형식적인 하나의 덕과 주관적이고 실질적이며 이질적인 다수의

39 Hill & Cureton (2018), p. 269.
40 칸트 (2018a), VI394.
41 칸트 (2018a), VI383.

덕(목)들로 설명한다. 칸트의 설명에 따르면, 전자의 덕은 순수한 실천이성에서 비롯하는 덕의 이념이며 의지가 의무에 합치하여 법칙이 의무의 행위의 동기가 되는 심정인데 반해, 후자의 덕은 경향으로 촉발되는 본성을 가진 이성적 자연존재로서의 인간이 도덕적 대상을 자신의 목적으로 세워 덕의무를 수행함에 따라 존재하게 되는 것이다.[42] 이러한 설명에서 우리는 앞에서 논의한 덕의 선험적 차원이 형식적인 하나의 덕에 그리고 덕의 경험적 차원이 실질적인 다수의 덕(목)들에 해당함을 알 수 있다.

하나의 덕과 다수의 덕(목)들은 덕을 각각 이념상으로 볼 때와 실제적으로 볼 때의 설명인데 이 둘은 서로 밀접히 관련되어 있고 이에 대한 칸트의 설명은 상당히 복잡하다. 핵심적인 내용들을 살펴보면 먼저 의무에 합치하는 의지의 강함으로서의 덕을 통해서만 의무 아래 있을 수 있다는 점에서 덕을 갖는 것은 의무는 아니지만, 덕에 대한 의무지움이 있고 이 덕에 대한 의무지움은 덕의무와 구분된다.[43] 또한 덕을 계발하는 것은 도덕적 완전성에 해당하며 이 도덕적 완전성은 자기 자신에 대한 덕의무 중의 하나이다.[44] 덕과 덕의무의 이러한 복잡한 관계에 대하여 가이어Paul Guyer는 덕에 대한 의무지움을 통해 덕의무를 수행함에도 불구하고 덕에 대한 의무지움이 도덕적 완전성이라는 덕의무로 요구된다는 점에서 칸트의 주장은 혼돈을 야기한다고 본다.[45] 그리고 가이어는 이 혼돈을 해소하기 위해 두 가지 점을 주장한다. 먼저 그는 덕이나 덕의 심정은 "특정한 덕의무들의 완수를 위한 필요조건"이며 이점에서 "의무나 의무의 일

42 칸트 (2018a), VI395, 447 참조.
43 칸트 (2018a), VI405, 410 참조.
44 칸트 (2018a), VI387 참조.
45 Guyer (2016), pp. 221-222 참조.

부라는 명목으로 요구될 수 있는 것"이라고 주장한다.[46] 그리고 그는 "특정한 의무를 위한 필요조건인 심정을 가질 의무를 우리가 가지고 있다."고 말하는 것은 의미가 통하지 않지만 "특정한 의무들의 수행에 필요조건인 자연적 심정을 *계발하고 강화할 의무*를 우리가 가지고 있다."는 것은 완벽하게 의미가 통한다고 주장한다.[47]

하나의 덕과 다수의 덕(목)들에 대한 칸트의 복잡한 주장이 야기하는 혼돈을 해결하기 위해 하나의 덕을 덕의무를 수행하는 필요조건으로 보고 덕에의 의무지움을 덕을 계발, 강화할 의무, 의지의 강함을 발달시킬 의무로 보는 가이어의 해석은 칸트의 덕개념을 발달적 접근으로 이해하는데 중요한 역할을 한다.[48] 먼저 하나의 덕차원에서 보자. 덕에의 의무지움이 순수이성에 의해 전제되는 것을 계발, 강화하는 것을 의미한다는 점에서 덕과 덕 발달은 관련된다. 이러한 관련성은 순수 이성에 의해 선험적으로 전제되는 덕을 계발, 강화해서 그것에 도달하는 것을 의미한다는 점에서 경로독립적 성격을 가진 발달적 접근을 보여준다.

한편 우리는 순수 실천이성에서 비롯하는 의지를 계발하고 발달시켜 구체적인 맥락에서 직면하는 경향성들을 극복하고 도덕적 대상들을 목적으로 삼아 행위함으로써 특정의 덕들을 인식하게 된다. 이처럼 하나의 덕을 발달시키는 것이 다양한 덕(목)들을 갖는데 필수적이라는 것은 다양한 덕(목)들이 하나의 덕의 발달을 통해 도달된다는 것, 다양한 덕(목)들이 하나의 덕의 발달을 근거로 해서 이해된다는 것을 의미한다. 이것은 발달적 접근의 성격을 보여주는데 하

46 Guyer (2016), pp. 222-223.

47 Guyer (2016), p. 223.

48 다른 각도에서 보면 칸트의 덕개념은 발달적 접근으로 이해될 때 혼돈을 피할 수 있다는 의미가 될 수도 있다.

나의 덕의 발달 없이 다양한 덕(목)들이 이해될 수 없다는 점에서 경로의존적인 면을 보여준다. 물론 하나의 덕이 경로독립적 성격을 갖는다는 점에서 하나의 덕을 필요조건으로 하는 다양한 덕(목)들이 전적으로 경로의존적 접근을 취한다고 하기는 어렵다. 그러나 덕의 발달과 다양한 덕(목)들의 이해가 불가분의 관계에 있다는 점에서 다양한 덕(목)들의 발달적 접근은 경로의존적 성격을 가진다고 할 수 있다.[49]

칸트의 발달적 덕접근이 가진 경로의존적 성격은 다양한 덕(목)들이 의무의 수행을 방해하는 경향성들을 극복하는 덕 발달의 경험적 차원을 거쳐 획득된다는 점에서 보다 분명해진다. 덕을 습관화의 결과로 보는 아리스토텔레스의 입장과 칸트의 입장을 유사하게 보는 동시대 칸트주의자들의 논의는 이점을 보여준다. 예컨대 칸트가 자유로운 숙련성 혹은 도덕적 숙련성을 주장하는 점에 주목하면서 우드는 아리스토텔레스와 칸트 모두 덕을 "*합리적* 습관화, 즉 그 자체를 위해 소중하게 여겨지기 때문에 선택된 행위들을 수행하는데 있어서의 획득된 용이함"으로 보기 때문에 칸트의 입장이 아리스토텔레스의 입장과 다르지 않다고 주장한다.[50] 여기에서 한 발 더 나아가 아리스토텔레스의 덕에 기술의 유추를 적용하는 것처럼 메리트는 칸트의 덕을 기술로 이해한다. 메리트는 "자극에 의해 강력하게

---

49 칸트가 덕이 준칙의 형식에만 관계하는 반면 덕의무는 준칙의 내용에 관계한다고 본 점을 고려한다면 다양한 덕(목)들은 두터운 개념의 일종으로 볼 수 있을 듯하다. 칸트 (2018a), VI394 참조. 그러나 여기에서는 경로의존적 접근과 경로독립적 접근이라는 개념을 통해 칸트의 발달적 덕접근을 고찰한다.

50 Wood (2015), p. 308. 잉스트롬(Stephen Engstrom) 역시 칸트가 습관에 의해 덕을 정의하는 전통적인 시도를 비판하지만 기계적이고 맹목적이지 않은 습관에 의해 덕을 정의하는 것이 가능할 수 있음을 인정할 듯하다고 본다. Engstrom (2002), pp. 292-293 참조.

주도되고 그리하여 습관의 요청에 근거하는 기술"과 "본질적으로 판단의 방식이 되게 만들어주는 준비된 안목을 속에 가지고 있는 자유로운 기술free skills"을 구분하고 칸트의 덕을 자유로운 기술의 일종이라고 주장한다.[51]

우리는 2절에서 아리스토텔레스가 경험적 적합성과 규범성을 모두 확보하는 덕개념을 추구하지만 발달적 덕접근의 경로의존적 성격과 경로독립적 성격이 어떻게 결합될 수 있는지를 명확하게 밝히지 않는다는 것을 살펴보았다. 그러나 하나의 형식적 덕과 다수의 실질적 덕(목)들을 구분하고 전자를 후자의 필요조건으로 보는 칸트의 발달적 덕접근은 이 두 성격이 어떻게 결합되는지를 보여준다. 하나의 덕과 다수의 덕(목)들에서 발달적 접근이 어떻게 전개되는지에 대한 앞의 논의에 근거할 때 칸트의 발달적 덕접근은 경로독립적 접근에 근거한 경로의존적 접근으로 볼 수 있을 듯하다. 이러한 결합이 갖는 장점으로 먼저 덕의 규범적 우선성을 확보해준다는 점을 꼽을 수 있다. 하나의 형식적 덕이 다수의 실질적 덕(목)들의 필요조건이라는 것은 덕이 이성적 자연존재인 인간의 행함의 문제라는 점에서 경험적 차원에 관련되지 않을 수 없지만 덕이 의무를 준수하는 의지의 문제라는 점이 우선해야 한다는 것을 의미한다. 칸트는 주관적인 여러 덕(목)들에 필수적으로 요구되는 객관적인 덕의 성격을 분명히 밝힘으로써 덕이 가지는 규범적 우선성을 명확하게 하고자 하는 것이다. 칸트는 "인간의 도덕적 완전성이라는 이상"은 어떤 경험적 반증사례로도 "그 실천적 실재성[즉 효력]을 전혀 상실하지 않

51 Merritt (2018), p. 179. 아리스토텔레스가 주장하는 습관화가 단순히 행위의 맹목적인 반복을 의미하는 것이 아니라는 점에서 그리고 덕의 배움에 대한 아내스의 주장에서 드러나는 것처럼 아리스토텔레스의 덕 역시 자유로운 기술에 속할 것이다.

는 법이다."고 주장한다.[52] 그리고 덕을 획득된 도덕적 능력으로 설명한 직후에 칸트는 "덕은 순수한 실천이성의 산물인데, 이 순수한 실천이성이 (자유에 의거하여) 경향에 갖는 우월성을 의식하면서 이 경향에 대한 지배력을 획득하는 **한에서** 그러하다."고 말한다(강조 덧붙임).[53] 이것은 덕의 규범성이 우선하는 한에서 덕에 -정 확히 말하면 이 덕은 덕목이 되는데- 경험적 차원이 관여한다는 것을 의미한다.

칸트의 발달적 덕접근은 규범성을 우선하면서도 경험적 차원을 적극 반영하는 덕개념을 추구하는 장점도 갖는다. 실질적인 덕들은 구체적인 충동이나 경향성의 극복을 통해 획득되는 것들이다. 의무의 수행을 방해하는 충동이나 경향성들은 종류나 강도에 있어서 다양할 것이기 때문에 우리가 법칙에 대한 존경을 갖고 있다 해도 어떤 그리고 얼마만한 충동이나 경향성이 방해하느냐에 따라 우리는 그것들을 극복하기도 하고 극복하지 못하기도 한다. 뿐만 아니라 직면하는 모든 종류의 충동이나 경향성을 다 극복하는 그런 사람은 존재하지 않으며, 우리는 극복하려고 최선을 다했음에도 불구하고 이전에는 극복했었던 충동에 지고 마는 자신을 마주하곤 한다. 덕들이 서로를 수반한다는 소위 덕의 통일성을 부정하고 다수의 실질적인 덕들이 이종적 성질을 가진다고 보는 칸트의 덕개념은 이러한 현실적 상황과 인간 본성을 적극 반영한 것이다.

칸트의 발달적 덕접근이 가진 또 다른 장점은 덕 발달의 성격을 적절하게 제시한다는 점이다. 칸트는 "덕이란 **객관적으로** 고려될 경

---

52 칸트 (2018a), VI405.

53 칸트 (2018a), VI477. 유사하게 칸트가 ""행위할 때 법칙 표상에 따라 자신을 규정하는"이라는 표현을 보탠다면" 덕을 "자유로운 합법칙적 행위의 숙련성"으로 정의할 수 있다고 말하는 점에서도 이러한 규범적 우선성을 확인할 수 있다. 칸트 (2018a), VI407.

우 하나의 이상이고 도달 불가능함에도 계속해서 그것에 접근해가는 것이 의무라는 사실" 때문에 "언제나 **진보 과정**에 있고" "주관적 측면을 고려할 경우, 다시 말해서 경향으로 촉발되는 인간 본성을 고려할 경우" "언제나 **처음부터 다시** 시작한다."고 주장한다.[54] 그리고 그는 "완전성을 **추구하는** 것이 의무이지 (현세의 삶 속에서) 그것에 **도달하는** 것이 의무는 아니다. 그러므로 이 의무를 따르는 것은 단지 지속적 전진 속에서만 가능하다."고 설명한다.[55] 자신의 완전성에 대한 의무를 넓고 불완전한 의무로서 끊임없이 추구해야 하는 것으로, 완전성으로의 발달을 지속적인 전진, 진행 중인 진보의 과정으로 보는 것은 유약하고 불완전한 인간의 모습, 그리고 전 생애를 거쳐 발달을 이루고자 노력하는 인간 삶의 모습을 잘 반영하고 있다. 여기에 덧붙여 주목할 점이 더 있다. 칸트는 도덕적 완전성이라는 목표를 성취하려는 노력은 "인간에게는 언제나 그저 **하나**의 완전함에서 다른 완전함으로 전진하는 것뿐이다."고 주장한다.[56] 이 주장에서 우리가 획득한 특정의 덕목은 완전함으로 이해된다. 우리는 도덕적 완전성이라는 이상에 도달할 수는 없지만 특정 덕목을 획득함으로써 하나의 완전함에 도달한다는 - 여전히 다른 완전함에로 나아가야 하지만 - 칸트의 주장은 덕의 규범성을 보장하면서 도덕적으로 불완전한 존재로서의 인간 본성과 다양하고 복잡한 경험적 사실을 잘 반영한다. 덕이 가진 규범성을 포기하지 않으면서 경험적 적합성을 가지는 덕 발달을 제시하는 것이다. 이렇게 볼 때 덕 발달에 대한 칸트의 설명은 경험적 적합성을 갖는 이상의 추구 방식이다.

54 칸트 (2018a), VI409.
55 칸트 (2018a), VI446.
56 칸트 (2018a), VI446.

칸트의 덕개념이 가진 이러한 장점들은 결국 하나의 덕과 다양한 덕(목)들의 구분, 특히 하나의 덕이 가진 경로독립적 성격의 선험적 차원에 크게 의존한다. 그러나 칸트의 덕개념에서 경로독립적 성격이 얼마나 확보될 수 있는지, 나아가 하나의 덕과 다양한 덕(목)들이 얼마나 구분될 수 있는지 의문이 들 수 있다. 완전성의 의무가 자기 능력을 계발하는 것에서 성립한다고 설명할 때 칸트는 이 의무는 "**의지**(도덕적 사고방식) 계발"을 포함하며 "의지가 계발됨으로써 가장 순수한 덕의 심정"에 이르게 되어 법칙이 행위의 동기가 되고 "의무[감]에서 그 법칙에 복종하게 될 정도"가 되면 도덕적 완전성이라고 설명한다.[57] 이어서 칸트는 "이 같은 완전성은 인간의 내면에서 스스로 입법하는 의지가 그 의지에 따라서 행위하는 능력에 행사하는 작용의 결과로 나타나는 감정이므로 **도덕적 감정**, 즉 특별한 **감각**(도덕감)이다."고 말한다.[58] 이러한 설명을 통해 볼 때 덕을 발달시키는 것은 도덕적인 자기지식을 계발함으로써 도덕감정의 자연적 성향을 계발, 강화하는 것이다. 의지의 도덕적 강함으로서의 덕을 발달시키는 것은 의지를 계발함으로써 도덕적 감정을 갖는 것이 된다. 물론 칸트는 도덕적 감정을 의지가 수반하는, 의지 작용의 결과로 보고, 도덕적 감정을 위해서는 의지, 즉 도덕적 사고방식의 계발이 요구된다고 본다.[59] 그럼에도 불구하고 의지의 도덕적 강함으로서의 덕이 도덕적 사고방식과 함께 도덕적 감정을 포함한다는 것은 하나의 덕

57 칸트 (2018a), VI387.

58 칸트 (2018a), VI387. 칸트는 덕을 의무를 준수할 의지의 도덕적 강함으로 정의하는데 이 도덕적 강함은 의무를 준수하려는 선의지가 명료해지고 이 의지가 도덕 감정과 양심의 자연적 성향을 촉발함으로써 생긴 것으로 이해할 수 있다.

59 칸트는 도덕적 완전성이라는 자기 자신에 대한 의무의 첫째 명령을 도덕적 자기 인식으로 본다. 칸트 (2018a), VI441.

에 감정적 차원이 관여한다는 것을 의미한다. 그리고 하나의 덕의 발달이 이성이 촉발한 도덕 감정을 포함하고 이로써 하나의 덕이 경험적 차원에 관여한다면 하나의 덕에는 경로의존적 성격도 있다고 볼 수 있을 것이다. 이것은 순수 실천이성의 산물로서의 하나의 덕이 경로독립적 접근을 얼마나 확보할 수 있느냐, 과연 하나의 덕과 다양한 덕(목)들이 구분될 수 있느냐의 의문을 야기한다. 칸트의 발달적 덕접근은 이러한 의문에 답해야할 과제를 갖고 있다.

적어도 덕에 관한 한 아리스토텔레스와 칸트가 추구하는 바에는 여러 유사점이 있다. 둘 모두에게 유덕하게 행위하는 것은 옳은 행위를 옳은 동기에서 행하는 것이며 덕은 행위의 맹목적인 반복이 아니라 숙고와 선택이 관련된 숙련을 요구한다. 또한 둘 모두 경험적 적합성과 규범성을 확보하는 덕개념을 추구하고 덕 발달의 경로의존적 성격과 경로독립적 성격을 포괄하고자한다. 그러나 우리가 살펴본 것처럼 아리스토텔레스는 경로의존적 접근으로 도달한 덕 이해가 경로독립적 성격의 덕 이해와 일치한다고 주장하는데 그치는 반면, 칸트는 경로의존적 성격을 경로독립적 성격에 근거지어 두 성격의 관계를 분명하게 규정한다. 발달적 덕접근이 도덕심리학과 도덕철학 간의 협력을 통해 덕에 대한 학제적 이해를 추구할 때 경험적 적합성과 규범적 수월성을 조화롭게 확보하는 것은 어려운 일이다. 경험적으로 적합하면서도 규범성을 잘 확보하는 실천적 지침을 주는 것은 규범윤리이론의 지향점이지만, 만일 둘 중 하나가 우선해야 한다면 규범성일 것이다. 실행가능성도 중요하지만 실천적 지침의 근본 역할은 인간이 지향하고 다가가려는 바를 분명하게 제시하는 것이기 때문이다. 이런 의미에서 규범성을 우선하면서 경험적 차원을 제대로 반영할 수 있는 칸트의 덕개념은 발달적 덕접근이 추구해야 할 적절한 방향을 제시한다. 앞으로 칸트의 접근이 가진 장점을 살리면서 직면하는 과제를 해결하는 구체적인 방안들을 탐색하는 것은 경험적 적합성과 규범적 수월성을 조화롭게 확보하는 발달적 덕접근의 모델을 모색하는데 중요한 부분이 될 것이다.

제12장 칸트 덕론의 규범윤리적 의의와 과제

칸트가 제시하는 덕론의 가장 핵심적인 특징은 의무윤리에 근거한 덕론이라는 점이다. 칸트에게 덕은 객관적으로는 도덕법칙을 근거로 하여 규정된 강한 의지이며 주관적으로는 의무를 수행할 때 직면하는 자기애나 경향으로 인한 장애물을 물리칠 정도로 강한 법칙에 대한 존경의 감정을 계발함으로써 획득되는 힘이다. 이러한 덕은 도덕적인 요구를 인식, 승인하는 능력인 인지적 요소와 이러한 인식, 승인에 따라 실행하는 능력인 동기적 요소를 둘 다 갖는다. 덕이 선의지에 근거하며 선의지에서 비롯하는 법칙에 대한 존경의 감정을 계발, 강화해서 갖게 되는 강함이라는 점에서 덕의 인지적 요소는 동기적 요소에 우선한다. 또한 덕의 강함이 도덕법칙이 주관에 작용한 결과인 법칙에 대한 존경의 감정에서 비롯한다는 점에서 덕의 인지적 요소와 동기적 요소는 불가분리적으로 결합되어 있다. 동기적 요소에 대한 인지적 요소의 우선성과 이 두 요소간의 불가분성은 칸트의 의무윤리적 입장을 그대로 반영한 것이다. 우리가 익히 아는 것처럼 칸트의 의무윤리에서 무조건적으로 선한 선의지는 실천이성에서 세워지며, 선의지를 함유하는 의무로부터의 행위는 법칙에 대한 주관의 작용결과인 법칙에 대한 존경으로부터의 행위이기 때문이다. 의무의 경우처럼 덕의 경우에도 의지의 객관적 규정근거는 도덕법칙이며 주관적인 규정근거는 법칙에 대한 존경이다.

의무윤리에 근거한다는 칸트 덕론의 특징은 덕의무에 잘 반영되어 있다. 유한한 이성적 존재로서 우리는 의무의 수행을 방해하는 충동이나 경향에 따라 세워지는 목적을 가질 수 있다. 덕의무를 수행한다는 것은 의무와 대립하는 충동이나 경향에 따른 목적을 물리치고 우리에게 의무로 표상되는 것을 자신의 목적으로 세우는 것이다. 의무와 목적의 관계방식을 살펴보면 덕의무는 임의의 목적에서 출발하여 준칙을 세우고 의무를 인식하는 것이 아니라 먼저 그 자체로 의무인 것에서 출발하여 목적을 세우는 것, 구체적으로 법칙에 기초하여 목적의 준칙을 세우는 것이다. 이러한 덕의무는 칸트의 의무윤리가 추구하는 옳음의 우선성에 근거하는 개념이다. 의무와 목적을 관계 짓는 것은 옳음과 좋음을 결합하는 것인 셈인데, 의무에 근거하여 목적을 세우는 것은 옳음에 근거하여 좋음을 결합하는 것을 의미하기 때문이다.

의무윤리에 근거하는 칸트의 덕론은 칸트윤리학 체계 내에서 규범윤리적으로 중요한 의의를 갖는다. 앞에서 논의한 바와 같이 덕은 인지적 요소와 동기적 요소를 둘 다 갖고 있으며 덕론은 가치이론이자 동기이론이다. 가치이론의 측면에서 보면 칸트윤리학에서 도덕적 행위는 의무로부터의 행위이고 윤리학은 의무론이다. 의무론에 근거한 칸트의 덕론은 기본적으로 의무론적 가치이론의 성격을 그대로 유지한다. 덕이 선의지를 본질적 요소로 한다는 점에서 덕의 강함은 선의지의 선함에 근거하며 선의지와 덕은 둘 다 순수 실천이성의 산물로서 의지규정의 객관적 차원에서 동일하다. 즉 가치이론의 차원에서 칸트의 의무윤리와 덕론 간에는 근본적으로 차이가 없다.

하지만 일반적으로 칸트의 덕론은 형식주의라고 비판받는 칸트의 의무윤리와 달리 실질주의를 도입한다고 이해된다. 덕론의 실질주의적인 면은 덕의무가 목적의 준칙에 대한 책무이고 목적의 준칙은 자의의 대상인 실질에 관여하는 준칙이라는 점에서 단적으로 드러난다. 또한 덕의무에 따라 채택된 목적의 준칙은 개별적인 행위의 결단이 아닌 행위를 위한 일반적인 지침으로서 목적을 어떤 행위로 어떻게 또 어느 정도 추구해야하는지를 명확히 특정하지 않기 때문에 덕의무의 수행에는 행위자의 자유재량이 허용된다. 덕의무는 구속력이 넓은 불완전한 의무이자 공적 있는 의무이며 행위의 선택이 아니라 목적의 채택을 요구함으로써 자유재량을 허용하는 것이다. 따라서 행위자는 상황과 맥락을 반영하면서 자신이 세운 목적을 추구하는 구체적인 행위를 수행할 수 있다. 이러한 점은 칸트 덕론의 실질주의가 아리스토텔레스적인 덕윤리의 특징인 개별주의partiularism를 함유한다는 것을 의미한다. 사실 칸트의 의무윤리를 이해할 때 동시대의 칸트주의자들은 추상적인 도덕원칙과 구체적인 규칙들 간의 구별을 제안하면서 구체적인 실천판단에 상황의 개별적인 것들이나 주관적인 것들이 반영될 수 있다고 주장한다.[1] 우리는 의무수행을 위한 구체적인 실천판단에서 개별주의가 반영되는 모습을 덕의무개념에서 확인할 수 있다.

그러나 칸트 덕론의 실질주의가 추구하는 개별주의는 아리스토텔레스적인 덕윤리의 개별주의와는 다르다. 아리스토텔레스적인 덕윤리에서 구체적인 상황의 개별적인 것들을 지각하고 숙고하여 이를 선택에 반영하는 개별주의는 선한 삶을 추구하는 다양한 방식을 허용하고 도덕적인 삶에서 사적 영역이 차지하는 의미와 가치를 존중하는 장점을 갖는다. 특히 개별주의에 따른 도덕판단의 유연성은 오늘날과 같은 복잡하고 다원적인 사회에서 특히 호소력을 갖는다. 그

1 예컨대 Herman (2015), p. 93; Baron (2008), p. 276 참조.

러나 아리스토텔레스적인 덕윤리에서 개별주의에 따른 도덕판단은 행위를 안내할 명확한 기준을 제시하지 못하는 미결정성에 빠짐으로써 덕들 간의 갈등을 해결하기 어렵게 만든다거나 예외의 지나친 허용, 자기합리화 혹은 기만 등에 악용되는 것과 같은 문제를 야기할 여지가 있다.

아리스토텔레스적인 덕윤리가 추구하는 개별주의로 인한 미결정성의 문제들은 객관적으로 설명되기 어려운 유덕한 행위자의 선택을 도덕판단의 척도로 삼는 점에 기인한다. 그러나 칸트의 덕론은 의무론에 근거하고 유덕한 사람이 아니라 정언명법을 옳은 행위의 표준으로 삼는다는 점에서 행위지침의 결정성을 확보할 수 있다. 칸트 덕론에서 도덕법칙은 특정 행위의 수행을 이끄는 행위의 준칙인 목적의 준칙을 명령하고 행위는 이 목적의 준칙에 따라 수행되는데 도덕법칙에 근거하여 채택된 목적의 준칙에 따라 행위가 수행된다는 점에서 덕의무는 도덕법칙을 어기지 않는 한에서의 자유재량을 허용한다. 이러한 성격의 자유재량은 보편법칙을 획일적으로 적용하지 않으면서 동시에 특수한 개별 사태에 일방적으로 맞춰 버리지 않는 것을 가능하게 한다. 요컨대 칸트 덕론의 실질주의는 형식주의적인 의무론에 근거하여 작용하는 실질주의라는 점에서 행위지침의 결정성을 유지하면서 개별주의를 추구할 수 있다. 도덕법칙에 복종하면서도 다양하고 복잡한 인간의 실제상황과 경험적 사실들을 반영하는 실천판단이 가능하게 되는 것이다.

칸트 덕론의 실질주의는 개별주의뿐만 아니라 결과주의도 허용할 수 있다. 이미 논의한 바와 같이 의무론에 근거하여 작용하는 실질주의를 추구한다는 점에서 칸트 덕론의 실질주의는 의무론적 고려를 우선하고 결정적인 것으로 본다. 이러한 입장을 도덕적 목적이론으로서의 덕론에서 살펴보자. 칸트 덕론은 자신뿐만 아니라 다른 모든 사람을 목적 그 자체로 삼아야 한다는 도덕적 가치를 제시하고 이러한 도덕적 가치는 법칙에 근거하여 목적의 준칙을 세울 때 확고히 견지된다. 즉 정언명령의 근거인 객관적이고 필연적인 목적이 목적의 준칙을 세우는 기준이자 동기이다. 이러한 목적의 준칙에 따라 행위자는 상황과 맥락을 반영하면서 자신이 세운 목적을 추구하는 어떤 행위를 한다. 이때 행위자의 자유재량에 따라 상대적인 이런 저런 목적들이 반영될 수 있다. 덕의무는 정언명령의 근거인 객관적인 목적을 어기지 않으면서 가언명령의 근거인 주관적인 목적들을 추구하는 것, 다시 말해서 도덕법칙에 위배되지 않는 한에서 좋음이 고려된 실천적 판단을 내리는 것을 가능하게 한다. 따라서 칸트 덕론의 실질주의는 의무론에 기반한 결과주의를 허용한다.

의무윤리에 근거하는 칸트의 덕론이 칸트윤리학 체계 내에서 갖는 규범윤리적 의의는 동기이론의 차원에서도 찾아볼 수 있다. 그동안 칸트윤리학은 도덕적 동기의 작용을 충분히 설명하지 못한다는 비판을 받아왔는데 우리는 이러한 비판에 대한 칸트의 가능한 한 대답을 덕론에서 발견할 수 있다. 동기에 관련된다는 점은 덕의 본성 중 하나이다. 이점은 의무를 수행하는 결의와 능력이라는 칸트의 덕 개념에서도 확인되며 칸트의 덕론은 가치이론이기도 하지만 동기이론의 성격을 상대적으로 강하게 띤다. 동기이론으로서 덕론의 구체적인 성격은 덕론이 목적이론이라는 점에서 확인된다. 덕을 가지고 의무를 수행하는 것, 즉 덕의무를 수행하는 것은 의무로 표상된 것을 목적으로 세우는 것이다. 그리고 우리가 어떤 대상을 우리 자신의 목적으로 삼는다는 것은 그 대상을 산출하는 행위를 하도록 우리의 의지를 규정하는 것, 다시 말해서 그 대상을 산출하는 행위를 하도록 동기지워지는 것이다. 따라서 칸트가 윤리적 의무를 덕의무로 보고 덕론을 도덕적 목적이론으로 보는 이유는 무엇보다도 목적을 갖는 것이 함의하는 동기화에 있다. 덕은 도덕법칙의 실행력이고 도덕적 목적이론으로서 덕론은 도덕법칙의 적용과 실행에 대한 동기이론인 것이다. 유덕한 사람에게 도덕적 명령, 즉 의무는 자신의 목적이 되고 의무로부터의 행위는 자신이 스스로 세우는 목적을 추구하는 자발적인 행위가 된다. 덕을 통해 의무로부터의 행위는 목적을 위한 행위로 전환되고 이러한 전환을 통해 의무로부터의 행위에 숨겨져 있는 동기화의 측면을 어느 정도 납득할 수 있게 된다. 덕론은 의지의 본체적 결정에서 행위로의 현상적 전이를 짐작할 수 있게 해주는 동기이론인 것이다.

특히 덕론은 충동이나 경향이 의지에 영향을 미치고 이에 따라 법칙에 대한 인식이 필연적으로 의지를 규정하지 않는 우리 같은 이성적 자연존재자에게 해당되는 동기이론이다. 이성적 자연존재자는 법칙에 대한 인식에 따라 도덕적으로 행위하도록 그를 이끄는 감수적인 힘이 필요하다. 주관적 측면에서 볼 때 덕은 의무개념을 위한 감수성의 주관적 조건들을 계발, 강화해서 갖게 되는 강함, 즉 법칙에 대한 존경의 감정을 계발, 강화해서 갖게 되는 강함이다. 유덕한 사람은 법칙에 대한 존경의 강한 감정을 가진 사람이고 그가 도덕적으로 행위하는 것은 법칙에 대한 존경의 강한 감정에 따라 충동이나 경향에 따른 목적을 물리치고 순수 실천이성에서 비롯하는 의무를 자신의 목적으로 세우는 것이다. 이처럼 도덕적 목적이론으로서 덕론은 의무를 목적으로 세우고 이 목적이 감정과 밀접히 관련되어 행위로 이어지는 동기화에 대한 이론이다. 칸트의 덕론은 이성적 자연존재자로서의 인간이 어떻게 도덕적 행위를 하게 되는지, 의무로부터의 행위가 어떻게 가능한지에 대한 주관적 측면을 다루는 동기이론으로서 중요한 의의를 갖는다.

칸트의 덕론은 의무로부터의 행위의 가능성뿐만 아니라 의무로부터의 행위의 방식도 파악할 수 있게 해준다. 어떤 사람이 덕의무를 수행할 때 그는 도덕법칙에 따라 목적의 준칙을 세우고 이 목적의 준칙에 따라 자신이 처한 상황에서 도덕적인 행위를 수행하게 된다. 그렇다면 그가 행위를 수행하는 모든 순간에 의무이기 때문에 한다는 생각이 존재해야 하는 것은 아니다. 덕의무가 목적의 준칙에 대한 책무라는 점은 의무를 준수하는 행위를 할 때마다 매번 도덕법칙이나 의무의 동기를 인식해야 하거나 의무의 인식이 우리의 즉각적이고 의식적인 동기일 필요는 없음을 함의한다. 뿐만 아니라 불완전한 의무인 덕의무를 수행할 때 자유재량이 허용된다는 점에서 의무를 수행할 때 의무가 의지를 규정하는 결정적인 근거인 한에서 다른 동기가 함께 있을 수 있다. 행위자는 도덕적인 목적을 추구하는 한에서 자신에게 중요한 다른 주관적인 목적들도 함께 추구할 수 있는 것이다. 덕의무가 함의하는 이러한 방식으로 의무로부터의 행위를 이해하는 것은 의무로부터의 행위가 도덕적 동기에 대해 지나치게 엄격하거나 비현실적인 요구를 한다는 오해나 비판을 해소하는데 도움이 된다.

칸트의 덕론이 칸트윤리학 내에서 갖는 의의가 잘 작용하기 위해서는 해결되어야할 과제들이 있다. 덕에 대한 의무지움과 덕의무, 하나의 형식적 덕과 다수의 이종적인 실질적 덕(목)들이라는 이중적 덕개념은 칸트의 의무윤리가 확립하는 도덕성을 확보하면서 실질주의를 반영하는 가치판단을 허용하고 그러한 도덕성에 근거하여 의무로부터의 행위가 수행되는 동기적 차원을 확보하는데 결정적인 역할을 한다. 가치이론과 동기이론으로서 칸트 덕론의 의의는 이중적 덕개념의 작용에 크게 의존하는 것이다. 그러나 칸트의 이중적 덕개념은 여러 의문들을 야기한다. 먼저 덕에 대한 의무지움에 기반하여 덕의무가 수행되는데 이 덕에 대한 의무지움이 덕의무에 속하는 것으로 간주되는 듯하다는 점에서 이중적 덕개념에는 모순처럼 보이는 구조적 혼돈이 있다. 이와 함께 덕이 의무수행의 현상적 차원에 관련하는데 순수 실천이성에서 비롯하는 형식과 이념으로서의 덕이 어떻게 확보될 수 있는지, 선험적 차원에 관여하는 형식적 덕과 경험적 차원에 해당하는 실질적 덕들이 어떻게 구별되고 또 어떻게 관련하는지, 그리고 형식적인 부분을 우선하면서 실질적인 부분을 결합하는 것이 어떻게 가능한지 등 해명되어야할 여러 의문들이 존재한다. 덕론의 많은 부분이 덕의무의 성격과 종류에 대한 논의에 할애되고 있지만 덕에 대한 의무지움이나 덕에 대한 의무지움과 덕의무의 관계에 대해서는 충분한 설명이 제공되지 않기 때문에 제기된 의문들에 대한 칸트의 대답을 찾기는 쉽지 않다. 그럼에도 불구하고 칸트 덕론이 그 의도대로 작동하기 위해서는 문제의 의문들에 대해 칸트윤리학에 부합하는 일관된 해명을 모색하는 것이 무엇보다도 중요하다.

칸트 덕론의 또 다른 과제는 덕의무의 수행에서 목적의 준칙을 세우고 이 준칙을 적용하여 행위하는 과정과 관련된다. 그 자체로 의무인 것을 목적으로 세우는 것은 의무론적 요구가 우선하며 목적설정의 자유로운 활동이 의무론적 요구에 의해 제약받는 것을 의미한다. 그렇다면 덕의무가 허용하는 자유재량에서 칸트의 형식주의의 문제를 해소할 정도로 상황과 맥락의 개별성이 충분히 포괄될 수 있는지, 그의 의무론적 동기주의를 적절하게 보완할 정도로 결과론적 계산이 적절히 반영될 수 있는지에 대한 의문이 들 수 있다. 이러한 의문이 해소될 수 있도록 목적의 준칙을 세우고 이 준칙을 적용하여 행위하는 덕의무의 수행과정에서 의무적인 요구와 자유재량이 발휘되는 방식과 정도에 대한 상세한 논의가 필요하다.

목적이론으로서의 덕론에서 목적과 감정의 관련성에 대한 칸트의 입장을 명확하게 규명하는 것 역시 덕론이 풀어야할 문제이다. 앞에서 논의한 바와 같이 칸트의 덕론은 도덕적 동기의 작용에서 의지와 감정 간의 결합에 주목하지 못한다는 그의 의무론이 직면하는 문제점을 어느 정도 보완한다. 행위를 하도록 규정하는 자의의 대상인 목적은 의지와 질료적 감정이 연관되도록 매개함으로써 의지의 결정에서 행위로의 전이에 작용하기 때문이다. 그러나 의지의 본체적 결정에서 행위로의 현상적 전이과정은 근본적으로 불가해하다는 칸트의 입장을 감안하더라도 목적과 감정의 관련성에 대한 칸트의 주장들은 여전히 애매하고 불분명하다. 예컨대 한편으로 칸트는 순수이성에 따라 목적을 세우기 위해서 요구되는 마음의 감수성이나 도덕적 무정념을 덕의 일부가 아니라 전제되어야 하는 것으로 설명하거나 의무의 수행에서 완강하고 유쾌한 마음상태가 필요하다고 말하지만 다른 한편으로 이 유쾌함을 덕에 수반하는 것으로 본다. 칸트의 주장들은 그가 감정과 도덕적 목적의 관련성을 인정하면서도 덕에서 감정이 차지하는 역할을 제대로 인정하지 못한 채 애매한 입장을 취하고 있다는 인상을 준다. 동기이론으로서 칸트의 덕론에서 기대되는 바가 잘 발휘될 수 있도록 목적과 감정의 관련성에 대한 칸트의 애매한 입장이 어디에 기인하는지, 이 애매함을 해소할 방안은 무엇인지 등에 대한 심도 있는 논의가 이루어져야 한다.

이제 칸트 덕론의 의의를 칸트윤리학 내에서 뿐만 아니라 규범윤리학적 차원에서도 고찰해보자. 근대도덕철학, 특히 칸트윤리학을 비판하면서 덕윤리가 부활한 이래 두 이론은 규칙과 덕, 혹은 행위와 행위자의 성품 같은 이분법적 구도에 따라 상반되는 성격을 가진 경쟁적인 이론으로 간주되는 경향이 있다. 예컨대 칸트의 의무윤리가 도덕성에서 감정과 행복의 역할을 소홀히 여긴다고 비판받는 것과 달리 전형적인 덕윤리를 대표하는 아리스토텔레스의 덕윤리는 도덕적인 행위를 이성과 감정의 상보적 작용으로 설명하고 최고선으로 행복을 중시한다고 평가된다. 또한 아리스토텔레스의 덕윤리는 인간상황의 다양성과 사적인 관계나 애착에 따른 편파성partiality을 반영하면서 자기중심성이나 미결정성에 빠진다고 비판받지만 칸트의 의무윤리는 정언명법을 행위의 기준으로 삼음으로써 공평성과 결정성을 확보한다고 여겨진다. 이처럼 칸트의 의무윤리와 아리스토텔레스의 덕윤리가 각각의 문제를 갖지만 동시에 상대편의 문제를 해결하는 장점을 갖는다고 평가된다면 두 이론을 자족적인 규범윤리이론으로 보고 양자택일하기보다는 두 이론이 상보적으로 작용할 방안을 모색하는 것은 온전한 규범윤리이론을 추구함에 있어서 중요한 과제가 된다.

의무윤리와 덕윤리의 상보적 방식을 모색할 때 무엇보다 먼저 고려해야할 점은 규범윤리이론의 역할이다. 규범윤리이론은 규범성의 원천을 제시하면서 도덕적 요구를 정당화하고 이에 근거하여 인간의 행위와 삶을 위한 지침을 제공하는 역할을 한다. 그렇다면 규범적 정당화는 규범윤리이론의 가장 핵심적인 과제이다. 더군다나 다원화된 복잡한 현대사회에서 규범적 정당화에 대한 요구는 그 어느 때보다도 커지고 있다. 규범적 정당화를 추구할 때 무엇보다도 중요하게 고려해야할 점이 있다. 도덕은 의무와 초과의무, 의무적 행위와 의무는 아니지만 허용되는 행위, 혹은 좁은 의미의 도덕과 넓은 의미의 도덕 등 이런 저런 방식으로 나뉜다.[2] 어떤 분류에 따르건 도덕규범에는 강한 구속력을 갖고 의무로서 엄격히 요구되는 '의무적 영역'과 상대적으로 느슨한 구속력을 갖는 '선택적 영역'이 존재한다.[3] 선택적 영역과 달리 의무적 영역은 살인이나 거짓말처럼 시대와 장소를 초월하여 사회적 존재로서 우리가 다른 사람에 대해 갖는 의무와 관련되는 우선적인 요구들을 포괄한다. 모든 도덕규범을 일률적으로 엄격한 구속력을 갖는 강제로 명령한다면 도덕규범이 현실과 동떨어진 부담스러운 것이자 우리를 지나치게 구속하는 것이 되고 만다는 점에서 의무적 영역과 선택적 영역의 구분은 요긴하다. 그러나 인간의 자기중심적 경향과 나약함을 생각한다면 명확한 기준을 갖고 우선적으로 요구되는 바를 분명하게 제시하는 것이 불가피하다. 따라서 규범윤리이론은 정당화되는 지침을 제시하는 역할을 수행할 때 의무적 영역에 해당하는 명확한 행위지침을 우선적으로 확보해야 한다. 규범윤리이론은 의무적 영역에 해당하는, 엄격한 구속력을 갖는 행위를 우선적으로 요구하면서 선택적 영역에 해당하는, 느슨한 구속력을 갖는 행위를 도덕의 영역에 포괄해야 한다.

규범윤리이론의 이러한 역할을 염두에 두면서 의무윤리와 덕윤리의 상보적 작용을 도모할 때 아리스토텔레스적인 덕윤리는 의무적

2 좁은 의미의 도덕과 넓은 의미의 도덕의 구분을 위해서는 Scanlon (1998), p. 6 참조.

3 세부 내용에는 다소 차이가 있지만 의무적 영역과 선택적 영역의 개념은 포이만과 피저로부터 빌어 왔다. Pojman & Fieser (2010), p. 35 참조. 또한 여기에서 도덕규범에 대한 의무적 영역과 선택적 영역의 구분은 우선하는 기본적 수준인 옳음으로서의 의무의 영역과 뒤따르는 수준인 덕으로서의 열망의 영역으로 이루어진 규범성의 두 수준 모형을 발전시킨 것이다. 이 모형에 대한 논의는 노영란 (2015), pp. 340-342 참조.

영역에서 요구되는, 엄격한 구속력을 갖고 명확한 기준에 근거하는 행위지침을 제시하는데 적합하지 않다. 유덕한 사람의 선택을 결정하는 독립적인 기준이나 유덕한 사람을 판별하는 실질적인 기준을 명확하게 제시하지 않은 채 유덕한 행위자를 행위지침의 기준으로 삼음으로써 유덕한 사람에 대한 합의의 결여, 유덕한 사람과 그의 행위 간의 불일치 같은 문제에 직면하기 때문이다. 반면에 의무윤리는 행위중심적인 도덕판단을 우선하고 규칙에 근거한 명확한 행위지침을 제시함으로써 도덕적 행위를 명확한 기준에 따라 엄격하게 요구할 수 있는 이점을 갖는다. 따라서 의무윤리와 덕윤리가 상보적으로 작용하는 규범윤리이론을 모색할 때 덕윤리보다는 의무윤리를 기반으로 하는 것이 규범윤리이론의 역할을 수행하는데 더 효과적이다. 의무윤리에 기반하여 덕윤리와의 상보적 작용을 추구할 경우 의무적 영역은 마땅히 해야 하는 옳은 행위를 포함하고 선택적 영역은 그 밖의 선하고 칭찬할만한 행위들을 망라한다. 이때 우리는 의무적 영역의 옳은 행위를 우선적으로 이행해야하며 덕성을 발달시켜감에 따라 칭찬할만한 선한 것들을 점점 더 많이 행해나갈 수 있다. 이때 규범윤리이론은 먼저 옳은 행위를 수행하고 점차적으로 선한 활동을 증대해가면서 도덕적으로 선한 사람이 되는 것, 그리고 옳음에 근거하여 행복을 추구하는 사람이 되는 것을 지향한다.

의무윤리에 기반하여 의무윤리와 덕윤리가 상보적으로 작용하는 규범윤리이론을 추구할 때 주목할 것은 바로 칸트의 덕론이다. 먼저 칸트의 덕론은 의무적 영역을 위한 명확한 행위지침을 우선적으로 확보한다. 앞에서 살펴본 바와 같이 옳음을 우선하는 의무론에 근거한 가치이론을 제시하는 칸트의 덕론에서 덕은 선의지를 본질적 요소로 하고 도덕법칙을 행위의 기준이자 행위의 동기로 삼기 때문이다. 나아가서 칸트의 이중적 덕개념을 통해 의무적 영역과 선택적 영역의 구분과 이 두 영역의 작동에 대한 한 방식을 생각해볼 수 있다. 칸트의 이중적 덕개념에서 형식적인 덕에 해당하는 덕에 대한 의무지움은 도덕법칙을 행위의 기준이자 동기로 삼는 도덕적 심정이다. 이 덕에 대한 의무지움은 덕의무의 수행을 위한 필요조건으로서 덕이 객관적인 명확한 기준을 갖도록 할 뿐만 아니라 도덕적 행위의 수행에서 의무적 영역을 확보하는 역할을 할 수 있다. 반면에 덕의무는 덕에 대한 의무지움에 근거하여 도덕적인 대상을 자신의 목적으로 세우는 것이며 덕의무를 수행하는 것은 실질적인 덕(목)을 추구하는 것이다. 그리고 구체적인 상황의 개별적인 것들을 반영하는 실천판단을 통해 덕의무를 수행하는 과정에서 선택적 영역이 포괄될 수 있다.

의무윤리와 덕윤리가 상보적으로 작용하는 규범윤리이론을 도모할 때 칸트의 덕론이 갖는 의의는 또 다른 측면에서도 발견된다. 규범적 정당화가 규범윤리이론의 우선적인 역할이기는 하지만 동기화 역시 중요하다. 흔히 규칙윤리는 규범적 정당화의 차원에, 그리고 덕윤리는 동기화의 차원에 강점을 가진다고 여겨지지만 사실 이 두 차원은 실제로 엄밀하게 분리되지 않는다. 아리스토텔레스의 덕개념에서 규범적 정당화와 동기화는 상호 불가분의 관계에 있고 이 둘 간에는 어떤 우선순위가 없다. 이러한 관계는 규범적 정당화의 차원에서 볼 때 앞에서 논의한 미결정성 같은 문제를 야기한다. 반면에 칸트의 덕론에서는 규범적 정당화와 동기화가 결합되어 있지만 규범적 정당화는 동기화에 우선하며 동기화는 규범적 정당화에 근거한다. 법칙에 대한 존경이 도덕법칙의 작용결과인 점이나 그 자체로 의무인 것을 자신의 목적으로 세우는 점 등이 이를 잘 보여준다. 규범적 정당화를 우선하면서 동기화를 추구하는 칸트 덕론은 의무윤리의 강점인 규범적 정당화를 우선하면서도 덕윤리의 강점인 동기화를 확보할 가능성을 갖는다. 요컨대 칸트의 의무윤리에 근거하는 덕론은 규범성을 확보하면서 현실적 상황을 적절히 반영하는 실천지침과 규범성에 근거한 동기화방식을 제안한다는 점에서 의무윤리와 덕윤리의 이분법을 넘어서는 규범윤리이론을 위한 유의미한 방향을 제안한다.

지금까지 살펴본 바와 같이 칸트의 덕론은 의무윤리와 덕윤리의 이분법을 지양하고 의무윤리에 기반하여 덕윤리를 결합하는 규범윤리이론을 위한 중요한 모델이 될 수 있다. 하지만 의무윤리와 덕윤리가 상보적으로 작용하는 규범윤리가 칸트의 덕론이 취하는 방식을 그대로 쫓아가야하는지에 대해서는 검토가 요구된다. 칸트의 덕론은 도덕법칙에 복종하고 옳음을 우선하는 의무윤리의 기본 입장을 전반적인 차원에서 고수함으로써 의무윤리체계 내에서 전개되는 덕이론을 추구한다. 이러한 방식은 의무윤리적 영향이 지나치게 클 수 있다. 예를 들어 칸트가 주장하는 바와 같이 자유재량에 따라 허용되는 예외가 양친사랑에 의한 이웃사랑의 제한처럼 다른 준칙에 의한 어떤 준칙의 제한이라면 불완전한 의무로서 덕의무와 완전한 의무의 차이는 의무적 힘이 아니라 의무적 내용에 있게 된다고 할 수 있다. 그러나 규범의 모든 영역을 의무로 보고 완전한 의무와 불완전한 의무의 구분을 의무적인 힘이 아니라 의무적인 내용에서의 차이로 본다면 의무적 영역과 선택적 영역의 구분, 즉 우선적으로 요구되는 행위와 선택적인 행위의 구분이 얼마나 가능할지 우려하지 않을 수 없다. 뿐만 아니라 덕의무가 자유재량의 발휘로 최소도덕의 영역을 넘어서는 것들을 포괄할 여지를 갖지만 이러한 자유재량이 의무윤리체계 내에서 전개된다는 점에서 과연 덕의 포괄성과 결과주의가 기대만큼 반영될 수 있을지도 의문이 들 수 있다.

의무윤리에 기반하여 덕윤리를 결합하는 것은 의무가 궁극적인 토대가 되거나 덕이 의무로 환원되는 것이 아니라 의무에서 출발하여 덕으로 확장되어나가는 것이 더 적절할 수도 있다. 이러한 결합 방식은 의무윤리에 기반하면서도, 옳은 행위로 요구되지는 않지만 인간 삶에 가치를 주는 선한 것들을 도덕규범의 선택적 영역에 폭넓게 포함하는 것과 같은 덕윤리의 장점들을 보다 적극적으로 반영하는 형태의 규범윤리이론을 가능하게 할 것이다. 따라서 의무윤리에 기반하여 의무윤리와 덕윤리가 상보적으로 작용하는 규범윤리이론은 칸트 덕론의 방식을 그대로 따르기보다는 의무윤리체계 내에서 전개되는 칸트의 덕론을 덕윤리가 가진 장점을 충분히 반영하는 방식으로 수정, 보완하는 방향을 취하는 것이 나을 것이다.

참고문헌

김남준. 2010.「아크라시아 가능성 논쟁 – 소크라테스와 아리스토텔레스를 중심으로」.『철학논총』 제62집: 3-33.

김덕수. 2020.「도덕적 문답법에 기초한 인성교육 – 칸트 실천철학을 중심으로 –」.『대동철학』 제93집: 1-19.

김동광. 2007.「소크라테스 문답법의 교육적 의미」.『교육사상연구』 제21권 제1호: 67-81.

김석수. 2013.「칸트 윤리학에서 판단력과 덕이론」.『칸트연구』 제31집: 145-176.

김선희. 2015.「'소크라테스적 문답법'과 '셀프-프락시스' 기반의 철학상담」.『철학연구』 제109집: 157-190.

김성호. 2007.「칸트 윤리학에서 덕의 개념」.『가톨릭철학』 제9호: 85-108.

김수배. 2016.「칸트의『덕론』은 타율의 윤리인가?」.『칸트연구』 제38집: 61-90.

______. 1996.「칸트의『도덕 형이상학』과 형식주의」.『칸트연구』 제2집: 37-66.

김종국. 2013.「칸트의 행복주의 비판은 아리스토텔레스를 적중하는가?」.『칸트연구』 제31집: 177-198.

노영란. 2022.「칸트 덕론에서 윤리학적 방법론의 성격과 의의: 윤리학적 교수법을 중심으로」.『철학논총』 109(3): 201-223.

______. 2020.「도덕적 강함으로서의 덕」.『철학』 제145집: 57-81.

______. 2019a.「도덕적 목적이론으로서 칸트의 덕론」.『철학연구』 149: 133-155.

______. 2019b.「발달적 덕접근의 성격과 규범윤리적 함의: 아리스토텔레스와 칸트의 덕개념을 중심으로」.『범한철학』 94: 79-107.

______. 2017.「선의지, 덕, 그리고 의지의 약함」.『윤리연구』 제117호: 1-24.

______. 2015.『덕윤리의 도덕심리학적 고찰』. 서울: 철학과현실사.

롤즈, J. 1988.『사회정의론』, 황경식 옮김. 서울: 서광사.

맹주만. 2017.「칸트윤리학에서 최고선과 도덕적 동기」.『칸트연구』 제40집: 27-56.

______. 2014.「칸트와 흄 – 도덕적 이성과 공감」.『칸트연구』 제34집: 195-218.

______. 2013. 「칸트의 도덕적 행복과 아리스토텔레스」. 『칸트연구』 제32집: 167-196.

______. 2011. 「칸트의 덕과 덕-감정」. 『칸트연구』 제28집: 29-50.

______. 2005. 「칸트와 선의지」. 『철학탐구』 17: 255-284.

문성학. 2015. 「칸트 윤리학의 근본적 균열과 그 연결고리(Ⅰ)」. 『철학연구』 제134집: 25-47.

박규철. 2010. 「플라톤 대화편에 나타난 문답법의 윤리적 의미와 "감정"의 문제」. 『동서철학 연구』 제55호: 5-31.

박찬국. 2012. 『내재적 목적론』. 서울: 세창출판사.

사카베 메구미 외. 2009. 『칸트사전』. 이신철 옮김. 서울: 도서출판 b.

손병석. 2002. 「소크라테스의 아크라시아불가능성 논제에 대한 아리스토텔레스의 비판」. 『철학』 제72집: 125-151.

아리스토텔레스. 2013. 『니코마코스 윤리학』. 강상진 김재홍 이창우 옮김. 서울: 도서출판 길.

엄슨, J. O. 1996. 『아리스토텔레스의 윤리학』. 장영란 옮김. 서울: 서광사.

유원기. 2000. 「아리스토텔레스의 목적론과 '선택(prohairesis)'개념의 문제」. 『철학연구』 제51집: 91-113.

이두연. 2015. 「칸트 교육론의 인성 교육적 함의 연구」. 『도덕윤리과교육』 제48호: 111-130.

이원봉. 2011. 「칸트윤리학과 도덕교육론: 도덕교육의 형식과 내용의 통합 가능성」. 『생명연구』 제21집: 167-206.

______. 2007. 「맥킨타이어와 칸트의 덕 : 인간선의 실천으로서의 덕」. 『사회와 철학』 제14집: 171-200.

______. 2006. 「칸트 윤리학과 감수성의 역할」. 『칸트연구』 제18집: 279-310.

이원석 김태경. 2017. 「칸트 덕윤리의 연원에 대한 고찰」. 『대동철학』 제78집: 29-47.

자그제브스키, L. T. 2016. 『마음의 덕』, 장동익 역. 서울: 씨아이알.

칸트. 2018a. 『도덕형이상학』, 이충진·김수배 옮김. 파주: 한길사.

____. 2018b. 『교육학』, 백종현 옮김. 파주: 아카넷.

____. 2014. 『윤리형이상학 정초』, 백종현 옮김. 파주: 대우고전총서.

____. 2012. 『윤리형이상학』, 백종현 옮김. 서울: 아카넷.

____. 2011. 『이성의 한계 안에서의 종교』, 백종현 옮김. 서울: 아카넷.

____. 2005. 『실천이성비판』, 백종현 옮김. 서울: 아카넷.

코스가드, 크리스틴 M. 2011. 『규범성의 원천』, 강현정·김양현 옮김. 서울: 철학과현실사.

________________. 2007. 『목적의 왕국』, 김양현·강현정 옮김. 서울: 철학과현실사.

포이만, 루이스 & 피저, 제임스. 2010. 『윤리학: 옳고 그름의 발견』, 박찬구 외 옮김. 서울: 울력.

페이튼, H. J. 1990. 『칸트의 도덕철학』, 김성호 옮김. 서울: 서광사.

한자경. 2007. 『칸트 철학에의 초대』. 파주: 서광사.

허미화. 1996. 「덕은 가르쳐질 수 있는가: 칸트와 도덕교육의 방법」. 『칸트연구』 제2집: 285-316.

Allison, Henry E. 1990. *Kant's Theory of Freedom*. Cambridge: Cambridge University Press.

Annas, Julia. 2016. "Learning Virtue Rules: The Issues of Thick Concepts." In Annas, Narvaes & Snow (2016), pp. 224-234.

__________. 2013. *Intelligent Virtue*. Oxford: Oxford University Press.

__________. 1999. "Aristotle on Virtue and Happiness." In Sherman (1999), pp. 35-56.

__________. 1993. *The Morality of Happiness*. New York: Oxford University Press.

Anscombe, G. E. M. 1997. "Modern Moral Philosophy." In Carson & Moser (1997), pp. 247-260.

Baron, Marcia. 2015. "Virtue Ethics in Relation to Kantian Ethics: an Opinionated Overview and Commentary." In Jost & Wuerth (2015), pp. 8-37.

___________. 2008. "Virtue Ethics, Kantian Ethics, and the "One Thought Too Many" Objection." In Betzler (2008), pp. 245-278.

Baxley, Ann Margaret. 2010. *Kant's Theory of Virtue*. Cambridge: Cambridge University Press.

Beck, L. W. 1960. *A commentary on Kant's Critique of Practical Reason*. Chicago & London: University of Chicago Press.

Blackburn, Simon. 2013. "Disentangling Disentangling." In Kirchin (2013), pp. 121-135.

Cohen, Alix. 2016. "The Role of Feelings in Kant's Account of Moral Education." *Journal of Philosophy of Education* 50(4): 511-523.

Cureton, Adam & Hill, Thomas E. 2015. "Kant on Virtue and the Virtues." In Snow (2015), pp. 87-109.

Denis, Lara. 2007. "Kant's Conception of Virtue." In Guyer (2007), pp. 505-537.

Driver, Julia. "The Virtues and Human Nature." In Crisp (1996), pp. 111-130.

Engstrom, Stephen. 2002. "The Inner Freedom of Virtue." In Timmons (2002). pp. 289-316.

________________. 1996. "Happiness and the Highest Good in Aristotle and Kant." In Engstorm & Whiting (1996), pp. 102-140.

Grenberg, Jeanine. 2012. "What is the Enemy of Virtue?" In Denis (2012), pp. 152-169.

Guyer, Paul. 2016. *Virtues of Freedom*. Oxford: Oxford University Press.

__________. 2015. "Kantian Perfectionism." In Jost & Wuerth (2015), pp. 194-214.

__________. 2012. "Moral Feelings in the Metaphysics of Morals." In Denis (2012), pp. 130-151.

__________. 2002. "Ends of Reason and Ends of Nature: The Place of Teleology in Kant's Ethics." *Journal of Value Inquiry* 36: 161-186.

Hampshire, Stuart. 1983. *Morality and Conflict*. Cambridge: Harvard University Press.

Herman, Barbara. 2015. "The Difference That Ends Make." In Jost & Wuerth (2015), pp. 92-115.

______________. 2007. *Moral Literacy*. Cambridge: Harvard University Press.

Hill, Thomas E. Jr.(2012). "Kant's *Tugendlehre* as Normative Ethics." In Denis (2012), pp. 234-255.

________________.(2012). *Virtue, Rules, & Justice*. Oxford: Oxford University Press.

________________. & Cureton, Adam. 2018. "Kant on Virtue: Seeking the Ideal in Human Conditions." In Snow (2018), pp. 263-280.

Hursthouse, Rosalind. 2015. "What does the Aristotelian *Phronimos* Knows?", In Jost & Wuerth (2015), pp. 38-57.

_________________. 2001. *On Virtue Ethics*. Oxford & New York: Oxford University Press.

__________________. 1999. "A False Doctrine of the Mean." In Sherman (1999), pp. 105-120.

Irwin, T. H. 1996. "The Virtues: Theory and Common Sense in Greek Philosophy." In Crisp (1996), pp. 37-56.

Johnson, Robert N. 2011. *Self-Improvement*. New York: Oxford University Press.

__________________. 2008. "Was Kant a Virtue Ethicist?" In Betzler (2008), pp. 61-76.

Kant, Immanuel. 2016. *Die Metaphysik der Sitten*. Berliner Ausgabe. bearbeitet und eingerichtet von Michael Holzinger. Frankfurt am Main: Suhrkamp.

__________________. 1991. *The Metaphysics of Morals*. Mary Gregor trans. Cambridge: Cambridge University Press.

Korsgaard, Christine M. 1998. "Teleological Ethics." In Craig (1998), pp. 294-295.

Kraut, Richard. 2009. *What is Good and Why*. Cambridge: Harvard University Press.

Lake, Philip Stratton. 2008. "Being Virtuous and the Virtues: Two Aspects of Kant's Doctrine of Virtue." In Betzler (2008), pp. 101-121.

Lebar, Mark. 2018. "Eudaimonism." In Snow (2018), 470-490.

Louden, Robert B. 2011. *Kant's Human Being*. Oxford: Oxford University Press.

__________________. 1997. "Kant's Virtue Ethics." In Statman (1997), pp. 286-299.

McCarty, Richard. 2009. *Kant's Theory of Action*. Oxford & New York: Oxford University Press.

McDowell, John. 1979. "Virtue and Reason." *The Monist* 62(3): 331-350.

Merritt, Melissa. 2018. *Kant on Reflection and Virtue*. Cambridge: Cambridge University Press.

__________________. 2017. "Sublimity and Joy: Kant on the Aesthetic Constitution of Virtue.", In Altman (2017), pp. 447-467.

Morris, Courtney. 2021. "Kant's Moral Catechism Revisited." *Journal of Philosophy of Education* 55(6): 990-1002.

Morse, Jane Fowler. 1998. "Edna, Epicurus, and Education." *Journal of Educational Thought* 32(3): 241-255.

Okshevsky, Walter. 2000. "Kant's Catechism for Moral Education: From Particularity through Universality to Morality." *Journal of Philosophy of Education* yearbook: 94-102.

O'Neill, Onora. 2013. *Acting on Principle*. Cambridge: Cambridge University Press.

____________. 1996. "Kant's Virtues." In Crisp (1996), pp. 77-98.

Peck, Lee Anne. 2007. "Sapere Aude! The Importance of a Moral Education in Kant's Doctrine of Virtue." *Journal of Mass Media Ethics* 22(2&3): 208-214.

Reath, Andrews. 1998. "Autonomy, Ethical." In Craig (1998), pp. 586-592.

Russell, Daniel C. 2018. "Putting Ideals in Their Place." In Snow (2018), pp. 432-452.

____________. 2015. "Aristotle on Cultivating Virtue." In Snow (2015), pp. 17-48.

Scanlon, T. M. 1998. *What We Owe to Each Other*. Cambridge & London: The Belknap Press of Harvard University Press.

Schroth, Jörg. 2008. "The Priority of the Right in Kant's Ethics." In Betzler (2008), pp. 77-100.

Sherman, Nancy. 1997. *Making a Necessity of Virtue*. Cambridge & New York: Cambridge University Press.

Slote, Michael. 2001. "Teleological Ethics." In Becker & Becker (2001), pp. 1691-1693.

Snow, Nancy E., Narvaez, Darcia & Annas, Julia. 2016. "Introduction." In Annas, Narvaez & Snow (2016), pp. 1-13.

Stocker, Michael. 1996. "How Emotions Reveal Values and Help Cure the Schizophrenia of Modern Ethical Theories." In Crisp (1996), pp. 173-190.

Surprenant, Chris W. 2016. *Kant and the Cultivation of Virtue*. London & New York: Routledge.

____________. 2010. "Kant's Contribution to Moral Education: the Relevance of Catechistics." *Journal of Moral Education* 39(2): 165-174.

Swanton, Christine. 2017. "Pluralistic Virtue Ethics." In Besser-Jones & Slote (2017), pp. 209-222.

____________. 2016. "Developmental Virtue Ethics." In Annas, Narvaes & Snow (2016), pp. 116-134.

Timmons, Mark. 2021. *Kant's Doctrine of Virtue*. New York: Oxford University Press.

Trianosky, Gregory. 1997. "What is Virtue Ethics All About?" In Statman (1997), pp. 42-55.

Watson, Gary. 1997. "On the Primary of Character." In Statman (1997), pp. 56-81.

Williams, Bernard. 1998. "Virtues and Vices." In Craig (1998), pp. 626-631.

________________. 1985. *Ethics and the Limits of Philosophy*. Cambridge: Harvard University Press.

Wood, Allen. 2015. "Kant and Agent-oriented Ethics." In Jost & Wuerth(2015), pp. 58-91.

__________. 2015. "Kant and Virtue Ethics." In Besser-Jones & Slote (2015), pp. 307-319.

__________. 2008. *Kantian Ethics*. Cambridge: Cambridge University.

__________. 2002. "The Final Form of Kant's Practical Philosophy." In Timmons (2002), pp. 1-21.

__________. 1999. *Kant's Ethical Thought*. Cambridge: Cambridge University Press.

Wuerth, Julian. 2021. *The Cambridge Kant Lexicon*. Cambridge: Cambridge University Press.

찾아보기